本书获广州市社会科学院 2024 年度青年课题（24QN004）和广州市国家中心城市重点研究基地资助

城市群对中国人口流动与分布的影响研究

——基于第五、六、七次人口普查数据的分析

曹永旺　著

中国财经出版传媒集团

经济科学出版社

Economic Science Press

·北京·

图书在版编目（CIP）数据

城市群对中国人口流动与分布的影响研究 ： 基于第
五、六、七次人口普查数据的分析 / 曹永旺著 . -- 北京：
经济科学出版社，2024. 12. -- ISBN 978 - 7 - 5218 - 6079
- 5

Ⅰ. C924. 24

中国国家版本馆 CIP 数据核字第 20244LW147 号

责任编辑：李　雪　蒯　冰
责任校对：靳玉环
责任印制：邱　天

城市群对中国人口流动与分布的影响研究

——基于第五、六、七次人口普查数据的分析

CHENGSHIQUN DUI ZHONGGUO RENKOU LIUDONG YU FENBU DE YINGXIANG YANJIU

——JIYU DIWU、LIU、QICI RENKOU PUCHA SHUJU DE FENXI

曹永旺　著

经济科学出版社出版、发行　新华书店经销
社址：北京市海淀区阜成路甲 28 号　邮编：100142
总编部电话：010 - 88191217　发行部电话：010 - 88191522
网址：www. esp. com. cn
电子邮箱：esp@ esp. com. cn
天猫网店：经济科学出版社旗舰店
网址：http: // jjkxcbs. tmall. com
固安华明印业有限公司印装
710 × 1000　16 开　15. 25 印张　240000 字
2024 年 12 月第 1 版　2024 年 12 月第 1 次印刷
ISBN 978 - 7 - 5218 - 6079 - 5　定价：78. 00 元
（图书出现印装问题，本社负责调换。电话：010 - 88191545）
（版权所有　侵权必究　打击盗版　举报热线：010 - 88191661
QQ：2242791300　营销中心电话：010 - 88191537
电子邮箱：dbts@ esp. com. cn）

前 言

PREFACE

城市群是中国经济最发达、人口流动最频繁、人口集聚最高的重要场所，也是中国推进新型城镇化以及促进经济发展的重要载体，代表了中国城市发展的前进方向，其健康发展对中国具有重要的意义。同时，随着中国人口流动性的增强，人口流动与迁移空间格局产生新的变化，呈现出劳动力外流与回流并存的"双向化"特征，中国进入经济增长新形态，增长动力由要素、投资驱动变为创新驱动；城市高质量发展也对城市群人口流动与分布提出新要求，需要从战略层面对城市群加以重视。因此，在这样的时代背景下，本书开展了 2000 ～ 2020 年中国 19 个城市群的人口流动与分布集聚研究。

本书综合运用统计分析、地理探测器模型和空间计量经济模型等方法，总体上从全国、城市群及其核心区域开展人口流动与分布的相关分析。首先，分析中国不同尺度人口分布、流动与迁移的时空演变特征，然后是城市群分布与中国人口分布、流动与迁移的关联性，其次，对不同城市群人口集聚模式所呈现出的人口特征进行分析，对人口集聚到城市群内的影响机理进行探讨，最后，对城市群及其核心区域的未来人口集聚趋势进行预测，得到以下的主要结论：

（1）总体来说，中国人口集聚度以胡焕庸线为界，东南半壁高、西北半壁低的空间分布格局仍保持不变；2000 ～ 2020 年，中国人口重心逐渐向南部移动，随着人口流动性的增强，常住人口集聚度的空间分布不均衡性也在增强。对于胡焕庸线两侧人口来说，其常住人口年均增速与人口净迁移率呈现出不同的空间分布特征，东南半壁的常住人口年均增速较慢，但人口净迁移率较高；西北半壁的常住人口年均增速较快，但人口净迁移率较低。此外，随着中国人口自然增长率整体呈下降趋势，其增长规模有限，城市人口增长更多的是依靠大量的迁入人口；经济发达的东部地区始终是中国人口总量较多、增量较大的主要区域，对人口的吸引力最强，其迁入人口结构是以跨省流动为主。

（2）城市群内是中国人口总量最多、增速较快的主要区域，与城市群外的人口差距在持续拉大。2000～2020 年，中国城市群常住人口越来越向经济发达的东中部地区城市群集聚；且城市群发育程度越高，对人口的吸引力越强，人口集聚度水平越高。随着人口流动性的增强，常住人口更加集聚到城市群内的核心城市，城市群内的人口分布不均衡性程度逐渐增强。城市群内是人口净迁入的主要区域，对人口的吸引力较强，其迁入人口结构是以省内跨市和跨省流动为主。城市群内的人口自然增长率呈现下降趋势；且经济发展水平越高的城市群，其平均人口自然增长率越低。此外，中国城市群人口增量具有明显的阶段性与区域性特征，研究时段内有 3 个持续收缩型城市群，10 个持续扩张型城市群。与 2000～2010 年相比，2010～2020 年城市群内、外的人口年均增速均有所放缓，且收缩型城市群的数量有所减少；其中，2000～2010 年仅成渝城市群的常住人口负增长，而在 2010～2020 年则有哈长和辽中南这两个城市群的常住人口负增长。值得注意的是，哈长和辽中南城市群也是在此年间仅有的户籍人口负增长的城市群。

（3）按照城市群常住人口集聚度、人口数量首位度两个维度，将中国的 19 个城市群划分为弱多中心、弱单中心、强单中心、强多中心城市群这四大类城市群人口集聚模式，并按照城市群整体的人口净迁移率继续划分为两个亚类。分析城市群人口集聚模式所呈现出的城市规模等级、人口流动态势、迁入结构等特征后，发现其具有一定的人口迁移网络结构特征，城市群人口集聚模式普遍会经历弱多中心、弱单中心、强单中心、强多中心城市群的演变规律。

（4）从经济发展因素与社会条件因素对城市群内人口集聚度的影响因素和动力机制两个方面进行分析，发现影响因素具有显著的差异性特征。地理探测器模型结果表明，全部影响因素都具有明显的空间分异性，对城市人口集聚度存在显著影响；其中，行业区位熵指数对城市人口集聚度的空间分布解释力始终是最强的。空间计量经济模型结果表明，采用空间误差模型（SEM 模型）能更好地解释影响因素，城市人口集聚在邻近地理空间上存在正向溢出效应。此外，不同城市群人口集聚模式的影响因素也存在差异。对弱多中心城市群来说，客运总量对城市人口集聚度的空间分布解释力始终是最强的。对弱单中心城市群来说，行业区位熵指数、财政支出规模、市辖区客运总量对城市人口集聚度的空间分布解释力是相对较强的。对强单中心城市群来说，人均 GDP、城镇化率对城市人口集聚度的空间分布解释力始终是较强的。对强多中心城市群来说，城镇化率对城市人口集聚度的空间分布解释力始终是最强的。

（5）城市群内仍然是中国未来人口规模较大、增量较多的主要区域，且其核心区域的人口增量会相对更多。预计到 2030 年，长三角、长江中游、京津冀、珠三角、山东半岛和成渝这六个城市群是中国常住人口总量有望超过 1 亿的城市群。此外，作为城市群的核心区域，都市圈和省会城市也将是中国人口大量流入的主要区域，需要进行重视。

本书从城市群视角对中国城市群所呈现出的人口分布集聚、流动与迁移特征进行分析探讨，能在一定程度上为中国人口流动与分布集聚特征研究提供新的视角，有利于丰富城市群发展、城市地理学的相关研究，为区域发展政策、流动人口政策的制定，以及城市群健康发展提供参考依据。本书主要是基于第五、六、七次人口普查数据，以地级市作为基本统计单位，对中国城市群人口在长时段的人口流动与分布集聚特征、影响机理等进行分析探讨，对于各城市群所呈现出的人口短时段流动与集聚特征的分析则相对较少。因此，后续将在利用位置大数据等新数据基础上，对城市群在短时段的人口流动与分布集聚特征进行分析；也需要继续深入到区县尺度来分析城市群人口的流动与分布集聚特征，并与地级市尺度所呈现出的人口特征进行对比分析。

曹永旺

2024 年 8 月

目　录
CONTENTS

第1章

绪　　论

1.1　研究背景

1.1.1　城市群是中国推进城镇化及经济发展的重要载体

城市群代表着成熟的城市空间组织形式，是中国城市前进方向的代表以及城市发展的最高形态，它是在城镇化进程中慢慢形成的空间形态。2006 年，国家"十一五"规划指出"将城市群作为推进中国城镇化的主体形态"，标志着城市群开始进入国家战略体系。此后，随着国家对城市群重视程度的不断增强，在政策文件中也给予了众多的关注与支持（见表 1 - 1）。

表 1 - 1　　　　　　　　　　城市群发展的政策

年份	内容	参考来源
2012	构建科学合理的城市化格局	党的十八大报告
2013	将城市群作为主体形态，促进大中小城市和小城镇合理分工、功能互补、协同发展	中央城镇化工作会议

年份	内容	参考来源
2014	优化提升东部地区城市群，培育发展中西部地区城市群，建立城市群发展协调机制；要以城市群为主体形态，推动大中小城市和小城镇协调发展	《国家新型城镇化规划（2014－2020）》
2016	建立健全城市群发展协调机制，推动跨区域城市间产业分工、基础设施、生态保护、环境治理等协调联动，实现城市群一体化高效发展	"十三五"规划
2017	以城市群为主体构建大中小城市和小城镇协调发展的城镇格局，加快农业转移人口市民化	党的十九大报告
2019	深入推进城市群发展，培育现代化都市圈，探索建立中心城市牵头的都市圈发展协调推进机制	《关于2019年新型城镇化建设重点任务》
2021	推进以人为核心的新型城镇化，促进大中小城市和小城镇协调发展；深化户籍制度改革，加快农业转移人口市民化；发挥中心城市和城市群带动作用，建设现代化都市圈	"十四五"规划
2022	优化城镇化空间布局和形态，提升城市群一体化发展和都市圈同城化发展水平，促进大中小城市和小城镇协调发展，形成疏密有致、分工协作、功能完善的城镇化空间格局；分类推动城市群发展，有序培育现代化都市圈，健全城市群和都市圈协同发展机制；推进以县城为重要载体的城镇化建设	"十四五"新型城镇化实施方案

我国进入新发展阶段，城镇化进入质量与速度并重发展的新时期，城镇化的内在动力（劳动力、土地等生产要素供给）转变，城镇化从外延式扩张向内涵式提升转型。新型城镇化是人的城镇化，以人为本，而不是土地城镇化。城市群作为推进新型城镇化的主体形态、促进经济增长的重点区域，也是有序引导农业人口市民化、促进人口空间集聚的重点区域；通过提高城市群城镇化率将有助于进一步引导人口向城市群内进行集聚，扩大城市群人口规模，因此要有序引导人口的自由流动。

1.1.2　城市群的健康发展对中国具有重要意义

城市群是中国经济发展水平最高、经济发展活力最强的重要区域，其健康发展对中国具有重要的意义。城市群由于较高的经济发展水平、完善的公共服务体系、强大的集聚效应等，在吸引人口集聚方面具有重要作用。首先，相对于单个城市来说，其经济联系更加紧密，当中心城市间具有较高的联系强度时，要素的集聚效应更为明显，也有利于增强其经济发展的辐射涓滴效应；其次，城市群经济能够通过提高人力资本积累水平和劳动生产率来促进区域经济发展；城市群经济具有远高于单个城市的技术溢出效应；再次，城市群具有比单个城市更大的空间弹性与更完善的产业体系、基础设施，有助于加快知识和技术等的溢出（黄婉玲，2018）；最后，资金、技术、信息、人口等多种要素的自由流动，有利于加强城市群内部的经济联系、提升人力资本、提高经济运行效率，产生规模集聚经济效应，推动大中小城市及小城镇的协调发展。城市群的协调、健康可持续发展也关乎中国区域经济格局和区域竞争力，是促进经济发展和推动中国城镇化的重要平台。

城市群也是中国人口流动频繁、人口集聚最高的重要场所。具体来说，城市群内的常住人口所占比重和户籍人口所占比重分别从 2000 年的72.59% 和 71.11%，上升到 2020 年的 75.89% 和 71.55%。其中，2000 ~ 2010 年，城市群内的常住人口年均增速为 0.90%，其常住人口增量是城市群外的 15.97 倍；2010 ~ 2020 年，城市群内的常住人口年均增速为 0.81%，其常住人口增量是城市群外的 13.68 倍；城市群内、外的人口差距在逐渐拉大。[①]

随着中国城镇化水平的不断提高，城镇化增速进入到新的发展阶段。中国常住人口城镇化率从 1979 年的不足 20%，上升到 2010 年的 50.27%，2018 年的 58.58%，2020 年的 63.89%。[②] 尽管仍处于快速城镇化阶段，但距离"纳瑟姆曲线"所揭示的 70% 的拐点不远；城镇化增速从 1996 年城镇化率突破 30% 时起，每年新增城镇化率超过 1.4 个百分点，到 2018 年新增城镇化率已不足 1.1 个百分点，中国城镇化即将由高速增长进入到增速趋缓

---

① 《人口普查分县资料》（2000 年、2010 年和 2020 年）后同。
② 《中国统计年鉴》，2022 年。

阶段。① 此外，联合国《世界城市化展望 2018 版》曾预测，2030 年中国的城市化率将会达到 70.6%，届时中国城镇人口规模将在 10.2 亿人；与 2017 年相比，2030 年中国的城镇人口将会增加约 2 亿人，且将主要分布在城市群内。②

1.1.3　中国人口流动与迁移格局正在发生变化

中国人口流动规模不断扩大，人口的流动性在不断增强。中国流动人口规模从 1982 年的 657 万人（占总人口的 0.66%），2010 年的 2.21 亿人（占总人口的 16.58%），2017 年的 2.44 亿人，增加到 2020 年的 3.76 亿人；第七次人口普查也表明，流动人口中的跨省流动人口和省内流动人口分别达到 1.25 亿人和 2.51 亿人。近年来，中国人口在流动与迁移过程中呈现出人口向东部城市群继续集聚，以及人口回流到中西部地区的核心城市的特征。就业机会多、经济发展水平高、对外开放力度大、竞争环境相对公平等位于东部沿海的城市对人口的吸引力依然较强，是人口流动与迁移的重要目的地。同时，随着国家产业发展战略、区域发展战略等的逐步推进，位于中西部地区的核心城市也逐渐迎来新的发展机遇，具有良好的产业基础、较好的教育资源、相对完善的公共服务体系等优势的中西部核心城市，将会不断增强对人口的吸引力，成为人口流入的主要目的地。

此外，中国各城市均在采取各种优惠政策来推进人口落户。随着近年来区域中心城市、国家中心城市等大力推进各种"抢人"政策优惠，中国城市抢人大战如火如荼，尤其是以西安、成都、武汉等为代表的中西部地区的省会城市更是优惠政策明显。以西安为例，通过降低户籍门槛、简化落户流程等政策，2017 年、2018 年分别新增户籍人口为 20 万人和 78 万人③；通过吸纳人口尤其是高素质人才，改善了人口结构。此外，长沙、武汉、西安、

---

① 《中国统计年鉴》，2022 年。
② 联合国经济和社会事务部人口署，2018 年。
③ 《中国人口和就业统计年鉴》（2018 年、2019 年）。

郑州、合肥等城市均明确提出未来 5 年引才百万的目标。这样的优惠政策在各城市陆续制定，且随着时间推移，由最初的"抢人才大战"扩展到"抢人口大战"，各城市对人口的重视程度越来越强，西安、杭州、成都、广深以及中西部核心城市都取得了较好的"引才"效果。

1.1.4 中国经济发展对人口流动与分布具有重要影响

中国的经济发展会对人口的分布、跨区域流动与迁移产生重要影响。21 世纪以来随着经济全球化的不断深入，有利于加强中国与国际的联系，助力产业结构不断的优化升级，提高中国的国际竞争力。同时，中国不同区域由于其所处经济发展水平不同，资源禀赋、产业结构、国家政策等存在较大的差异，会对各区域的经济发展水平和产业结构造成巨大的影响；经济发展水平和产业结构等的区域性差异会导致各种生产要素如资金、技术、劳动力等的流动性加强，影响到中国人口的分布特征。通过区域协同发展战略，形成区域的差异化比较优势，加快要素资源的自由流动，有利于促进中国经济的可持续健康发展，从而对人口流动与分布也产生重要影响。"十五"期间，不断推进城镇化战略，加快转移农村人口，取消城镇户籍制度，形成有利于城乡人口流动的机制，并引导农村剩余劳动力实现自由流动。"十一五"期间，分类引导人口城镇化，保障进城务工人员的各种合法权益，鼓励人口从农村进入到城市中定居生活。"十二五"期间，将符合落户条件的农业转移人口逐步转为城镇居民，合理确定不同规模等级城市的落户规模。"十三五"期间，继续深化户籍制度改革，健全促进农业转移人口市民化的机制，推进基本公共服务均等化进程，使更多的人口实现自由流动。总体来说，国家通过在不同时期推进的区域经济发展战略，采取多样化的措施来推动各种生产要素尤其是人口要素的自由流通，将会在一定程度上对中国的人口分布产生重要影响。

当前，中国进入经济发展新常态，呈现出经济增速从高速增长转为中高速增长，经济结构不断优化升级，增长动力从要素、投资驱动转向创新驱动。投资总量和增长速度有所减弱，投资结构向供给侧调整和优化，将释放更大的投资需求。同时，中国"双循环"发展战略的逐步推进，也为新发展阶段实现高质量发展提供了重要动力。通过区域产业结构的优化升级，以及不同产业的跨区域转移，会带动经济发展中的资金、技术、劳动力等多种生产要素的自由流通，有利于促进区域经济高质量发展，实现区域的协同发展。人口作为生产要素的重要组成部分之一，随着国家对中西部地区经济发展的重视以及产业的跨区域转移，更多的劳动力资源逐渐从沿海发达地区向中西部传统人口输出地回流，劳动力流动呈现出人口外流与回流并存的"双向化"格局，从而使内陆地区城市吸引流动人口的能力在不断的强化，也在一定程度上使中国人口集聚格局发生变化。此外，随着中国老龄化水平的不断增加，劳动力数量逐渐减少，且新增人口整体上有所下降，使得人口红利降低，劳动力成本上升，也在一定程度上限制传统产业发展，促使其进行产业改造与升级。

城市群作为中国经济发展中最具活力、经济实力强劲、要素流动频繁的主要区域，经济的持续增长会不断增强对各种生产要素的吸引力，加快要素的自由流通。作为生产要素中的重要一环，人口的有序流动和合理分布也会受到城市群的重大影响，大量的人口集聚到城市群内，既为城市群的可持续健康发展提供充足的劳动力资源以及庞大的消费市场，也会影响到中国人口的流动与分布格局。

1.1.5 中国经济高质量发展对未来的人口流动与分布产生深远影响

2017 年，党的十九大提出"建立健全低碳循环发展的经济体系"，为新时代下高质量发展指明了前进方向。2018 年，国务院政府工作报告提出"按照高质量发展的要求，统筹推进'五位一体'总体布局和'四个全面'战略布局"。2020 年，十九届五中全会提出围绕高质量发展主题，贯彻落实"创新、协调、绿色、开放、共享"的新发展理念。2021 年，国务院政府工作报告提出"深入贯彻新发展理念，加快构建新发展格局，推动高质量发展"。

在高质量发展中，创新是引领经济发展的第一动力，主要解决经济发展的动力问题；创新发展必须始终将"创新"放在核心位置，推动理论、制度、科技等各方面的不断创新。协调是促进健康发展的内在要求，主要解决经济发展的不平衡问题；协调发展必须正确处理好发展中的各个重大关系，促进城乡区域的协调发展，促进工业化、信息化等的协同发展。绿色是要满足群众对于美好生活的向往，以及促进可持续健康发展的重要前提，其侧重解决发展过程中的人与自然社会可持续共存问题；绿色发展就必须坚定不移地走可持续发展之路，走生态良好、生活富裕、生产发展的绿色文明道路，形成人与自然和谐发展的新格局。开放是实现繁荣富强的必由之路，主要解决经济发展的内部与外部联动问题；开放发展必须坚持互利共赢的对外开放战略，积极参与全球经济体系，构建更为广泛的利益共同体。共享是体现中国社会主义的本质要求，主要解决经济发展中的社会公平正义问题；共享发展就需要在发展中依靠人民群众，并将发展成果由人民群众共享，推动共同富裕的进程。高质量发展主要是为了满足人民群众对美好生活需要的发展，其重要的内在要求是高效率，而这个效率与聚集有着密切的关联性。近年来随着城市群、都市圈的发展速度加快，支撑高质量发展的人口、资本、技术等要素持续向大城市集聚，有助于提高要素生产率，助力城市群、都市圈形成更高的聚集效应。作为要素流动中的重要因素之一，人口在城乡、区域之间的自由流动，有利于实现劳动力资源的合理配置，使人们更好地享受到城市高质量发展的成果。

1.2 研究意义

1.2.1 理论意义

中国是一个人口大国，由于其四大地区在自然环境、经济发展和社会条件等方面存在较大差异，中国人口分布的区域差异较大，人口分布研究始终是研究的一个重点问题。胡焕庸线作为反映中国人口"东南半壁高而西北半壁低"的空间分布格局的重要规律，且人口分布不均衡性呈现出不断增强的趋势；但是，随着胡焕庸线两侧人口年均增速的差异性，以及人口流动过程中呈现出人口外流与回流并存的新特征，在一定程度上改变着分布与比重特征，研究将有助于增强对胡焕庸线的新理解。此外，随着城市群在中国经济社会中的作用不断增强，对区域性人口分布的影响也越来越重要，有必要探讨分析城市群对中国人口流动和分布的影响研究。

对中国不同城市群所呈现出的人口分布、流动与迁移特征的分析研究，能够为研究中国人口分布与流动特征提供新的视角，有助于对城市群内、外，以及不同城市群所呈现出的人口特征、空间集聚模式、时空演变趋势、影响因素进行深入理解。此外，对城市群内区县尺度的人口流动特征进行分析，有利于更加准确地认识人口在区域性的流动特征，这有别于将城市群作为一个整体来进行人口流动分析，也可以认识到城市群处于"整体流失（或流入）但是局部流入（或流失）"或者"整体和局部均在流入（或流失）"的何种状态，从而针对不同的人口流动特征提出相应的政策建议。

对中国单个城市群的人口动态演变特征的追踪分析，对不同城市群在同一时间节点所呈现出的人口差异性特征，有助于分析得到中国城市群人口流动与集聚过程中所表现出的一般性规律，以及不同发育阶段城市群所具有的差异性人口特征，从而丰富城市群发展、城市地理学、人口地理学的相关研究。

1.2.2 实践意义

一是为区域发展政策的制定提供参考依据。城市群由于经济发展水平、发育程度差异，会对区域内的产业结构、人口集聚等造成影响，对全国区域协调发展及促进人口有序流动至关重要。探讨分析中国城市群人口分布演变的时空特征、影响因素和动力机制，有助于为区域发展政策的制定、新型城镇化建设等提供依据。

二是为流动人口政策的制定提供参考依据。随着人口在城市群内逐渐趋于空间上的有序集聚，农业转移人口市民化进程加快，分析探讨城市群对人口流动和分布的影响将有助于对城市群人口的时空演变特征、未来集聚趋势进行深入研究，进而针对不同集聚类型的城市群提出差异化的人口指引策略。此外，随着国家新型城镇化进程的大力推进，人口向城市群集聚的趋势更为明显；虽然"胡焕庸线"所揭示的中国人口分布集聚格局在未来的很长时间将会依然维持，但由于人口流动速度加快，可能也会在一定程度上对"胡焕庸线"造成影响。

三是为城市群健康发展提供参考依据。城市群作为中国人口空间集聚的重要场所，人口的大量集聚既能为城市提供充足劳动力资源，发挥出集聚规模效应；也会造成人口拥挤、用地紧张、交通拥堵等其他问题，危及城市群的健康发展。分析影响人口集聚到不同类型城市群的主要因素，将有助于分类推动城市群健康发展，打造城市群高质量发展的新的动力源和增长极，助力中国城镇化空间布局和形态的优化。

1.3　基本概念

1.3.1　城市群

1. 城市群概念

1898 年，英国霍华德在《明日田园城市》中提出了"城镇集群"（town cluster）概念，即中心城市被若干个田园城市围绕所构成的城市群雏形，一般被认为是最早的城市群思想。西方学者相继提出了一些相似的概念，如"城市经济区""城镇密集区（Fawcett，C. B，1932）""城市通勤区（Berry，B，1970）""城乡融合区（Desakota）""全球城市 - 区域（Global City Region）"等。1915 年，格迪斯在《进化中的城市》中提出了"集合城市（conurbation）"概念，通过分析英国城市的发展和演化，认为其既呈现出向城市外围扩散的过程，也呈现出受某些要素资源（如煤炭、交通等）的影响，在空间上促进了经济发展和产业集聚，进而使城市在某些区域得到重点发展；他认为这是人口形成组群发展的新形式（顾朝林，2011）。同时，学者们对城市群进行了深入且持续的探讨（见表1-2）。

表1-2   城市群及其相似概念

分类	学者	主要观点	参考来源
国外	霍华德	提出"城镇集群"概念，即中心城市被若干个田园城市围绕所构成的城市群雏形	E. Howard，2000
	格迪斯	提出"集合城市"概念，即英国的一些城市在进行大范围扩展的同时，也会随着某些地方性要素的空间集聚而促使城市在这些节点区域进行重点发展	顾朝林，2011
	戈特曼	提出"都市连绵区"概念，即由较多大城市构成的功能性城市的密集分布地域	Gottmann. J.，1957
	麦吉	提出"城乡融合区"概念，发现东南亚某些国家的城市密集区存在着与西方大都市带相类似的空间结构特征	McGee，T.，1991
	富田和晓	认为都市圈是将城市的服务功能范围作为边界，在景观或职能上具有紧密联系，突破都市的范围界限所组成的空间地域	王德，2002
	Portnov，B. A.，和 Erell，E.	认为城市群是具有便利通勤条件的城市化地区，具有核心区人口密度较高、城市发展更成熟等特征	Portnov，B. A. 和 Erell，E.，2001
	Scott，A. J.	提出"全球城市-区域"概念，通过对比分析不同区域的发展与经济变化，认为其具有与城市群相似的概念	Scott，A. J.，2001
国内	姚士谋	认为城市群是由一定数量的不同等级规模、城市性质的城市，以少数的一个或两个特大城市作为其经济核心，并且与其他城市具有较强联系，从而构成相对完整的城市地域"集合体"	姚士谋等，2006，2015a，2015b
	周一星	认为都市连绵区是指核心城市与周边城市具有紧密的经济、社会联系，并沿交通走廊等进行城市分布的城乡一体化地区	Zhou，Y. X.，1988

分类	学者	主要观点	参考来源
国内	崔功豪	认为城市群是城镇相互分工协作，存在主次之分的有机系统	崔功豪，1992
	顾朝林	认为城市群呈现出城市空间的网络化结构特征，其内部的城市之间具有集聚和扩散并存的特征	顾朝林等，1999
	许学强	认为珠三角城市化过程类似于"大都会区"，对珠三角大都会区的形成原因和理论基础进行分析	许学强等，1994，2007
	王兴平	认为城市群是形成大都市带的必经之路，是城市密集区发展到一定阶段的结果	王兴平，2002
	方创琳	认为城市群是由几个都市圈（区）或者大城市作为其基本单元，具有紧密的经济社会联系、紧凑的城市空间结构特征，努力实现同城化和一体化的区域	方创琳等，2015
	吴启焰	认为城市群是指由不同等级规模、不同性质的城市所构成，以区域内的少数核心城市作为纽带的城市地域	吴启焰，1999
	苗长虹	认为城市群是以多个不同规模的都市圈为基础，以少数几个特大或超大城市为核心，以较多的中小城镇为依托，彼此之间具有紧密经济社会联系的城市功能地域	苗长虹，2007
	倪鹏飞	认为城市群是指具有便利的交通通信联系、紧密的经济社会联系特征，并由不同数量的城镇所构成的人口和经济紧密联系的区域	倪鹏飞，2004

资料来源：笔者根据公开资料整理。

国内姚士谋在《中国城市群新论》中首次系统性阐述城市群概念，中国众多学者在城市群的研究方面也陆续提出各种相似的概念，如"都市连绵区""大都会区"等。当前，学者们对中国城市群的空间范围界定、形成发育、空间结构特征等进行了大量的研究。在城市群空间范围界定方面，利用几何点的平面统计方法来度量城市间的集聚程度，从而识别出全国城市群分布（顾朝林，1992）。有学者采用引力模型、场模型、区域合作组合模型等来划分城市影响范围，通过测度城市规模来识别城市群（Lutz, J. M., and Huff, D. L., 1995；Liang, S. M., 2009；王丽等，2013；李震，2006）；

也有基于不同算法来探测城市群的演化过程（Fragkias, M., and Seto, K. C., 2009）；还有基于"点－轴系统"理论（高晓路等，2015），采用经济社会属性、POI、NPP/VIIRS 夜间灯光影像等数据（张倩等，2011；周亮等，2019），对城市群空间范围进行识别。此外，在城市群形成发育方面，有学者提出中国城市群目前形成"15＋8"的空间结构，并认为未来中国城市群需要形成 23 大城市群、6 大城市群集聚区和"π"字型城市群连绵带组成的国家城市群空间结构体系（方创琳，2011）。中国城市群总体发育程度较低，尚无处在鼎盛阶段的城市群；中国城市群发育差异较大，且发展不均衡；对中国城市群的驱动力分析后发现，工业化水平越高、高技术产业越发达的城市群发育度越高（苗长虹等，2006；方创琳等，2005，2011）。

学者们对城市群空间结构的研究也取得众多成果。既有学者按照城市分布的地域范围与规模等级、城市性质与功能、城市组合的区域空间布局形式等对城市群类型划分标准进行研究，也有学者从城市群空间结构演化过程、城市集聚效应、产业视角等方面对城市群空间结构与形态进行研究（Gao, X. L. et al., 2017；郭荣朝等，2010）。一些学者从城市群整体来分析城市群空间结构的演变特征，认为在城市群时空演化过程中，普遍要经历从城市—都市区—都市圈—城市群—大都市带的城市群梯度演进和多层次性结构（方创琳，2009）；中国城市群整体形成倒"T"型的空间结构，核心城市主要沿交通干线来向外延伸与扩散（曾鹏等，2011）；城市群地区的要素集聚呈现出明显的中心指向和交通指向，外向扩散则表现出沿"核心都市区中心市—核心都市区外围县—城市群次圈层—城市群外围地区"的空间梯度扩散规律（李凯等，2016）；中国三大城市群呈现出不同的空间网络特征，其中长三角城市群呈现典型多中心结构的城市空间网络，京津冀城市群呈现典型的双核心结构的城市空间网络，珠三角城市群呈现显著多核心网络结构的城市空间网络（孙阳等，2018）。

也有学者采用多样化数据，利用多种研究方法，从不同视角出发，对中国单个城市群所呈现出的空间结构特征进行研究。作为中国经济发展水平较高、人口总量众多的长三角城市群，其呈现出的城市群空间结构更是吸引了众多学者的关注。基于"流空间"视角，发现长三角城市群的中心城市呈现集聚组团趋势，而边缘城市呈现分散偏离态势（王钊等，2017）；长三角城市群形成以上海、南京、杭州等城市为多中心的协调网络发展格局（孙阳等，2017）；高铁时代下长长三角城市群的中心城市对外辐射增强，长三角城市群的网络结构逐渐趋向均衡（方大春等，2015）；基于百度用户关注度数据，发现长三角城市网络结构由"Z"型演变为"8"字型结构（熊丽芳等，2013）；运用改进引力模型等方法，认为长三角城市群的网络整体是以弱联结联系状态为主（张荣天，2017）。此外，其他城市群的空间结构特征也得到了广泛研究。长江中游城市群的空间结构发生了由早期的"三核心"到"一核双心多组团"，再到后期的"双核多心多组团"模式的演变（朱政等，2021）；基于锡尔系数，发现武汉城市圈和鄱阳湖城市群呈现出明显的单核特征，皖江城市带和长株潭城市群则呈现出双核和多核的特征（田杰等，2014）；基于微博用户签到数据，发现成渝城市群呈现出以成都、重庆为双核的"双核多中心"组团特征（潘碧麟等，2019）；浙中城市群呈现出以义乌、金华为中心，多轴线、网络化的空间发展特征（李王鸣等，2011）；中原城市群呈现出核心增长极弱核牵引，向多中心网络式空间发展模式的演化（史雅娟等，2012）；辽宁沿海城市带空间结构处于点轴扩张阶段，并呈现出"一核、一轴、两翼"的空间结构特征（秦志琴等，2012）。

总体来说，城市群是城镇体系发育到高级阶段的产物，形成以核心城市为节点，城市之间具有紧密的功能联系，并在空间上具有一定秩序的城市集合体区域。

2. 都市圈

都市圈是由"都市区"概念演化而来，最初源自美国人口普查提出了"都市区"概念，然后陆续提出了如"标准都市区""主要都市统计区""联合都市统计区""都市统计区"等的相关名称，最后于 1990 年统被称为"都市区"（易承志，2014）。此后，也出现了如英国的"标准都市劳动市场区"、加拿大的"国情调查都市区"等相似概念。早期的"都市区"往往更加强调核心城市及周边邻接地域的通勤联系。日本学者木内信藏在 1951 年提出的"三地带学说"，逐渐发展成为"都市圈"理论，他认为大城市的圈层主要是由中心区域、周边区域和边缘腹地所构成（刘庆林等，2005）。日本的"都市圈"是反映以一日为周期的通勤、通学圈概念（成田孝三，1995），都市圈也演变为实现城市某项功能的"一日活动圈"概念。中国学者则拓展了通勤、通学圈的概念，认为都市圈内的核心城市具有与周边区域更为紧密的经济社会联系；且都市圈不仅是一个经济圈，同时还是一个社会圈、生活圈等（姚士谋，1992；张京祥等，2001；贾儒楠，2014）。除经济社会联系外，都市圈还强调功能定位、空间组织与分区、基础设施建设与服务要素配置、社会事业与公共服务供给、区域空间管治协调、产业空间重构、市场配置资源等（孙一飞，1995；汪光焘等，2019）。

2019 年，《关于培育发展现代化都市圈的指导意见》首次从政策层面进行了都市圈概念的界定，认为都市圈是城市群内部以特大城市或辐射带动功能强的大城市为中心，并以 1 小时通勤圈为其基本范围的空间形态。学者们对都市圈发展过程中所呈现出的特征、存在问题、动力机制、发展趋势等进行了多方面探索。

有学者认为都市圈的特征之一是它形成一个核心—边缘的结构，其核心是拥有较大人口规模的中心城市，而边缘则是围绕在中心城市从而形成的具有特殊功能的卫星城市；都市圈还有人口集聚能力强、创新要素集聚等特征（胡序威，2000）。都市圈的特征之二是它由城镇密集区演变而来，门户位置、枢纽功能、密集的网络结构、大规模高密度的人口指标、第三产业为主导的产业结构是都市圈（大都市区）形成的必要条件；在都市圈发育过程中，根据首位城市的地位、首位城市与成员城市的关系、都市圈内部结构的变化等特征将都市圈划分为不同阶段和形态（高汝熹等，1998；卢明华等，2003；邢宗海，2013）。也有学者对中国当前都市圈发展过程中面临的诸多问题进行分析，如都市圈存在发展程度不平衡、空间尺度界定不清、跨界协调机制不健全、都市圈之间的恶性竞争、公共资源供给能力水平差异问题等（陶希东，2020）。此外，在都市圈发展的动力机制方面，包含区位、政治、经济、人口、政策、交通等在内的因素均可能是都市圈形成与扩张的动力因素（张晓兰等，2013；王涛，2014）。根据霍尔城市演变理论，在集聚与扩散作用下都市圈内城市之间不同程度地经历城镇化、郊区城镇化、逆城镇化和再城镇化过程，在西方国家形成大都市区、在亚洲形成 Desakota Area；在中国，城市新区是大都市圈城市空间增长的重要形式，是在大都市圈周边地域开发城市新区，强化其与中心城市之间的经济联系（周春山等，2010，2013a，2013b）。在都市圈发展趋势方面，既有学者提出建设现代化都市圈需要构建基于功能联系的都市圈空间形态，坚持以人民为中心的服务要素配置、坚持基于资源禀赋差异互补的产业空间重构。也有学者认为要以现代化都市圈作为核心区域，不断提高城市群发展的竞争力，增强城市群内不同规模等级城市之间的协调发展能力，推进环境治理协同化和公共服务均等化等进程（胡明远等，2020）。

都市圈与城市群既有相似性，也有差异性。相似之处在于：第一，都市圈与城市群都属于一个国家或地区内经济较为发达的区域，均是以大都市为核心城市，存在紧密的经济社会联系。第二，城市群是由都市圈与其周边的都市圈或城市圈实现空间耦合形成。差异之处在于：第一，空间范围不同，都市圈的空间范围主要取决于其核心城市的辐射半径；城市群则由于其内部不止包含一个都市圈，往往具有较大的空间范围，且其空间范围通常不会受到大都市辐射影响距离的限制。第二，人口规模不同，城市群往往具有比都市圈更多的人口规模。第三，空间结构特征不同，都市圈由于处于区域都市化的中级阶段，往往是以大都市为核心，由大都市周边的大中小城市和小城镇构成的两个或多个圈层；城市群则多数处于区域都市化的高级阶段，形成由一个或以上大都市为核心城市，其他大都市为次级核心城市的多核心多圈层结构或单核心多圈层结构。第四，经济社会特征不同，都市圈内产业体系比较完善，产业分工合理，形成紧密的经济社会联系；城市群实现了要素资源的自由流动，提高了区域竞争力和影响力（马燕坤等，2020）。

3. 都市连绵区

法国戈特曼通过对位于美国东北部的沿海城市在产业结构、经济联系、空间分布格局等特征的分析后，提出了"都市连绵区"（megalopolis）概念，这被学者们普遍认为是最先明确提出此概念的；他认为都市连绵区是由一系列大城市所组成的功能性城市密集分布地域；其主要位于建成区，形成由不同社区和产业区共同构成的空间结构，虽然有众多的农田和森林等绿地空间，但绿地空间中分布着众多的工厂或住宅，而农业收入是城市收入的极小部分。戈特曼的研究在欧洲、北美等其他区域均得到了广泛的实证应用，推动了学者们的研究热浪（Doxiadis，C. A.，1968；Cromartie，J.，and Swanson L. L.，1996；Robert. L.，and Paul. K.，2009）。

国内周一星提出的"都市连绵区"概念，认为其更符合中国城市发展的实际状况；他认为都市连绵区是指核心城市与周边城市具有紧密的经济、社会联系，并沿交通走廊等进行城市分布的城乡一体化地区，它的形成和不断发展演变是需要具备一些必要条件的：即要有两个及以上人口规模较大的特大城市作为区域发展的核心极点城市，要有与外界进行联系的口岸区域，要有便利的交通网络来加强核心城市与口岸等之间的联系，要在区域中形成较多的规模不一的中小城市以及拥有较多的人口总量等（周一星等，1988，1997）。许学强认为珠三角城市化过程类似于"大都会区"，对珠三角大都会区的形成原因和理论基础进行了系统分析（许学强等，1994，2007）。姚士谋则对长三角城市群的特征和发展趋势进行深入探讨（姚士谋，1992）。长三角和珠三角地区的都市连绵区属于城镇密集区域的城市化向高级阶段发展后所呈现出的空间结构形态（胡序威等，2000）。

都市连绵区与城市群既有相似性，也有差异性。相似之处在于：都市连绵区和城市群均反映出地域城市化的特殊空间形式，用来研究城市化空间形式；两者均强调将城市相互作用所形成的功能一体化区域作为研究对象，并强调集聚与扩散是其相似的发展机制（刘玉亭等，2013）。区别主要在于：都市连绵区往往空间范围更大，主要是一个国家或者地区的经济走廊，往往由几个城市群所构成；更侧重指出核心在于都市而不是城市，都市往往比城市会更为发达。

1.3.2　迁移人口与流动人口

关于迁移人口、流动人口的概念界定与划分标准不一。迁移人口是指人口的居住地与户口登记地同时发生变动。国外学者主要是从空间、时间以及定居目的这三个维度来界定迁移人口的概念；国内学者则存在诸多不同的术语，如暂时性迁移、自发迁移、户籍迁移、暂住人口、流动人口等，往往只是代表某种类型的迁移人口。迁移人口是发生在国内不同省区或县（市）直接的各类改变户口登记常住地的人口移动，比较强调空间限定与户籍改变的范畴（杨雪，2004）。有学者认为迁移人口是指普查时点"人在户在"，但其户口登记地在规定时间内发生过跨越乡镇街道改变的人口（周皓，2022）。

关于流动人口的定义标准，不同学者也存在差异化的界定。流动人口是指符合限定条件的居住地与户口登记地分离人口，更侧重对空间尺度与时间尺度的限定。有学者将普查数据中的"居住地与户口登记地不一致并离开户口登记地半年及以上时间的人口"作为流动人口，而将"居住地与户口登记地不一致但离开户口登记地不足半年时间的人口"作为暂住人口（方创琳等，2016）。将普查数据中"迁入人口"类型下的"本省其他县（市）、市区迁入人口"和"外省迁入人口"作为判断该区县流入人口的依据，将常住人口和户籍人口的差值作为判断其净迁移人口的依据，将流入人口和净迁移人口的差值作为判断其流出人口的依据（刘盛和等，2010）。将普查数据中的"迁入人口"来表示人口流动规模（劳昕等，2015）。将"居住在本地，但户籍所在地不在本县（市、区），并离开其居住地半年及以上时间的人口"定义为流动人口（刘涛等，2015）。

需要注意的是，"迁移人口"与"流动人口"是两个不同概念（Chan，K. W. et al.，1999），两者既有联系也存在差异。迁移人口具有户籍属性改变，而流动人口则不具有户籍变更；迁移人口是相对长期的、永久性居住地的改变，而流动人口是相对短期的、非永久性的甚至是周期性的空间移动；迁移人口是以定居为目的，而流动人口则不一定以定居为目的（Fan，C.，2005）。

1.3.3　常住人口与户籍人口

对于中国城市的人口构成来说，既有流动人口与迁移人口的差异，也存在常住人口与户籍人口的差异。其中，常住人口主要由以下人群构成：居住地与户口登记地一致的人；居住地与户口登记地不一致且离开户口登记地半年以上的人；户口登记地在本地但离开户口登记地不足半年的人。常住人口更多的是反映实际居住人口，既包含有户籍且实际居住的人口，也包含没户籍但实际居住在此地的人口数。但是，户籍人口则主要是依据《中华人民共和国户口登记条例》，在经常登记区内的户口登记机构登记为常住人口的人口数，其侧重反映的是那些在公安户籍管理机构登记作为常住户口的人口数。

常住人口与户籍人口的主要差异就在于人口的流动性（见图 1-1）。其中，流动人口又可划分为两类：第一是外来务工人员，指居住在本城市半年以上但户口登记在外省区市的人口；第二是其他流动人口，指居住在本城市半年以下但户口登记在外省区市的人口。

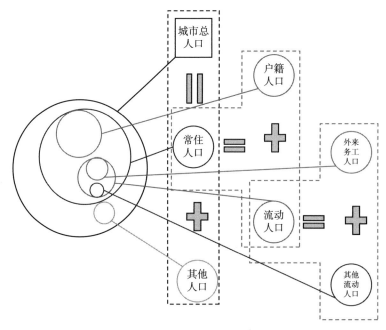

图 1-1　城市人口构成情况

资料来源：笔者自绘。

1.3.4　人口流动与人口分布

人口流动是指人口的居住地发生了变动而其户口登记地未同时变动即住

户分离的现象，但是常将旅游、上学、探亲等人口和城市市区的人户分离人口排除在外（姚华松等，2008）。根据人口流动的空间距离和时间长度，还可以进一步划分为人户分离人口、流动人口、暂住人口等。人口流动往往是追求个体利益最大化的过程，在自然环境、经济发展和社会条件等因素的影响下，人口往往处于不停的流动过程中，可划分为跨国流动、国内流动、区域流动等尺度，呈现出不同的流动特征与人口规律。人口的流动会给流入地提供更多的人力资源，也会使得流出地面临人口减少的局面；在推拉力的影响下，还会影响到区域人口的空间分布格局，形成人口空间分布的不均衡性特征。同时，在经济、社会等因素的驱动下，人口会更趋向于集聚到那些经济发展水平高、能提供更高工资水平和更优质公共服务等的城市，也会反过来影响到人口的跨区域流动。

　　人口分布是指在一定的自然背景与社会背景下逐渐形成的人口空间格局。马克思主义人口理论认为，人口分布主要是由于其受到来自其人口自然增长以及来自外来流动人口的机械增长这两个方面的共同影响，人口分布规律是受到生产方式等的制约的，人口现象的本质是属于一种社会现象（Bracken, I., and Martin, D., 1989；C. A. 科瓦列夫等，1983）。人口的区域性分布，既受到其自身人口自然增长率的影响，也会受到外来人口流入以及本地人口流出的影响，使其人口的时空演变具有复杂性。人口流动与人口分布是相互作用的过程，人口的自由流动会使得区域人口分布的不均衡性加强，提高人口要素的流动性；人口分布的空间差异性也会反作用于人口的跨区域流动，增强区域之间联系的紧密性。

第 2 章

理论基础与研究综述

2.1　理论基础

2.1.1　人口流动与迁移的相关理论

1. 推拉理论

英国学者雷文斯坦（E. Ravenstien）在 19 世纪提出的"人口迁移法则"（law of migration），是最早的人口迁移理论。他认为迁移的主要目的是改善人们的经济条件，将人口迁移的空间特征、动力机制等进行总结后，最终概括为人口迁移七大定律。博格（Donald J. Bogue）在 1969 年提出了人口迁移的推拉模型。赫伯尔在 1983 年进一步系统地总结了推拉理论，认为人口的迁移主要是受到一系列"力"的影响，其中一些是推力，一些是拉力。巴格内（D. J. Bagne）主要是对人口流动的原因进行探讨，认为人口流动主要是受到流入地的拉力和流出地的推力这两个方面的影响。李（E. S. Lee）进一步深化了巴格内理论，认为人口流动既会受到拉力和推力的影响，也会存在第三种因素即中间障碍因素的影响，如距离远近、语言文化等因素。马卜贡杰提出城乡人口迁移的系统分析模式，认为城乡人口迁移的主要原因不仅在于移民自身因素，也与农村和城市的控制性次系统以及整个社会经济文化的调节机能有关；马卜贡杰模式除考虑到城乡控制性次系统和社会经济文化的调节机能外，还考虑到系统间存在的各种正向反馈和信息流动，在一定程度上是对推拉理论的扩展。总体来说，推拉理论被广泛用于分析解释人口的城乡流动尤其是农民工流入到城市的原因。

2. 新古典经济学理论

新古典经济学通过引入经济学中的供需关系来研究人口迁移，认为劳动力在供需方面的区域差异造成了劳动力在跨区域的调整，人口的流动与迁移就是调整过程的重要表现形式。新古典经济学认为劳动力从农村迁移到城市，既能够释放出大量的剩余劳动力，为工业发展提供规模巨大的廉价劳动力；也能够加快劳动力要素的流动性，提高资源的配置效率，助力经济发展。新古典经济学侧重于研究农村向城市的永久性人口流动，但是随着城市工业化水平的不断提高，机器逐渐取代一部分的普通劳动力，对劳动力数量的接纳能力将会逐渐降低，大量的农村剩余劳动力可能需要进入城市中那些生产效率较低的"非正规部门"。

与推拉理论相比，新古典经济学者更侧重在对微观个体的人口迁移流动的特征分析，突出强调个体在迁移流动过程中的决定性作用，认为个体是在充分考虑了诸如就业率、收益率、实现个人价值等因素后才做出的理性人口迁移，经济因素是个体迁移的主要原因。

3. 新迁移经济学理论

新迁移经济学派认为家庭成员的跨区域迁移既有利于增加绝对收入，也能够提高社会经济地位。社会地位与家庭收入水平对迁移行为的影响较大，通常来说家庭收入水平越低，越容易发生迁移行为；贫富收入差异越大的地区越容易发生迁移行为。工资差异作为一个重要动机，在预期收入水平一定的影响下，跨区域迁移有助于降低家庭所面临的风险，也能够提高家庭的社会经济地位。与新古典经济学相比，新迁移经济学认为跨区域的迁移行为主要是为了获得收益的最大化，额外收入对每个人都具有一样的意义，这与迁移者所处的社会阶层不存在关联。

4. 新家庭迁移理论

新家庭迁移理论更加关注的是个体在迁移行为的决策中受到家庭因素多大程度的影响，并认为个体在进行迁移行为的决策时通常会考虑到家庭共同的商讨意见。个体在进行迁移行为的时候要努力实现个体收益最大化，设法增加家庭收入来源，并同时尽可能地降低家庭收入锐减的风险，该理论更加侧重于对人口迁移流动过程中的个体差异性特征进行探讨分析。

新家庭迁移理论的核心观点主要有三个部分的理论假设，即风险转移、相对贫困和制度约束。其中，风险转移的理论假设认为由于劳动力市场存在各种不确定性因素，可能会对个体的预期收入造成危害，也会损害到家庭的收入水平，因此在涉及个体的迁移行为时必须要经过家庭成员的共同讨论，从而使可能遇到的风险尽量最小化。相对贫困的理论假设认为在确定家庭迁移的决策过程中，部分家庭可能会争取更高的经济社会地位，而不仅仅关注预期收入水平，因此只要能够争取到更优的经济社会地位和一定水平的预期收入，就始终会存在家庭的迁移流动行为。制度约束的理论假设认为由于意外情况的发生可能会影响到家庭收入水平的稳定性，采取将部分人口外出打工的迁移行为将会有助于降低各种意外风险的损害，在决定迁移行为的过程中更加关注流入地所提供的经济、社保、教育、医疗等制度性保障措施，以及是否能更好地享受到流入地所提供的各种公共服务，这将会决定人口是留在流入地还是返回老家。

5. 波茨（A. Portes）提出社会资本理论

人力资本理论的核心观点认为个体的迁移流动更多的是对自我进行的一种投资行为，这样的投资不仅仅局限在提高劳动力素质、增加城市生活的见识、提供更多的资本积累等方面；在投资行为过程中，需要考虑到可能存在的成本和收益问题，只有充分、全面地弄清楚迁移流动过程中存在的各种成本和收益问题，个体才能确定是否进行迁移行为。该理论是在新家庭迁移理论的基础上，更侧重对流动者个体的迁移决策分析。

社会资本也会影响到人口的流动与迁移，流动者个体由于资源整合能力有限，在流动与迁移过程中往往难以实现预期收入最大化的目的。因此，波茨提出社会资本理论，他认为社会资本最主要的能力就是合理配置资源，个体在迁移行为中所呈现出的社会网络结构就是资源配置的受体；配置资源的能力大小主要取决于个体及其在社会网络结构中所拥有的关系。由于社会资本的差异，流动者个体在流入地的住房、定居、落户等方面也会存在较大的差异性。

6. 经典迁移理论

经典迁移理论认为经济因素在人口迁移的过程中占据主导作用（Lee，E. S.，1966；Ravenstein，E. G.，1889）；随着很多国家相继进入到郊区化、逆城市化等阶段，人口迁移流动的方向、规模等均发生重大变化，学者们也开始更多关注城市舒适性因素对人口迁移的影响。其中，既有基于非均衡模型的假设，认为由于区域间的发展不均衡性始终存在，人口迁移主要是寻求更高收入水平、降低失业风险、得到更好的就业机会，人口迁移行为是充足考虑这三方面的因素（Hunt，G. L.，1993；Harrigan，F. J.，and McGregor，P. G.，1993）；也有基于均衡模型的假设，认为人口迁移的主要动机是获得对不可贸易商品的需求，各地存在的效用差异能够通过市场的调节来实现，城市舒适性是诱发人口迁移的重要原因（Graves，P. E.，1976）。欧美发达国家的很多案例都符合基于均衡模型的假设，而城市舒适性因素对人口迁移的影响作用正在得到更多的深入研究。在已有的研究中，也逐渐验证了气候条件、公共服务等舒适性因素对人口迁移的影响作用（马志飞等，2019；Su，Y. et al.，2019；Gao，L.，and Sam，A. G.，2019）。

2.1.2 城市群形成发育的相关理论

1. 中心地理论

1933 年，德国克里斯塔勒（Walter Christaller）在《德国南部的中心地》中提出了中心地理论，认为聚落呈现出三角形的空间分布格局，市场地域的空间结构特征则表现为六边形，同时他探讨分析了中心地在职能、规模等级等方面可能存在的与人口之间的关联性，并最后形成了相对完整的中心地空间系统模型（克里斯塔勒，2010）。该理论首次将区域内的城镇系统化，被认为是城镇等级、规模和空间分布研究的基础理论。此后，不同学者如廖什（August Losch）、贝克曼（Beckmann）、加里森（W. L. Garrison）、斯梅尔斯（A. Smailes）和斯金纳（G. W. Skinner）等从不同的方法和视角对该理论进行了验证与分析，在一定程度上完善和推动了中心地理论的发展（王士君等，2012）。中心地理论作为城市空间结构研究领域的基本理论，在实践中得到了广泛应用，也成为城市群研究过程中的一个重要理论基础。

2. 增长极理论

1955 年，法国佩鲁在《经济空间：理论与应用》中提出了"增长极"概念，认为增长极理论的基本观点包含两个方面：第一，区域内由于资源禀赋不同呈现出不均衡的经济增长状态，区域的经济增长首先集中在某些增长极上并呈现出向外扩散的态势，进而对区域整体等造成不同的影响；第二，在区域发展的早期，通常形成极化效应为主的特征，不同要素集聚到核心的增长极地区，而在增长极发展到一定水平后，要素逐渐向其他城市进行流动和转移，形成以扩散效应为主的特征，增长极就是利用极化效应和扩散效应来对区域产生不同的影响（Perroux，F.，1950）。增长极理论具有较强的理论意义和实践意义，在很多国家如美国、巴西、中国等都得到了广泛应用，有利于更好地发挥出政府的宏观调控作用；同时需要注意到，在增长极发展的早期阶段，由于各种要素大量集聚到增长极，会形成很强的极化效应，从而使区域增长极与其他城市之间的贫富差距迅速拉大，会在一定程度上影响到其他城市的发展（李小建等，1993）。

3. 城市空间相互作用理论

1957 年，美国乌尔曼（E. L. Ullman）提出了"城市空间相互作用理论"，认为城市主要是通过发挥引力和斥力来实现其空间相互作用。当引力较大时，中心城市的规模就会更大，壮大城市空间体系；当斥力较大时，城市的规模就会缩小并呈现出郊区化或逆城市化的态势；城市空间相互作用的形成和发展需要符合可达性、中介机会以及互补性等的条件（Roberts. M. J. and Ullman，E. L.，1957）。该理论得到不同学者的进一步完善，如有学者基于赖利（W. J. Reilly）的"零售引力规律"进一步形成了新的"引力模式"来分析城市空间相互作用，基于康弗斯（P. D. Conberse）的

"断裂点" 概念来测度城市空间相互作用的边界范围。1972 年，海格特 (P. Haggett) 基于物理学中的热传递理论来归纳总结城市空间相互作用的主要类型有辐射、传导和对流这三种。

4. 核心—边缘理论

1966 年，美国弗里德曼 (J. R. Friedmann) 提出了 "核心—边缘理论"，认为核心区域通常指的是城市或者城市密集区，边缘区域通常指的是经济欠发达的地区。由于核心区域与边缘区域在经济联系过程中存在的极化和扩散效应，容易形成二元化的空间结构，边缘区域常处于依附地位；随着要素流动性的增强，经济社会联系的紧密，交通网络体系的完善，以及政府调控引导的作用，会推动核心和边缘区域更好的融合发展，促进城市空间结构一体化发展；同时，也要注意到城市既是本区域的核心区域，也是更高等级区域的边缘区域，区域空间结构是更为紧密和复杂的（许学强等，2009）。该理论能较好地解释区域性现象，有利于促进区域的协调发展，得到了学者们的不断研究和完善。1964 年，弗里德曼提出的 "经济发展与空间演化相关模式"，在一定程度上是对罗斯托（W. W. Rostow）提出的 "经济发展阶段理论" 的延伸和发展，其对不同发育阶段的城市群所呈现出的空间特征进行探讨分析。1968 年，哈格斯特朗（T. Hagerstrand）提出的 "现代空间扩散理论"，认为空间扩散可能呈现出辐射扩散、波状扩散等形式，在一定程度上是对城市群空间演化研究的延伸和完善。

5. 点轴系统理论

1986 年，中国学者在《2000 年我国工业布局总图的科学基础》中提出了区域发展战略的 "点轴开发理论"（也被称为 "点轴系统理论"），认为 "点" 表征的是区域内存在的各级中心城市，而 "轴" 表征的是区域内呈现出线状分布的、用于连接不同 "点" 之间的基础设施；在区域经济发展过程中，不仅要发挥出 "点" 的增长极作用，也要利用好 "轴" 的带动作用；对于 "轴" 来说，其不仅只是一个交通网络连接线，更是区域内的一个经济联系密切带，在经济发展过程中往往具有较大的发展潜力和较强的经济发展水平（陆大道，1986）。该理论是在区位论与空间结构理论等相关理论的基础上进行的深入研究，是对于增长极理论的一个延伸，它更侧重于要发挥出交通条件对于促进区域经济增长的作用。与增长极理论不同的地方在于，点轴系统理论更侧重于地带开发，对区域经济发展的推动力要强于对单个增长极，有利于对区域经济的协调发展；该理论也侧重于发挥出不同中心城市的作用，通过加强区域内各城市的有机协调发展来更好地发挥出集聚经济效应（崔功豪，2006）。

2.1.3 新环境下城市群的发展

1. 信息化环境下城市群的发展

信息技术对城市空间发展产生重要影响。卡斯特（2001，2010）认为信息环境下将会形成新的产业空间，资金、技术、信息、劳动力等要素的扩散将可能会影响到城市的兴衰。全球化时代下，各种形式的网络逐渐塑造了城市化地域空间形态以及城市在网络中的不同地位，中心城市的向外扩散以及与周边城市的紧密联系会共同推动大都市区的发展，在此过程中，周边城市逐渐演化成专业化的次级中心地位，两者共同推动城市—区域结构走向多中心化。因此，全球化、网格化、城市化，共同构成了信息时代城市空间发展的重要动力（姚士谋，2016）。

信息技术对城市功能的主导作用主要表现为协作效应、替代效应、衍生效应和增强效应（Graham，1996）。具体来说，协作效应指的是信息技术的快速发展会带动城市的同步发展，两者呈现出协同发展的趋势，且在空间上呈现出信息技术的深化拓展和城市空间向外延伸的彼此融合的状态；替代效应指的是信息技术的快速发展会降低人际交流过程中存在的各种在空间、时间等方面的障碍，降低人员要素的通勤成本；衍生效应指的是信息技术的飞速发展会刺激经济发展，进而衍生出新的市场需求，从而带动相关产业发展；增强效应是指信息技术能够通过扩大物质形态来提高自身的功效，从而增强其吸引力和竞争力（姚士谋，2016）。

信息技术的发展能够促进城市空间扩展。完善成熟的城市群具有发达的互联网系统及其网络设施，将城市群区最大的核心城市作为网络枢纽，发挥网络信息中心的主导作用，从而带动周边的节点城市和广大地区经济、文化、科学技术的发展。信息技术是促进人口和经济在空间分散的潜在动力，这主要得益于其能够实现信息的远距离快速传递。现实环境中，受信息技术发展水平的不均衡，以及获取信息能力的差异性等因素的影响，中心城市将能够利用已有的信息枢纽作用来大力发展信息技术服务，尤其在当前经济全球化和一体化进程中，信息技术会更为集中在那些城市群内部具有良好区位条件、紧密的对内对外联系、较大人口规模的超级城市中。

信息技术能够推动城市信息网络发展。20 世纪 70 年代以来，网络信息技术的飞速发展，更加密切了城市之间的经济社会联系。全球化、信息化和网络化使城市成为更为流动的空间，人类社会也逐渐从地方性空间变成了流动性空间，而在信息技术的推动下，也容易推动城市网络形成新的空间形式。基于互联网数据来测度中国城市体系，结果表明中国形成了由信息网络城市所构成的出差网络体系，广州、北京和上海是其中的核心城市（汪明峰等，2004）。利用新浪微博数据来测度中国城市网络特征，结果表明东部地区内部的联系，以及东部与中部、西部地区的联系构成网络体系的全部；中国城市网络呈现出分层集聚现象，并形成京津冀、珠三角和长三角为三个大核心，成渝、海西、武汉和东北为四个小区域的空间发展格局（甄峰等，2012）。

互联网时代与信息技术助力提升城市竞争力。信息技术发展有利于增强城市在区域和全球范围的竞争力，尤其体现在推进经济全球化。劳动的空间分工使得产业在全球的大幅扩散，信息技术在一定程度上有利于增强对管理机构的控制力，推动生产过程的全球化；在全球的分工体系中，发展中国家和地区通常是承接产业转移扩散的重要区域。在信息技术推动之下，生产的垂直分工与水平整合不断深入，产品内分工向纵深发展，跨国公司组织起了包含多重主体和尺度的全球生产网络，促进经济全球化进程（李健，2011）。此外，信息技术发展有助于世界市场的统一化和规范化，使经济更为开放，密切各国与全球经济的关联，并逐渐成为全球化中的一部分，消除或削弱不利于经济技术联系的各种限制性因素。

2. 全球化环境下城市群的发展

随着经济全球化的进程加快，要素的流动性也在加快，这有利于促进要素资源的合理配置，密切不同区域之间的经济文化联系，从而对区域的社会经济及其空间结构产生深远影响，造成区域的空间重构（陈明星，2015）。经济全球化使区域、城市间的联系不断增强，城市间的经济网络逐渐成为全球经济活动的重要组织框架，造成全球城市体系的逐步形成；在全球城市体系的形成过程中，随着城市间的竞争与合作，产业网络、社会经济集聚、知识经济发展等的集聚，使部分城市逐渐成为世界城市或国际性城市，对全球的经济、政治和文化等方面都产生深远的影响。随着中国新型城镇化和新型工业化的推进速度加快，区域经济的发展也变得更趋于集中化，有利于逐渐形成若干个发达的城市群区域。

经济全球化与城市群的发展存在密切的联系。在全球化的发展背景下，不同区域的资源、生产、劳动力、资金和市场要素得到了更好的开发利用，促进不同区域形成自己的比较优势产业，实现国际产业的分工合作，从而有利于推进以大都市圈作为核心的城市群地区，促进经济社会的高度集聚与现代化发展。其中，资源要素的高效开发将有利于推动城市群内的专业化城镇的形成，在环境保护的基础上，通过资源要素的开发有利于促进城市群内各个城市的经济发展和密切联系，从而形成不同功能的城市体系；生产要素的开发利用对促进城市群内大中城市的发展具有重要影响，随着工业化的逐步推进，生产要素的开发有利于推动工业集群发展，促进城市群内产业结构的工业化和优化升级；劳动力要素的自由流动有利于推动城市群产业的转型升级，随着第三产业的快速发展，劳动力要素的流动有利于促进第三产业的繁荣发展，密切城市群内各城市的文化、信息等的交流与联系；资本要素对城市群的建设和开发具有重要影响，随着资本要素的自由流通，有利于密切城市间的联系，促进区域经济发展，壮大城市群经济；市场要素有利于加强区域间的交流与合作，更好地发挥出市场的宏观调控作用，增强经济发展的活跃度，提高城市群的竞争力（姚士谋，2016）。

3. 区域一体化环境下城市群的发展

城市群作为由不同类型、规模等级和性质的城市基于密切的经济联系所构成的经济地域，其内部结构功能的分工是否合理会影响到城市群整体的功能发挥，城市群的发展更为关键的是其内部各城市的整体协调发展。在区域分工中，城市间往往呈现出较强的产业互补性，从而便于不同城市能够更好地发挥出各自的产业比较优势，带动区域新兴技术和产业的发展，促进经济发展，提高城市群的产业结构优化升级，增强其与其他地区的竞争力。

城市群的健康发展需要实施区域一体化战略。第一，科学认识不同城市群及其内部各城市所具有的资源禀赋和比较优势，在经济发展过程中需要整合各种要素资源，加强产业分工协作和互补共生的能力，完善产业链条体系，以开放、包容、共享的发展思路来推动城市群的健康可持续发展；在经济全球化和区域一体化的时代背景下，积极参与对外合作交流，加强城市群内、外的产业协作和专业化分工，促进城市群的高质量发展（姚士谋，2016）。第二，推行产业错位发展策略，避免产业间的高度同构和恶性竞争，助力城市群内不同城市的共同发展和互利互惠，形成一批产业基础雄厚、特色明显和专业化发展的城市。第三，完善区域内部的基础设施系统，提高经济的联系强度，降低通勤成本，实现城市群内各种要素的自由流通，增强经济发展活力。第四，完善城市群的公共服务体系，提供更为便利的公共服务措施，降低不同城市之间的交流成本，实现城市群的协同共享发展。第五，通过打造统一的市场，以及实现市场一体化来消除市场的分割现象，从而发挥出城市群市场的规模效应，推动城市群经济的大力发展。

4. 生态化环境下城市群的发展

生态环境保护理念的树立和不断增强，有利于更好地贯彻落实"绿水青山就是金山银山"的理念，协调区域经济发展过程中遇到的资源开发和环境保护的难题，促进城市的可持续绿色发展，助力城市群的城市化和环境和谐发展。生态城市理念、绿色循环理念和低碳理念等的推进，有利于建立绿色低碳的生产生活方式，推动生产过程中的清洁化、低碳化和循环化，实现资源的循环利用，实现经济发展和环境保护的和谐共生，促进城市群的绿色可持续发展。

城市群作为经济发展水平较高、人口集聚程度较高的主要区域，资源的高效开发利用和环境可持续发展是实现城市群健康发展的基础要求，因此在城市群的发展过程中需要确立严格的环境保护措施，同时要大力加强生态环境建设。深入贯彻落实紧凑城市的发展理念，科学培育绿色经济，倡导绿色生活，加强污染治理和环境保护力度，提高城市群的生态环境承载力，避免城市发展过程中的盲目性和无序性。统筹城市群内的经济、资源、环境和人口等各种要素，建立良好的区域协调机制，推动城市群的协调发展。积极推进资源节约和环境友好型城市群的建设，科学认识生态空间、生产空间和生活空间的内部联系，将创造良好的人居环境作为中心事宜，努力将城市群建设成为人与自然和谐共生的美丽家园，使生活空间更加宜居舒适，提高人民群众的幸福感，推动城市群的健康可持续发展。

2.1.4　城市群空间演化模型与协调发展理论

1. 区域城市群空间演化模型

弗里德曼在罗斯托（Rostow）的发展阶段理论基础上，提出了"区域城市群空间演化模型"，并认为区域城市群的形成发展过程包含四个阶段。第一阶段是工业化之前，呈现出零散的聚落和小港口，出现部分人口向内地迁入的状态；该阶段生产力水平低下，沿海聚落仍以自给自足的农业生产方式为主，内陆的聚落更处于孤立状态，与外界的联系非常微弱。第二阶段是工业化初期阶段，形成点状分散的城镇，由于资源的相对有限，政府侧重于对少数的城市进行重点开发，将大量资金、劳动力、政策等要素进行高度集聚，逐渐形成集聚经济效应。第三阶段是工业化成熟时期，随着区域内各城市的逐渐发展，区域也由早期的中心—边陲的简单结构演变为多核心结构，区域性大市场逐渐形成，为城市群经济发展提供了重要基础。第四阶段则随着城市之间的边缘区域发展速度加快，区域性基础设施以及核心城市周边的卫星城数量增多，城市之间的联系变得更为紧密，形成了城市相互吸引力和反馈渠道，集聚效应与扩散效应都变得更为活跃（Friedmann, J. et al., 1973，1976）。

2. 城市群地域结构演化模型

城市群地域结构具有一定的阶段性特征，城市功能强化与交通网络扩展存在紧密的联系；城市群地域结构演化模型主要分为四个阶段（姚士谋，2006）：

第一阶段：单核心城市特征。该阶段城市分散分布、规模较小，往往沿交通干线形成一个条状式分布形态，主要城市的吸引范围相对来说比较有限，城市内部联系强度较弱，城市扩张也主要是以点式为主，呈现出单核心的分散空间结构。

第二阶段：城市组团发展。该阶段随着主要交通干线沿线的城市向周边地区和偏远区域的渗透式发展，促进了城市间经济技术的交往联系，使城市间功能地域结构得到一定的优化。同时，伴随着集聚和扩散作用的共同助推，各城市继续向外进行扩展，形成几个组团式区域，形成由一个主要的核心城市引领、几个次核心城市带动的单核心圈层空间结构。

第三阶段：城市组群扩展。伴随着区域内部基础设施的完善，中小城市和偏远区域的城市也逐渐进入到核心城市的扩展影响范围，产业结构的转移承接也使得中小城市能更多地参与区域经济发展，从而吸引更多人口集聚，扩张城市建成区范围。由于经济技术联系的紧密性增强，核心城市更侧重于信息化、综合性发展，而中小城市侧重于专业化发展，与核心城市形成产业互补的局面，推动区域经济发展，提高区域的综合竞争力。这一时期，形成了单个核心城市或双核心城市的放射状圈层结构。

第四阶段：城市群形成。城市组群内的综合交通网络进一步完善，有利于促进区域增长中心生产要素向周边地区的扩散，使扩散效应逐渐增强。城市群内各城市的产业分工更为明确，共生互控效应也在不断增强，不同等级城市间纵向联系的行政约束力在逐渐下降，同一等级城市间的横向经济联系在逐渐增强，城市群地域结构更为复杂，形成由多个核心区域引领的组群分散化圈层结构。

3. 城市群协同发展理论

城市群协同发展理论主要是以协同论、博弈论、突变论和耗散结构理论作为其发展的理论基础，其中，协同论是核心理论基础，而博弈论、突变论和耗散结构理论是基本理论基础（方创琳，2017）。具体来说，协同论（Synergtics）认为在城市群发展演化过程中，不同城市子系统间存在着相互影响、相互合作、相互制约和干扰的关系。由于城市群系统是由多个城市组成，不同子系统间的相互作用和协作往往会呈现出一定程度的协同规律性。

博弈论（Game Theory）认为城市群内部的城市在决策制定的过程中，必须综合考虑到其他城市可能采取的行动方案，最后选择让自己利益最大化的决策。突变论（Catastrophe Theory）认为在严格控制的条件下，若质变中经历的中间过渡态是稳定的，那它就属于渐变过程，其既可以通过飞跃来实现，也可以通过渐变来完成，解决问题的关键点就在于控制条件。耗散结构理论则认为城市群是一个开放的动态涨落系统，其演变的机制在于偶然性的随机涨落过程，而随机涨落产生与放大的过程则主要取决于城市群系统的超熵产生。

2.2　中国人口分布、流动与迁移的研究

2.2.1　人口集聚与分布的时空演变特征

作为人口地理学研究的一个核心问题，人口要素的空间分布和演变特征分析得到了学者们的广泛关注和深入研究。早期由于数据来源相对单一，多基于人口普查、统计数据等，定性或定量地对某一个时段人口分布格局与演变特征进行分析；随着数据获取的方式增多，以及新技术的不断使用，新的数据如位置大数据、灯光数据、POI 数据等，新的研究方法如社会网络分析、空间自相关等逐渐用来分析探讨人口分布格局及其演变特征。总体来说，主要包括以下几个方面。

1. 胡焕庸线的研究

1935 年，胡焕庸首次揭示了中国人口密度的东南和西北分布突变线，这条线成为中国人口空间分布的重要分界线，被后人称之为"胡焕庸线"。此后，胡焕庸线受到学者们的广泛关注，取得了众多的研究成果（杜德斌等，2022；丁金宏等，2021）。中国人口东密西疏空间格局在较长时期内都不会发生根本性变化，这是受到气候、地形等综合自然地理条件的影响造成胡焕庸线不可破（陈明星等，2016）。2000 年，中国人口仍然维持着

以"胡焕庸线"为界、西部稀疏而东部密集的空间格局，但同时也呈现出东南部地区人口密中有疏，而西北部地区人口疏中有密的变化特征（葛美玲等，2008）。胡焕庸线两侧的内部人口集聚模式有所变化，其中，东南半壁的人口空间分布格局由早期的相对均衡分布，演变为现在的以少数核心区域如珠三角、长三角等为中心的不均衡集聚分布；而西北半壁的人口空间分布趋于分散，人口集聚度在不断降低（李佳洺等，2017）。胡焕庸线仍然比较直观明晰地呈现出东南半壁人口稠密而西北半壁人口稀疏的空间分布格局，但在胡焕庸线西北半壁的人口密度超过 50 人/平方千米的面积却呈增长趋势，且持续向西北扩张（杨强等，2016）。胡焕庸线以东地区的人口分布更为集聚；胡焕庸线以西地区流动人口规模较小，整体上呈现出相对均衡的人口集疏模式（Qi, W. et al.，2016）。胡焕庸线所揭示的人口分布格局未改变，中国人口密度与城镇化格局的演变密切相关（Mao Q. Z. et al.，2016）。胡焕庸线所揭示的中国人口空间分布格局依然稳定，东南半壁人口集疏格局在不断强化，而西北半壁人口集疏的马太效应也在不断增强（戚伟等，2022）。

2. 宏观层面分析中国人口分布与集聚的时空演变特征

基于人口普查、统计年鉴数据等来分析中国人口分布与集聚的演变特征，有助于为区域发展战略提供理论依据，受到学者们的广泛关注，研究尺度覆盖省际、城市、区县以及乡镇。近 300 年来，中国人口的重心分布呈现出"西南—西北—东北—西北"的演变轨迹，人口的空间分布趋于均衡化，且形成一些人口高度集聚的区域（潘倩等，2013）。1990～2005 年，中国城市人口局部空间集聚的特征逐渐明显，并在空间上呈现出沿交通线路分布和"T"字形的分布格局（陈刚强等，2008）。2006 年，中国人口分布"东密西疏"的空间分布格局突出，人口在空间上趋于向沿海、沿江高度集聚的特征（刘睿文等，2010）。2001～2010 年，中国人口主要呈沿海、沿江等主要空间发展轴及中西部核心节点城市集聚分布态势（蒋子龙等，2014）。中国城镇人口镇化的时空分异明显；镇化主导型县市主要分布在中西部地区，而城化主导型县市主要分布在沿海城市群地区（刘盛和等，2019）。中国乡镇人口分布规律是西北稀疏、东南密集，且东南密中有疏、西北疏中有密；

乡镇人口分布的经纬向规律变化差异较大（柏中强等，2015）。中国人口由中西部地区向东部沿海集聚的趋势未发生变动，珠三角、长三角等城市群仍然是流动人口大量集聚的主要区域（毛其智等，2015）。随着中国各省份陆续推进强省会城市的发展策略，多数省份也呈现出人口向省会城市集聚的趋势（武前波等，2020）。

此外，随着第七次全国人口普查数据的陆续公布，学者们针对人口七普分县数据也进行了深入研究。研究发现，尽管中国人口分布仍然保持东密西疏的基本格局，但2010~2020年的人口空间集中化趋势更为明显，省会城市的人口集聚能力也在持续增强；随着舒适性因素对人口的作用力不断增强，早期以经济要素来驱动人口增长的局面也逐渐演变为经济要素与舒适性要素共同驱动人口增长（刘涛等，2022）。随着中国人口进入负增长阶段，与2000~2010年相比，2010~2020年中国有超过一半的县域呈现出人口负增长（尹旭等，2023）。尽管中国人口规模在增加，但是人口增长率在下降；人口年轻化和人口老龄化同时出现，老龄化呈现加速态势（乔晓春，2021）。中国人口老龄化呈现加速增长态势，老龄化地区差异明显，增加了区域应对压力（陆杰华等，2021）。

3. 区域层面分析中国人口分布与集聚的时空演变特征

主要是对中国不同区域所呈现出的人口分布与集聚的时空演变特征进行分析研究。1990~2010年，东北地区以省会城市为主的多中心"T"型人口分布空间格局逐渐明显（于婷婷等，2017）。基于人口集中指数、重心模型和ESDA方法，发现2003年以来东北地区的多数区域人口年均增长量出现负值；人口分布呈不均衡状态，且人口集中指数在不断增大（贾占华等，2016）。利用30米分辨率的网格化人口密度数据，发现2007~2015年大湾区城市人口空间分布具有明显的多尺度和多中心特征；除港、澳人口分布相对稳定外，其他城市人口都有不同程度的扩张（林珲等，2018）。基于2000年、2010年江苏镇域尺度人口普查数据，发现江苏人口呈现出南北人口密度高于中部的"凹"字型结构，人口分布的空间不均衡性和集聚性不断增强（车冰清等，2015）。四川人口的空间分布与经济、地形等的分布具有一致性，其中在成都平原、川南平原县区等地区分布着较多的人口（杨成凤等，2014）。新疆人口空间分布的集中程度逐渐增加，稳定性较强（杨振等，2016）。基于 2010 年西藏乡镇尺度人口普查数据，王超（2019）认为西藏乡镇人口高密度区与大江大河及主要交通干线具有较强的空间耦合性。

此外，也有较多对城市尺度人口分布与集聚的时空演变特征方面的研究。1982～2010 年，北京市人口空间分布结构具有较强的稳定性，以中心城区和近郊区分布为主的首都功能核心区和城市功能拓展区人口集聚趋势依然明显（孟延春等，2015）。广州市的人口形成多核心的空间结构，除中心城区外，在周边区域也形成了多个人口次中心，且整体上人口呈现出"高高集聚、低低集聚"的分布特征（刘望保等，2010）。1982～2009 年，兰州市人口分布不均衡，整体上呈现为"东密西疏"的人口分布格局，并逐渐形成"双中心"的空间结构（张志斌等，2012）。

4. 城市人口增加或减少的研究

随着城市化进程的加速推进，以人口减少为主要特征的收缩现象引起了学者的广泛关注。由于人口的流动与迁移，直观表现为城市人口的增加或减少，进而影响到城市的收缩或扩张。因此从人口视角出发，采用人口增减（或减少）来代表城市扩张（或收缩）。在理论方面，有学者梳理总结了西方城镇收缩的测度方法、形成机制、空间模式等方面（刘和林，2016；马佐澎等，2016；杨振山等，2015）；也有学者基于西方城市收缩现象，反思中国当前的城市发展模式（姜鹏等，2016）；还有学者系统性分析城市收缩的空间分布与特征类型、计量分析、驱动机制与响应策略等（吴康等，2017）。在实证方面，学者们从不同尺度进行了不断探索，其中既有从全国尺度来测度城市收缩或扩张的时空演变特征及其形成机制（Long, Y., and Wu, K., 2016；Li, H., and Mykhnenko, V., 2018），也有学者从城市群尺度来识别区域内部的城镇收缩现象、空间变异类型（吴康等，2017；杜志威等，2017），还有学者从市域尺度来分析城镇收缩分异的形成机制（杜志威等，2018）。有学者从人口增减的角度来分析城市化进程中出现的城市收缩现象，并针对 2000 年以来出现的城市收缩悖论现象进行理论解释（杨东峰等，2015）。

具体来说，通过对数量与形态的分析，发现中国人口扩张受城市等级影响，且中小城市具有比大城市、特大城市更为明显的人口扩张现象（Liu, Z. et al.，2018）。中国人口收缩区的城乡分异类型可划分为城增乡减型、城乡双收缩型、城减乡增型这三类（刘振等，2021）。基于第七次全国人口普查数据，发现中国人口收缩型城市数量增多且收缩强度增加，收缩区域呈现扩散态势；城市收缩在向外扩散的同时在空间上还具有集聚特征（宫攀等，2022）。基于人口普查与抽样统计资料，发现2000～2015年东北三省人口持续流失，且流失不断加剧；东北地区出现较多人口流失的区县，且范围还在不断扩张（戚伟等，2017）。东北地区的城市收缩现象，可归纳为资源依赖型收缩城市、虹吸型收缩城市、综合型收缩城市、区位制约型收缩城市这四类（孙平军等，2021）。2000年以来，东北地区42.85%的县（市）发生城镇收缩问题，增长与收缩城市存在紧密的空间关联（马佐澎等，2021）。黄土高原地区人口收缩符合"核心—外围"的模式，核心城市人口集聚，边缘区域人口流失（陈棋等，2021）。广东省城市人口收缩呈现"核心地区增长—外围地区收缩"的空间分布特征，收缩的城市主要分布在边缘地区（杜志威等，2019）。

5. 新的数据来源对人口分布与集聚特征的研究

随着数据来源的增多，基于灯光数据和土地利用数据等的新数据，逐渐取代传统的人口普查、统计年鉴等数据，来深入分析人口分布格局和时空演变特征。其中，既有利用新数据对中国人口空间分布特征的综合性研究，即基于DMSP/OLS遥感影像与土地利用数据，发现2000～2010年中国人口中密度地区在缩小，而低密度、高密度地区均在持续增长（Tan, M. et al.，2018）。结合土地利用覆盖数据和夜间灯光数据，能更好地评估中国人口分布时空变化特征，为新型人口空间优化提供一种新的判断方法（Wang, L. et al.，2018；Xiaoma Li, X. M.，and Zhou, W. Q.，2018）。也有利用新技术、新方法对区域、城市尺度的人口所呈现的空间分布特征进行的相关研究，即利用夜间灯光数据、土地利用数据等对川渝地区人口演化特征进行分析，发现灯光数据与人口分布具有高度的相关性；耕地、林地对人口空间分布也会产生影响（胡云锋等，2018）。利用夜间灯光数据对北京市人口分布情况进行分析，发现夜间灯光强的区域也是人口密度大的区域，其能够很好地估算区域人口分布格局（Pavan，K. et al.，2018）。基于多时相百度热力数据，探析沈阳市在工作日和周末的城市人口活动差异（刘彤等，2018）。基于 POI 数据获得 50 米格网人口数据，构建深圳市的人口分布格网化模型，能够更好地从微观尺度进行人口估算（淳锦等，2018）。基于深圳市的微博签到数据，更好地分析人口移动出行活动链，为探讨分析城市内部人口活动的时空特征提供了新的视角（曹劲舟等，2017）。基于 POI 和腾讯位置服务大数据，认为中心城区功能混合度较高；受人群时空需求影响，城市功能区的人口流动规模存在一定差异性（王润泽等，2022）。基于土地利用类型，发现北京市海淀区的人口空间结构存在明显的时间性差异；与夜晚相比，白天的人口分布范围更广，且人口更加趋于空间集聚等特征（戚伟等，2013）。

2.2.2　人口流动与迁移特征的探讨

人口的流动与迁移是追求个体利益最大化，也是符合要素优化合理配置的需求。对于人口迁移模型来说，主要包含微观模型和宏观模型这两大类。其中，微观模型侧重于对个体或家庭的迁移行为分析，努力探讨解释移民决策过程，其数据通常多基于社会调查等资料。宏观模型侧重于对一定区域的总人口或某些特定群体的迁移模式进行分析，通过分析迁移过程中存在的"推（拉）力"等因素，对迁移过程、迁移流等进行分析和预测，其数据通常基于普查或统计等资料。

自 1885 年列文斯坦《人口迁移法则》之后，国外对人口流动与迁移的研究主要经历两个阶段：第一阶段是 20 世纪 50 年代，聚焦在人口迁移的模型和趋势、影响因素等宏观层面的研究；第二阶段则聚焦在中微观层面的迁移者特征，包括迁移者的决策过程、个体特征等方面（刘晏伶等，2014）。在实证方面，移民主要是由东道国的经济机会和社会政治驱动，地理邻近性、环境条件也是其移民的重要因素（Ruyssen，R.，2014）。温暖气候影响美国人口迁移，并逐渐成为探讨城市发展动力的重要内容（Ullman，

E. L. , 1954）。以降雨为代表的气候变化也改变了撒哈拉以南非洲的城市化（Barrios，S. et al. , 2006）。环境变化会强迫人口离开其所居住地，从而引起人口迁移流动（Reuveny，R. , and Moore，W. H. , 2009）；部分中等收入国家经历着自然环境带来的人口迁移影响（Grschl，J. , and Steinwachs，T. , 2017）。也有学者利用空间滤波网络自相关模型来分析美国人口迁移流（Chun，Y. W. , 2008）。

20 世纪 70 年代之前，中国人口流动率较低，加之缺乏详尽准确的人口迁移数据，省际人口迁移研究进度相对缓慢，且多侧重于某一时段的人口净迁移，而不是人口迁移空间结构及其长时段变化趋势；以定性分析与理论研究为主，缺乏定量分析与实证研究。20 世纪 90 年代后，区域间的发展不均衡进一步在增强，人口流动与迁移的活跃性也在增强，人口流动进入到新的阶段（Liu，Y. et al. , 2014）。中国人口迁移流动具有时间过程和空间效应（朱宇等，2016）。同时，国家户籍制度的逐步放宽，使人口的流动与迁移规模在增强，一定程度上会影响到中国人口的空间格局（Liang，Z. et al. , 2014；朱传耿等，2001）。此外，早期研究多基于传统的人口普查数据，随着人口统计资料的逐步完善，研究方法的增多，学者们也更多利用社会网络分析方法、社会网络框架等来研究中国人口省际流动与迁移特征，并利用位置大数据等新的数据来研究不同时段、不同区域的人口流动与迁移特征。总体来说，主要包括以下方面。

1. 宏观长时段的人口流动与迁移研究

宏观层面上，省际人口流动与迁移是中国人口流动与迁移的重要形式，得到学者们的广泛关注。已有较多研究基于历次人口普查数据以及各省区市统计年鉴的数据，对中国在宏观层面所表现出的人口流动与迁移空间特征进行综合性分析。

首先，对人口迁移空间格局的综合性研究。研究认为，人口迁移在空间上具有明显的距离衰减效应（于文丽等，2012）。中国人口省际迁移具有强烈空间差异，迁移规模和强度也在大幅增加（李扬等，2015；王德等，2004）。中国人口迁移的规模和强度呈现出不同的阶段性特征，从早期的迅速上升阶段到后来的趋于稳定阶段，以及随后的有所下降等阶段（Liang，

Z. ，and Ma，Z. D.，2004）。在迁入人口结构中，中国跨省流动迁移的人口所占比重经历了先增后降的变化过程，而省内流动迁移的人口所占比重则在持续上升趋势（林李月等，2020；段成荣等，2019）。在空间格局方面，中国省际人口迁移呈现出由早期的"单向梯度东移"向后来的"东部强而西部弱，且非对称双向迁移"的演变过程，长三角地区的省际人口迁入规模超过了珠三角地区（王桂新等，2000，2012）；不同的人口吸引中心也呈现出差异性的空间模式，其中北京表现为"广而均"的特征，上海表现为"聚而强"的特征，安徽和浙江则表现为"沿海导向型"的特征（李薇，2008）；珠三角、长三角等沿海地区的城市群是迁入人口的主要集聚区域（王国霞等，2012）。中国省际人口迁移网络表现为紧凑化和均衡化趋势并存；迁移流仍然主要是从中西部地区指向东部地区，但新增加的迁移流主要集中指向长三角、京津以及福建（杨传开等，2015）。中国人口迁移地域类型在 1995～2015 年表现为活跃型城市在增加而非活跃型城市在缩减的变化特征（柯文前等，2022）。20 世纪 80 年代之前，人口迁移的主流是由东部向中部、由东部和中部向西部迁移；20 世纪 80 年代后，人口迁移的主流则是由西部向中部、由中部向东部迁移（王放，1993；杨有社等，1995）。

　　其次，对人口流动空间格局的综合性研究。人口的跨区域流动重塑中国人口空间格局（徐姗等，2016）。中国流动人口越来越集中在东部和南部沿海的少数城市，极化现象突出（段成荣等，2009）。中国省际流动人口表现为"聚中有散"，即集聚程度较高，分散化趋势趋于明显；省内跨县流动人口表现为"散中有聚"，即较为分散的分布在省会、地级市等大中城市（王新贤等，2019）。中国人口主要流入到东部沿海，西部内陆省份是主要的人口流出地（Qi，W. et al.，2021）。2020 年，中国人口流动仍表现为以近距离流动为主、以省内流动为主、以向东部地区流动为主的稳定性模式（周皓，2021）。省外流入人口呈现明显的空间集聚，中、西部人口向东部沿海集中化流动（张耀军等，2014）。中国流动人口地域类型形成长三角和珠三角地区 2 个流入人口高度集聚区，净流出活跃型在"秦岭—淮河"以南地区呈现大面积扩张（戚伟等，2017）。中国流动人口仍主要集聚在珠三角、长三角和京津冀等沿海城市群，但不同城市群内部的人口流动则具有差异性的空间分布模式（刘涛等，2015）。中国城市人口流入符合集聚规律和规模报酬递增假说，人口主要集聚到经济发展水平较高的东部地区以及具有重要经济地位的区域性核心城市（于涛方，2012）。中国东部地区流动人口城市间表现为横向迁移规律（田明，2013）。

最后，随着引力模型、辐射模型、重力模型等新模型与方法的不断发展，学者们也对中国省际人口流动与迁移特征进行了深入分析。基于重构引力模型来分析中国省域人口迁移模型，发现中国各省对迁移人口的吸引力呈现东强西弱的格局（胡科林等，2015）。基于改进重力模型来分析中国省际流动人口的复杂网络，发现省际人口流动网络呈现小世界特征；较高经济发展水平是吸引人口流入的因素（陈锐等，2014）。基于重力模型来模拟研究城际或地（市）间人口迁移流动特征（Wilson, A. G., 1970）。基于特征向量空间滤波（ESF）负二项重力模型，发现省际人口迁移流间存在显著的空间溢出效应；社会网络因素对人口迁移的影响日益增强，而空间距离对人口迁移的影响呈现弱化趋势（古恒宇等，2019）。利用"辐射模型"来模拟中国地市间人口研究流（Simini, F., 2012）。采用社会网络分析方法，发现中国省际迁移人口经历了 1985~2000 年的缓慢下降、2000~2015 年的持续上升过程；人口迁移地相对集中而人口迁出地相对分散（朱孟珏等，2017）。也有采用重力模型、空间 OD 模型等来分析中国省际人口迁移的空间模式与动力机制（于文丽等，2012）。

2. 宏观短时段的人口流动与迁移的研究

主要是基于手机移动定位数据、腾讯位置大数据等对短时段的人口流动与迁移特征进行探讨分析。基于 2015 年春节期间人口流动百度迁移数据，识别得到 14 个人口净流入省、17 个人口净流出省，人口净流入省的沿海绵延和主要流出省的中部"人口塌陷"共同构成了双纵格局；人口省际流动的近距离特征、空间依赖关系并存，京津冀、长三角和珠三角城市群主导了高强度人口流动（赵梓渝等，2017a，2017b）。基于春运人口流动大数据，发现中国城市网络核心联系呈现"两横三纵"特征，空间距离与城市等级在城市网络联系中发挥支配作用（魏冶等，2016）。基于腾讯位置大数据，发现 2018 年春运时期中国人口净流入呈现出"十字形"骨架支撑的菱形分布，人口流动的集聚中心主要位于京津冀、珠三角、长三角和成渝地区；人口流动聚散体系具有明显的分层集聚特征（赖建波等，2019）。基于腾讯位置大数据，发现 2017 年国庆 - 中秋时期中国人口流动空间格局呈现出明显的核心—边缘结构，大理—鹤岗一线是人口流动强度空间分异的显著分界线；且以该线为界，城市网络呈现东密西疏的分布特征和东部并联、西部串联的网络关联特征（潘竟虎等，2019）。

基于百度迁移大数据和复杂网络分析，发现中国城市间人口流动网络呈现出明显的等级层次性，东部沿海三大城市群仍然是人口流动的热点地区，但西部地区中心城市的网络影响力逐渐增强（蒋小荣等，2017）。基于 2015 ~ 2018 年腾讯位置大数据，发现中国人口流动网络空间格局表现为以北京、上海、广州、成都等为顶点的十字骨架支撑的菱形结构；经济差距、距离以及舒适度差异等因素在人口流动网络的形成过程中起到关键作用（张伟丽等，2021）。

3. 微观尺度的人口流动与迁移的研究

主要是运用抽样调查来获取流动人口的微观数据，进而分析流动过程中个体和家庭的就业、居住、流动等行为方式或意愿特征、影响因素等（Zhu, Y., and Chen, W. Z., 2010；古恒宇等，2020）。根据 2011 年流动人口调查数据，对于中国的新生代流动人口来说，其对于流入地的定居意愿与城市类型存在梯度变动的规律，他们更愿意居留在大城市，而在特大城市则表现为强烈的返乡意愿（盛亦男，2017）。根据 2011 ~ 2017 年的流动人口调查数据，中国流动人口呈现出较强的不均衡性，其流动强度存在与城市具有正相关的关系，流动范围也与城市的吸引力存在高度的相关性（薛彩霞等，2020）。根据 2017 年流动人口调查数据，中国流动人口呈现出跨等级向上流动为主的形式，且随着跨等级流动人口规模的增加，其更愿意租赁正规住房（穆学英等，2022）；中国流动人口的空间格局相对稳定，其中净迁入地区主要以"块状"的形式分布在东部沿海和以"点状"的形式分布在中西部核心城市，而净迁出地区主要分布在中国西部地区以及东部沿海省份的某些内陆城市（林洁等，2022）；对于青藏高原地区的流动人口来说，其总体上呈现出较低的居留意愿，这与自然环境、经济发展水平、受教育程度等存在显著的正向影响（刘振等，2021）。

近年来，中国人口流动过程中也出现了"人口回流"的新特征，更多的人选择在家乡或省会城市定居、就业与生活。对于人口回流，主要是从空间（即返乡）、时间（即在回流地待较长时间）的角度进行分析。流动人口具有回到户籍所在省（区、市）的主观意愿，但省内城市普遍机会不多、环境欠佳，缺乏吸引力（刘涛等，2020）。有学者从个体初始因素、中介因素和流入地城市因素这三个维度来对比分析流动人口城市落户意愿影响因素及其形成机制（田明等，2021）。城市落户门槛等因素也会增加流动人口具有回流欠发达地区的意愿（张吉鹏等，2020）。随着中西部地区经济发展、就业环境的逐步改善，回乡就业的流动人口数量增多，中西部等的农村劳动力也选择从东部沿海回流，流动人口的回流意愿呈现出外出与回流并存的趋势（刘云刚等，2013；Zheng, S. Q. et al., 2019）。基于2013年中西部地区农村劳动力问卷调查数据，发现外出劳动力的回流迁移是"被动回流"和"主动回流"相结合的过程；劳动力回流构成了乡城迁移和劳动力市场平衡的补充机制，并与乡城迁移共同促进城镇化发展（任远等，2017）。根据2016年全国流动人口监测调查数据，发现跨省流动人口的回流意愿具有显著的空间差异，从流出地来看，中部地区的流动人口回流意愿较高（张华等，2021）。根据2015年流动人口调查数据，认为安徽省的流动人口具有较高的定居意愿，且具有与流入地经济发展水平正相关性的特征；初代的流动人口更愿意选择在经济发展较好的城市进行定居，而新生代的流动人口则更愿意选择在经济发展中等或较弱的城市进行定居（杨成凤等，2020）。基于流动人口问卷调查数据，发现武汉市流动人口的回流意愿总体偏低，省内流动人口低于省际流动人口；性别、教育、家庭结构等内源因素驱动流动人口回流，而流动人口在流入地的社会信任、社会认同等外源因素则抑制人口回流（刘达等，2021）。

2.2.3　人口分布影响因素的探讨

人口分布是受到自然环境条件、经济发展因素以及社会历史因素等方面的影响（胡焕庸，1990）。新古典迁移理论认为人口迁移是由区域收入和就业机会差异主导的一种经济现象（Greenwood，M. J.，1975）。人口更倾向于迁移到收入水平高、就业机会充足的区域（Liu，Y.，and Shen，J.，2014；Vossen，D. et al.，2019）。随着生产要素的集聚效应可能会造成经济活动的不均衡增长，区域收入差距的拉大将会造成人口流动性增强（Castles，S.，and Miller，M. J.，1993）。深入探讨分析人口分布与流动的影响因素，将会对人口分布与流动的规律有更深刻的理解。总体来说，已有的文献研究主要是从自然环境因素、经济发展因素和社会条件因素等方面来对人口分布的影响因素进行探讨。具体来说：

1. 自然环境因素对人口分布的影响探讨

研究认为，在人口分布的因素影响中，自然环境是影响人口分布长期趋势的重要因素（Ehrlich，P. R.，and Holdren，J. P.，1971）。有学者仅从自然因素方面来对人口分布进行讨论，得出气候环境（含年均气温、年降水量等）、地形环境（含地表粗糙度、相对高度等）、水系环境（含河网密度等）是中国人口分布的主要影响因素（方瑜等，2012）。水资源对中国人口分布的限制性在逐渐增强，而土地资源的限制性却在逐渐下降（封志明等，2014）。年降水量、地形条件和交通条件等都是影响人口分布的主要因素（汪思言等，2014）；地形起伏度也是影响区域人口分布的重要因素之一，在关中—天水地区有着高达90%的人口主要居住在地形起伏度在1.5以下的区域（周自翔等，2012）；地形起伏度也使得西南地区的人口空间分布呈现出高度集聚区与极端稀疏区并存的格局，是影响其人口分布和人口增减变化的重要因素（钟静等，2018）。气候变化可以造成人口迁移增加（Borderon，M. et al.，2019；Hunter，L. M. et al.，2015）。全球气候变化也会造成人口迁移的适应性（Black，R. et al.，2011）。环境状况会直接造成健康和生产力的影响，进而影响到逐渐增加的人口流动（Olivier，D. et al.，2011）。

2. 经济发展因素对人口分布的影响探讨

社会经济发展的空间不均衡性成为人口分布不均的重要因素（Alperovich，G.，1992）。经济规模与发展水平对中国人口分布起到吸纳作用，经济发达地区对人口的吸引力较强，有助于促进人口流入，进而助力区域人口规模增大（王桂新，1996；沈诗杰等，2020；沈映春等，2019）。经济发展水平的区域性差异会造成迁出地的人口持续向外扩散，并导致要素在流动过程中往往集聚于某一空间范围（蒲英霞等，2016）。迁入人口与工业经济发展之间存在相互决定的互动关系（敖荣军等，2018）。产业结构、交通便捷程度、医疗社会服务等因素会对人口空间集聚产生明显作用（陈妍等，2018）。迁移者预期收益越高、非农产业越发达的省份，对流动人口的拉力越强（肖群鹰等，2007）；固定资产投资额越高和人口密度越大的省份，越容易成为人口迁入地（段成荣，2001）。与发达地区相比，交通可达性对于落后地区的影响力往往会显得更为重要（王振波等，2010）。产业结构、经济发展程度、就业机会等是长三角地区人口分布的主要影响因素（刘乃全等，2017）。经济结构差异是引发东北地区人口流失的重要因素，产业结构单一化和新兴产业发展的局限性是东北人口迁出的主要动力（赵放等，2018）。

3. 社会条件因素对人口分布的影响探讨

包括思维观念、风俗习惯、人口政策等也会对人口的迁移与分布产生影响（Pain，P.，2011）。有学者从经济规模、产业结构、社会公共服务、居住环境、教育水平、迁移距离来分析人口流动的影响因素（丁金宏等，2005）。开放水平、收入水平、地理邻近性对中国省际人口流动网络具有显著影响（叶明确等，2020）。流入地的净收入、工资水平、公共服务供给能力是影响人口流动的重要因素（童玉芬等，2015）。提供较高的劳动报酬会增强对人口的吸引力，而区域的环境污染则会导致人口的向外流动；经济发达地区居民对环境污染的容忍程度相对较高（陈林等，2020）。有学者认为科技进步有助于改善人类生存条件，进而影响人口分布（Glaeser，E. L.，and Resseger，M. G.，2010）。高铁开通会显著降低城区人口密度，对非省会城市人口密度的降低效应很明显（张明志等，2018）。共同方言区是影响人口跨省迁移的重要因素，人们更愿意迁移到那些具有相似方言或共同文化背景的地方；地理距离对人口的迁移影响会随着区域性交通网络的完善而变得有所减弱（黄宗晔等，2020）。

4. 综合考虑各方面因素对人口分布的影响探讨

研究发现，在人口分布的影响因素方面，自然环境因素对其的影响程度在逐渐下降，而经济发展和社会条件因素的影响程度在不断上升，尤以人均GDP 和医疗水平更为显著（杜本峰等，2011）。社会经济因素对人口分布的影响大于自然环境因素，综合经济实力、城镇化水平、交通条件和地形条件对人口分布的影响大小呈反相关，而医疗条件对人口分布的影响大小呈正相关（张耀军等，2012）。气候和环境变化导致人口迁移增加，气温比降水量对人口迁移的影响更为强烈；经济和社会条件、国家冲突等因素也可以通过不同方式来影响环境变化与人口迁移间的关系（Hoffmann，R. et al.，2020）。自然地理条件和资源禀赋差异奠定人口分布基本格局，经济发展则不断重塑着人口格局（邓楚雄等，2017）。经济、文化和社会政治因素可以推动人口迁移，有助于重新认识人口流动性与气候变化之间的关系（Boas，I. et al.，2019）。对于中国人口的空间分布格局来说，气候和地形因素是其长期稳定的主要因素，而经济因素则是其短期变动的主要因素（吕晨等，2009）。自然因子（含海拔高度、平均气温等）与人文因子（含经济密度、千人病床数等）共同推动人口健康的空间分异格局（杨振等，2018）。社会经济因素对人口密度的影响力要强于自然环境因素，高经济发展水平、医疗条件和通信能力是人口密度增加的主要"拉力"（王露等，2014）。自然地理环境、经济发展水平、人口年龄结构等是影响中国人口高龄化分布的重要性因素（曾通刚等，2017）。

近年来，随着生活水平的提高和收入水平的增加，在人口迁移的影响因素中，除了原有的那些因素外，城市舒适性因素的重要性也在不断增强。迁移消费理论认为收入水平提高导致舒适性的需求增加，舒适性在家庭迁移决策中的作用在逐渐增强（Graves，P. E.，and Linneman，P.，1979；温婷等，2014）。有学者也从气候、阳光、景观、文化、教育医疗设施等舒适性因素来分析其对人口迁移的影响（Graves，P. E.，1980；Buch，T. et al.，2014；Florida，R.，2002）。此外，空气质量作为舒适性因素中的一个重要方面，得到了学者们的关注。空气质量通过对人口的驱动力，逐渐成为影响人口迁移的一个重要因素；空气质量会直接关系到人口的迁移决策，环境污染严重的地区往往会难以留住人（曹广忠等，2021）。空气污染对流动人口的就业选择具有显著负向影响，空气污染事件会迫使人口离开城市（孙伟增等，2019；Cui，C. et al.，2019）。城市等级越高，其环境质量往往会在一定程度上限制人口的迁移规模和强度（杨晓军，2019）。对于城市空气质量来说，技术水平、经济发展水平和人口规模都是其重要的影响因素，且技术水平和人口规模具有与空气质量正的相关性关系（马素琳等，2016）。

2.2.4　人口未来分布的预测与模拟

人口迁移预测研究主要包含确定性预测和外推性预测这两种分类；其中，确定性预测主要是依据人口迁移的已有情况来预测未来不同情景模式下的人口迁移特征，而外推性预测则主要是依据基本概率分布假设前提下，采用时间序列分析或马尔科夫链等研究方法，从而预测未来某个时段的人口迁移特征（Abel，G. J.，and Sander，N.，2014；Azose，J. J.，and Raftery，A. E.，2015；Wisniowski，A. et al.，2015）。

既有学者对中国省际人口空间格局未来演变的预测。利用第五次人口普查中省际人口迁移的流量流向数据，利用马尔科夫链模型预测得到 2010 年以后，中国省际人口迁入的空间格局将会趋于平稳（蔡建明等，2007）。基于第五、六次人口普查的省际人口迁移数据，通过采用马尔科夫链的研究方法来构建出省际净流动初始概率矩阵，从而预测得到 2010～2050 年的中国省际人口迁移；同时将其划分为人口快速变化区（净迁入主导型、净迁出主导型、自然增长主导型）、人口低速变化区（净迁入型、净迁出型）、人口平稳区（邓羽等，2014）。基于 1980～2015 年间中国省际人口迁移流数据，通过时空滞后和时空同期滤波泊松模型对 2015～2025 年省际人口迁移进行预测；未来省际人口迁移呈现更为集聚的空间模式，迁移人口仍将主要集聚于珠三角、长三角和京津冀等地区（李建学等，2021）。基于全面二孩实施背景，采用 Logistics 曲线拟合等方法来预测 2020 年中国省际人口迁移量（龙晓君等，2018）。通过模拟共享社会经济路径（SSPs）和代表性浓度路径（RCPs）复合情景下中国未来近期（2030 年）和中期（2050 年）人口时空变化趋势，发现 SSPs 情景下中国未来胡焕庸线东西两侧人口比重差距将进一步拉大，而 SSPs – RCPs 复合情景下中国未来胡焕庸线东西两侧人口比重差距将有所缩小（夏海斌等，2021）。

也有学者对中国未来人口分布格局进行预测，主要采用线性回归模型、自回归模型、Logistic 模型、BP 神经网络模型、时间序列模型等方法（Leach，D.，1981；Bijak，J. et al.，2019）。基于第三、四、五、六次人口普查数据，运用 Logistic 模型系统预测得到未来的中国分县人口规模（王露等，2014）。运用马尔萨斯人口模型、Logistic 增长模型和线性回归分析方法对江苏省人口进行预测模拟（杨丽霞等，2006）。基于 CA – MAS 模型、Logistic 模型等方法来对北京市的未来人口规模、空间格局和流动人口特征等进行预测（梁昊光等，2014；李永浮等，2006）。

2.3　城市群视角下人口分布、流动与迁移的研究

2.3.1　城市群人口分布与集聚的研究

通过对国外城市群或都市圈视角下人口研究的梳理，发现 2000 ~ 2020年，世界城市群人口增加了大约 15 亿人，城市群人口所占比重由 2000 年的46.69% 上升到 2020 年的 56.15%（Kaneda，T. et al.，2021；UNDESA，2018），并预计其人口所占比重将会在 2050 年达到 68%，在 2100 年达到85%（Kundu，D.，and Pandey，A. K.，2020）；此外，世界排名前 100 位的城市群人口规模增加了 36% 左右，年均增长 660 万人（Chen，Y. M. et al.，2022）。美国东北部城市群的核心城区人口所占比重呈现出"先升后降"的特征，其人口的空间分布格局也呈现出由单核向多核转变的态势，并形成集聚性与分散性并存的人口空间结构（尹德挺等，2016）。日本东京都市圈总体上维持着较强的人口集聚趋势，其核心区的人口集聚性在不断强化；人口的空间分布呈现出由"孤岛式集聚"向"连绵式展开"转变的态

势，且"都心回归"趋势明显（陈红艳等，2020）。与日本和韩国的城市群相比，中国长三角城市群表现为核心城市的人口集聚度较高，形成人口集聚度的空间梯度现象，这与区域产业结构、经济发展程度等存在紧密联系（许庆明等，2015）。

随着国内对中国人口分布、流动与迁移的研究从省际、县域等不同尺度的逐步拓展，学者们也陆续从城市群或都市圈视角来对中国人口分布的时空特征进行深入分析，研究数据主要基于历次人口普查、统计年鉴数据等。既有对中国城市群整体人口特征的深入分析。有学者探讨了城市群视角下中国人口时空演化特征，并结合城市群发育度对不同发育城市群的人口演变特征进行分析，发现发展水平较高的城市群主要位于东部沿海地区，对人口吸引力较强，逐步形成一定的等级结构；而发展水平较低的城市群则主要位于中西部地区，对人口吸引力较弱，城市体系结构尚未稳定（张国俊等，2018）。2000～2015年，城市群始终是中国人口空间集聚的核心区域，城市群吸纳人口的趋势更加明显；极化效应的存在使得城市群之间的人口规模差异在逐渐拉大（张耀军等，2020）。基于第六次人口普查数据，分析得到中国24个城市群的人口流动模式，并利用基尼算法测算得到人口流动前后城市群人口与经济发展平衡性的演化特征（纪韶等，2014）。

也有学者对个别城市群人口特征的深入分析，且集中在长三角、珠三角、京津冀等主要城市群。改革开放以来，长三角城市群处于人口加速集中的城市化阶段，而京津冀城市群已进入人口减速集中的城市化与郊区化之间的过渡阶段（毛新雅等，2014）。1995～2015年，京津冀城市群的城市人口呈恒定极化—加速极化—减速极化—加速收敛的演变趋势；城市群内部的中小城市人口增速要快于大城市，逐渐缩小与大城市的人口差距（卢梦甜等，2018）。京津冀的人口分布总体保持西南稠密、东北稀疏的格局；京、津人口呈现出明显圈层结构，而河北各市人口则集中分布在市辖区内（袁婷等，2021）。1982～2010年，京津冀都市圈人口空间分布不均衡性增强，人口集聚效应凸显；并形成以北京、天津、石家庄为核心，其他城市人口向外依次扩展的人口多中心分布的圈层结构（封志明等，2013）。京津冀都市圈不同层次的中心城市表现出差异化的人口集聚与扩散模式，去中心化扩散、中心增长型扩散和向心集聚并存（孙铁山等，2009）。长三角部分城市主导的人口聚散趋势未发生转变，人口不均衡格局未发生改变，且人口集中度呈现稳步增长态势（闫东升等，2020）。粤港澳大湾区人口空间集聚度不断提高，且主要向少数城市集聚，其中在深圳、东莞的人口集聚度呈现快速上升态势（王莹莹等，2021）。粤港澳大湾区呈现广州、深圳双核心发展态势，人口集聚趋势明显，超大城市与特大城市的人口吸引力强（刘真真等，2020）。粤港澳大湾区人口表现为持续高密度、不均衡的分布特征，核心都市圈是湾区内人口增长的主要载体，空间布局上则呈现出环珠江口集聚，以及都市圈引领下的圈层布局、边缘增长等特征（孙文勇等，2022）。京津冀、长三角和珠三角城市群可以作为未来建设世界级城市群的重要场所，实现人口功能优化布局（杨宇等，2020）。

此外，对单个城市群如长江中游、兰西等城市群所呈现出的人口特征的研究逐渐变多。有研究表明，长江中游城市群整体的人口集聚水平在下降，人口分布的空间格局由单核心结构向多核心结构演变；省会城市的人口集聚度在不断提升（廖传清等，2017）。兰西城市群人口分布不均衡，马太效应不断加剧，兰州人口集聚的"虹吸效应"明显，并呈现出"大分散、小集中"的人口分布格局；兰西城市群形成兰州、西宁和临夏这三个人口集聚中心，人口分布随地形变化而呈现出垂直梯度效应和中低海拔河谷盆地指向（罗君等，2020a，2020b，2020c）。辽中南城市群人口密度呈东高西低态势，人口沿交通轴线集中分布，人口分布的局部空间集聚现象更加显著（苏飞等，2010）。

2.3.2　城市群人口流动与迁移的研究

1. 长时段的城市群人口流动的研究

对中国城市群人口流动整体的研究相对较少，但对单个城市群人口流动的研究相对较多；研究过程中也多采用人口普查、流动人口调查、人口问卷调研等作为其数据来源。基于第五、六次人口普查以及百度迁移数据，发现京津冀城市群人口流动活力增强，人口流入格局更为集聚；人力资本积累、产业结构特征、公共服务水平是京津冀城市群长时段人口集散变化的主要影响因素（王婧等，2018）。2000~2015年，京津冀城市群的核心节点由"双核并进"演化为"四核争辉"，人口流动网络由双核心集聚阶段发展为多中心网络化阶段；经济因素与社会因素对人口流动网络演化具有显著的正向效应（孙桂平等，2019）。根据2015年流动人口调查数据，研究发现京津冀城市群的流动人口主要是来源于周边的省份以及一些劳动力输出大省，其流动的主要原因就是务工经商，且流动人群的主体是青壮年劳动适龄人口（陈明星等，2018）。长三角人口迁移网络格局逐渐成熟，但人口空间分布不均衡加剧（王珏等，2014）。基于抽样调查问卷数据，发现长株潭城市群由城到乡和由乡到城的双向流动均明显，但仍以乡到城的流动为主，城市群内人口流动的网络化特征开始显现（贺艳华等，2017）。总体来说，城市群吸纳流动人口的能力在增强，其内部也呈现出不均衡的空间分布格局，且东部沿海地区仍然是流动人口的主要目的地区域（孙阳等，2016）。中国城市群老龄化在其内部呈现出隆升—坍塌并存的特征，这是内外因素综合影响的结果（王录仓等，2017）。

2. 短时段的城市群人口流动与迁移的研究

学者们多基于腾讯位置大数据、微博签到数据等短时段人口流动数据来对城市群人口流动与迁移特征进行分析，多集中于春节期间、国庆、节假日等时间段。2015年2~5月的腾讯位置大数据表明，京津冀城市群的人口流动表现为"春节前从核心城市流出到其他城市，而春节后则由其他城市流入到核心城市"的变化特征（王贤文等，2017）。基于2015年春运百度迁徙数据，发现长三角形成以上海、苏州、杭州、南京为中心的"一主三副"多核心网络；流入人口呈现"Z"形和"M"形空间分布（赵落涛等，2018）。基于2018年春运时期的腾讯位置大数据，发现长三角城市群春运时期大规模的"返乡流"和"返程流"呈现明显的对称性；长三角城市群内部人口流动网络具有明显的层级特征（陈双等，2020）。根据2016年国庆期间的腾讯迁移数据，发现中国城市群的城际出行具有较为明显的空间差异，中西部的城市群主要呈现出"潮汐式"的流动特征，城市群的核心城市和邻近城市在出行期和返程期主要表现为中短途的流动特征（李涛等，

2020）。基于 2016 年 4 月 26 日~5 月 31 日的腾讯位置大数据，发现长三角城市群的人口流动在不同时段具有差异性的空间模式，通勤、商务旅行和休闲活动是塑造不同时段人口流动差异的重要因素（Cui，C. et al.，2020）。基于 2019 年 1 月 21 日~3 月 1 日的腾讯位置大数据，发现成渝城市群内的成都、重庆极化效应明显，城市群空间结构呈现双核圈层放射状，核心—边缘分布特征明显（孙继平等，2020）。

基于百度指数，研究也表明长三角和粤港澳大湾区的人口迁移活动仍然比较活跃，长三角城市群内部的上海、南京等地，粤港澳大湾区的广州、深圳、香港等地，依然是中国未来人口迁移的主要目的地（肖周燕等，2021）。基于百度指数，发现长江中游城市群内部的三大子城市群表现出极化效应与扩散效应并存，区域非均衡性凸显（蒋大亮等，2015）。基于微博签到数据，发现长三角地区的人口流动具有多核心分布的特征，人口流动是受到城市类型的影响（唐锦玥等，2020）。基于网络关注度数据，发现珠三角区域核心城市具有较高的城际人口流动强度，且核心城市与其他城市的联系更为紧密（王萌等，2017）。

2.3.3 城市群发展对人口流动与分布的影响研究

1. 城市群对人口流动与分布的影响因素分析

城市群作为人口流动与分布的主要区域，与一般的城市地域相比，城市群往往具有较高的经济发展水平、现代化的产业结构，其能够提供较高的劳动报酬，拥有较高的生产效率，这些优势地位将吸引人口大量流入到城市群内；城市群的经济社会联系紧密，具有较高的对外开放程度，能够吸引大量的外资企业、大公司等进入城市群，在一定程度上优化升级原有的产业结构，加快人口要素的自由流动和空间配置；城市群的财政收入水平相对较高，能提供更为优质的公共服务能力以及丰富多彩的文化活动，拥有较为优质的医疗卫生资源和教育资源，这些都将使人口在迁移过程中享受到更多的社会效应，推动人口流入到城市群内；城市群由于其空间范围往往较大，拥有较多的城市分布，容易形成和发挥其强大的集聚效应，推动城市群的不断壮大与演化（Scott，A.，2001；黄婉玲，2018；田相辉等，2015）。城市群的基础设施较为完善、就业机会较多、公共服务供给能力较大等，对人口的吸引力较强，成为推动人口向城市群集聚的重要原因（张车伟等，2012）。在城市群人口流动的影响因素中，经济因素的驱动力要强于政策因素，两者共同驱动人口流动（Zhou，C. S. et al.，2021）。此外，在区域发展中，由于各种要素资源的空间集聚，使企业不断提高其规模经济效益，也会造成城市群人口规模的提高，影响到城市群人口的空间格局（李国平等，2003）。

2. 影响人口在城市群范围内流动与迁移的原因分析

既有经济因素，也有政策因素。研究表明，珠三角城市群的产业发展和空间扩散对人口的吸纳作用均在逐渐降低，人口、空间和产业要素之间未能形成长期稳定的机制（刘锦等，2018）。城际联系的紧密有助于发挥出人口集中的作用，但随着城市群内部各城市之间的联系度逐渐加强，也会加快人口要素的流动，在一定程度上使人口分散分布在不同城市（沈洁，2020）。较高的公共服务供给能力是吸引流动人口集聚到长三角地区的重要动力之一，较高的对外开放水平是吸引流动人口向珠三角地区集聚的重要原因之一，而较高的房价水平和较为严重的环境污染在一定程度上减弱了流动人口向京津冀地区集聚的吸引力（盛亦男等，2021）。随着人们对环境、空气等舒适性因素的追求度增多，有更多的人口逐渐从软性因素考虑迁移到城市群内。良好的环境质量有利于增强人口迁移过程的决策力，促进人口向城市流入和空间集聚（肖挺，2016）。良好的大气环境对人口流动会产生正向促进效应，而水环境则会对人口流动产生负向影响，环境质量对长三角城市群人口流动的影响力较为明显（史秀蕾等，2020）。

2.3.4　城市群人口集聚模式的研究

城市群人口集聚模式，其实质就是从人口视角来分析探讨城市群范围内人口的空间分布格局及其演变趋势。研究中采用的数据也从早期的人口普查、统计年鉴数据拓展到流动人口动态监测数据、腾讯位置大数据等；研究方法也逐渐采用社会网络分析等方法。既有学者基于普查数据、统计数据等对城市群人口集聚模式进行分析研究。研究表明，20世纪80年代以来，中国多数形成以多中心为主的城市群空间结构，人均GDP和人口规模是推动城市群空间结构逐渐趋于多中心化的主要动力（孙斌栋等，2017）。基于2004年基础数据，发现城市群的中心性指数越大，其空间结构的稳定性越强；根据中心性指数的大小可以将中国城市群划分为双核偏离型、双核平衡型、单核偏离型、单核分割型和单核集中型这5类（宋吉涛等，2006）。基于基尼指数和首位城市集聚度这两个维度，将中国城市群划分为强单中心、弱单中心、多中心以及弱中心这四类（李佳洺等，2014）。利用人口普查数据与流动人口动态监测调查数据，发现中国五大城市群的流动人口总体上呈现出稳定的空间格局，形成空间集聚和分散分布并存的空间模式，且其流入人口向核心城市集聚的趋势依然没变，只是珠三角和长三角城市群表现出有所增强的扩散效应（曹广忠等，2021）。

也有学者基于腾讯位置大数据等新数据，采用复杂网络分析方法对城市群人口集聚模式的特征进行探讨。基于2016年腾讯位置大数据和复杂网络来分析长江中游城市群人口迁移网络结构，发现其内部子城市群呈现出不同的城市等级联系特征；其中，武汉都市圈呈现出"强核心城市—边缘城市"的特征，环长株潭城市群呈现出"核心城市—次级城市—边缘城市"的特征，环鄱阳湖城市群呈现出"弱核心城市—边缘城市"+"非核心城市—边缘城市"的特征（郑伯红等，2020）。利用百度地图春节人口迁徙大数据，分析认为长江中游城市群具有明显的核心—边缘趋势，呈现"金字塔"结构（叶强等，2017）。基于腾讯位置大数据分析长三角城市群的人口流动网络结构特征，发现长三角城市群人口流动仍以中心地模式为主导，"核心—边缘"结构在逐渐强化（薛峰等，2020）。

2.4 研究述评

综合已有研究，学者们从不同尺度、研究视角、数据来源等对中国人口分布变动、城市群人口发展进行了深入系统的研究。总体上呈现出以下特点：

（1）人口分布变动研究方面的成果丰富，但不均衡。已有研究较多的是从整体上来探讨分析人口流动与分布的影响因素，较少对影响因素的空间异质性以及影响因素可能造成的空间溢出效应的深入挖掘。对人口流动与迁移特征的研究相对较多，而对人口迁移过程中的迁入人口结构的研究则相对较少。

（2）城市群发展与人口变动的研究方面总体上成果丰富，但不够深入系统。已有研究多局限于对单个或几个城市群的人口研究，较少从城市群整体层面的人口研究。较多的研究聚焦在对第五、六次人口普查数据所反映出的城市群人口特征方面，而对2010～2020年的城市群人口特征的研究则相对较少，也较少探讨分析不同时间段城市群的人口差异性特征。已有研究更多的是对城市群人口流动与分布的时空演变特征的现状特征分析，但对城市群人口未来集聚趋势的预测模拟的研究则相对较少。

（3）对城市群与中国人口分布变动的影响研究总体上不够深入，成果相对较少。已有研究较多的是城市群人口空间分布格局的分析探讨，但对城市群所呈现出的人口集聚模式的研究相对较少，也较少从人口视角对城市群演化过程规律进行归纳总结。对单个或几个城市群的人口集聚模式有所研究，但对全国城市群的人口集聚模式所呈现出的人口特征的研究则相对较少。单独研究城市群人口集聚模式与城市群发育度的研究较多，但对两者相互关系的研究则相对较少。采用灯光数据对城市群类型识别的研究较多，但对于灯光数据识别结果与人口普查数据结果得出的城市群类型之间的关联性之间的研究则相对较少。

基于上述分析，本书侧重开展了城市群对中国人口流动与分布的影响研究，探讨其发展规律及影响因素。

第3章

研 究 设 计

3.1 研究问题

基于研究综述的梳理，按照"提出研究问题—分析研究对象—探讨特征与规律—解决核心问题"的研究思路，本书将中国 19 个城市群作为研究对象，综合运用统计分析、空间自相关、地理探测器模型、空间计量经济模型等研究方法，探讨分析城市群对中国人口流动与分布的影响研究。主要的研究问题如下：

（1）在城市群不断发展对人口产生重大影响的时期，作为揭示中国人口分布规律的胡焕庸线是否仍然适用？自改革开放以来，胡焕庸线所揭示的中国人口"东南半壁高而西北半壁低"的空间分布格局始终保持稳定，人口流动性的增强会在一定程度上造成人口分布的不均衡增强，影响到胡焕庸线两侧的人口总体特征。随着城市群的不断发展，人口也逐渐集聚到城市群内，这样的人口变化趋势也会对胡焕庸线造成不同程度的影响。

（2）中国城市群由于发育程度存在较大的差异，且城市群数量相对较多，不同发育度水平下的城市群对周边人口的影响及其自身的人口变化规律是否一致？城市群的人口流动性强，对人口的吸引力存在差异，会呈现出不同的迁入结构、流动状态和人口迁移网络结构演变特征。

（3）城市群人口分布变动的影响因素和动力机制是什么？探讨分析影响人口集聚在城市群内的主要因素，对比分析不同城市群人口集聚模式的影响因素是否存在差异？

3.2 研究内容

本书在梳理总结相关文献综述的基础上，围绕城市群对中国人口流动与分布的影响研究这一主题，结合研究问题，主要的研究内容包含以下方面。

（1）中国人口分布演变特征分析。基于第五、六、七次人口普查数据，采用人口集聚度、人口重心、净迁移率等方法，对 2000～2020 年中国不同尺度（含四大经济地带、省际、城市）所呈现出的人口特征进行深入分析，并对比分析 2000～2010 年、2010～2020 年这两个时段人口增减的变化趋势，从整体视角对中国人口时空演变特征能够进行全面认识，为后续分析城市群与中国人口流动和分布的关联性特征提供基础。

（2）城市群人口集聚演变及与中国人口分布的关联性。将城市群作为一个整体，分析得到城市群在 2000～2020 年的人口分布、流动与迁移特征；采用人口集中指数、城市群分散度等方法来分析城市群人口分布的不均衡程度，采用人口集聚度、净迁移率等方法来分析城市群人口的分布和流动特征。从城市群视角来判断城市群内、外人口差异，以及不同发育阶段城市群所具有的差异性人口变化特征，探讨分析城市群分布和中国人口分布的关联性。

（3）城市群人口集聚模式的特征分析。从人口集聚度和人口数量首位度这两个维度出发，将中国 19 个城市群划分为四种不同的城市群人口集聚模式，并结合城市群整体呈现人口净迁入（或净迁出）的状态将其再划分为两个亚类。对每种类型的城市群人口集聚模式在 2000～2020 年间的人口演变特征进行深入分析，归纳总结出其演变的逻辑框架体系。探讨多中心城市群识别方法与城市群人口集聚模式的关联性，从不同视角、数据等对城市群进行深入探讨。

（4）城市群内人口分布与流动的影响因素和动力机制分析。利用人口普查中的常住人口数据，以及城市统计年鉴中的经济社会数据，从经济发展因素与社会条件因素选取 15 个指标来构建城市群内人口集聚度的影响因素指标框架体系。首先是利用地理探测器模型、空间计量经济模型来从整体上对城市群内人口集聚的影响因素进行模型分析；接着是对比分析四种城市群人口集聚模式的影响因素的差异性特征，以及城市群外人口集聚度的影响因素探讨；然后是探讨城市群内人口集聚的动力机制。

（5）城市群未来人口集聚趋势预测。在分析中国未来人口规模预测的基础上，基于 2000～2020 年间的城市群人口集聚演变特征，以及中国新型城镇化的推进给各城市群带来的影响，对 2030 年城市群整体上的人口规模进行预测。同时，由于城市群的空间范围往往较大，也对处于城市群内核心区域的都市圈及核心城市的人口时空演变特征进行分析，并对其在2030 年的人口集聚趋势进行预测，以为后续不同视角的人口政策建议提供基础。

（6）城市群对中国人口流动与分布的影响的总结。在前述实证研究的基础上，概括总结出中国的人口时空演变特征，并结合城市群人口流动与分布的时空演变特征和影响因素等的分析，在政策建议的提出过程中会更有针对性，为后续城市群人口政策、区域发展政策的制定等提供参考依据。

3.3　研究对象和区域

城市群的概念和空间范围在国内外的相关研究中存在不同的界定（刘玉亭等，2013；顾朝林，2008；肖金成，2009；方创琳等，2017）。通过对相关规划文件，以及不同学者所提出的城市群划分方案的梳理，为本书后续确定城市群范围奠定基础（见表 3 – 1）。

表 3 – 1 城市群划分的方案

分类	格局	划分方案	参考来源
规划文件	3 + 18	建设 3 大优先开发的重点城市化地区和 18 个重点开发的城市化地区，形成"3 + 18"的全国"两横三纵"城市化战略格局	《全国主体功能区规划》
		提出以"一带七轴多通道"为基本骨架，重点建设 3 大都市连绵区和 8 个重点城镇群	《全国城镇体系规划（2006 ~ 2020）》
		优化提升东部地区城市群，培育中西部地区城市群	《中华人民共和国国民经济和社会发展第十三个五年（2016 ~ 2020年）规划纲要》
方创琳	5 + 9 + 6	构建由 5 个国家级城市群、9 个区域性城市群和 6 个地区性城市群组成的"5 + 9 + 6"的中国城市群空间结构格局	《2016 中国城市群发展报告》
姚士谋	5 + 9	提出由 5 个超大型城市群、9 个重要地区城市群组成的"5 + 9"的中国城市群体系	《中国城市群新论》
顾朝林	3 + 3 + 7 + 17	提出由 3 个大都市连绵区、3 个大城市密集区、7 个大城市群和 17 个城市发育区组成的"3 + 3 + 7 + 17"的中国城市体系空间格局	《中国城市化格局、过程与机理》
宁越敏	10 + 3	基于大都市区的研究成果，认为中国大陆有 13 个规模较大的城市群，其中 10 个城市群有 2 个人口百万以上的大都市区以及一批人口在 50 万 ~ 100 万人的都市区，3 个城市群无 2 个人口百万以上的大都市区，但核心都市区的人口超过 200 万人	宁越敏，2011
肖金成	10 + 6	提出由 10 个成熟城市群和 6 个新兴城市群组成的"10 + 6"城市群格局	《中国十大城市群》
倪鹏飞	33 + X	提出由 33 个大城市群和若干个小城市群组成的"33 + X"的中国城市群空间格局	《中国城市竞争力报告》

资料来源：笔者整理。

通过对比分析中国各种城市群规划的方案，以及学者对城市群划分的不同方案，从统筹区域协调发展和促进地区发展平衡的角度出发，本书最终选取"十三五"规划中提及的 19 个城市群作为研究对象。城市群的空间范围主要参考国务院批复的城市群发展规划范围，没有批复的城市群空间范围则主要参考《2016 中国城市群发展报告》（方创琳，2017）。本书严格按照各城市群所包含的地级市与区、县的名称来划分确定城市群范围。需要注意的是，部分城市被划入到城市群范围的只是部分区县，因此在计算对应的城市群人口时也只是计算区县人口，这有助于保证数据的准确性。此外，为保证研究范围在不同时段具有可对比性，因此城市群范围均采用表 3 – 2 所确定的范围。

表 3 – 2 　　　　　　　　　　　中国城市群所含行政区划

名称	包含城市
北部湾城市群	南宁、北海、钦州、防城港、玉林、崇左、湛江、茂名、阳江、海口、儋州、东方、澄迈、临高、昌江
成渝城市群	成都、德阳、绵阳（除北川县、平武县）、眉山、资阳、乐山、自贡、泸州、内江、宜宾、雅安（除天全县、宝兴县）、遂宁、南充、达州（除万源市）、广安；重庆市的北碚、九龙坡、沙坪坝、大渡口、江北、南岸、渝中、万州、黔江、涪陵、綦江、大足、渝北、巴南、长寿、江津、合川、永川、南川、潼南、铜梁、荣昌、璧山、梁平、丰都、垫江、忠县、开州和云阳的部分地区
滇中城市群	昆明、曲靖、玉溪、楚雄、蒙自、个旧、建水、开远、弥勒、泸西、石屏
关中平原城市群	西安、咸阳、宝鸡、铜川、渭南、杨凌农业高新技术产业示范区、商洛（商州区、洛南县、丹凤县、柞水县）、运城（除平陆县、垣曲县）、临汾（尧都区、侯马市、襄汾县、霍州市、曲沃县、翼城县、洪洞县、浮山县）、天水、平凉（崆峒区、华亭市、泾川县、崇信县、灵台县）、庆阳市区
哈长城市群	哈尔滨、大庆、齐齐哈尔、绥化、牡丹江、长春、吉林、四平、辽源、松原、延边朝鲜族自治州
海峡西岸城市群	福州、厦门、漳州、泉州、莆田、宁德、潮州、揭阳、汕头、温州、汕尾
呼包鄂榆城市群	呼和浩特、包头、鄂尔多斯、榆林
晋中城市群	太原、晋中、阳泉、忻州、长治、孝义、汾阳
京津冀城市群	北京、天津、石家庄、张家口、秦皇岛、唐山、保定、廊坊、邢台、邯郸、衡水、沧州、承德

续表

名称	包含城市
兰西城市群	兰州、白银市（白银区、平川区、靖远县、景泰县）、定西市（安定区、陇西县、渭源县、临洮县）、临夏回族自治州（临夏市、东乡族自治县、永靖县、积石山保安族东乡族撒拉族自治县）、西宁、海东、海北藏族自治州海晏县、海南藏族自治州（共和县、贵德县、贵南县）、黄南藏族自治州（同仁县、尖扎县）
辽中南城市群	沈阳、大连、鞍山、抚顺、本溪、营口、辽阳、铁岭、丹东、盘锦、葫芦岛、锦州
宁夏沿黄城市群	银川、石嘴山、吴忠、中卫
黔中城市群	贵阳市、遵义市（红花岗区、汇川区、播州区、绥阳县、仁怀市）、安顺市（西秀区、平坝区、普定县、镇宁县）、毕节市（七星关区、大方县、黔西县、金沙县、织金县）、黔东南州（凯里市、麻江县）、黔南州（都匀市、福泉市、贵定县、瓮安县、长顺县、龙里县、惠水县）、贵安新区
山东半岛城市群	济南、青岛、烟台、威海、日照、东营、潍坊、淄博、泰安、莱芜、滨州、德州、聊城、枣庄、济宁、临沂、菏泽
天山北坡城市群	乌鲁木齐、昌吉、米泉、阜康、石河子、乌苏、奎屯、克拉玛依、五家渠、呼图壁、玛纳斯、沙湾
长江中游城市群	武汉、黄石、荆门、荆州、鄂州、孝感、黄冈、咸宁、宜昌、仙桃、潜江、天门、襄阳、长沙、株洲、湘潭、衡阳、岳阳、益阳、常德、娄底、南昌、九江、景德镇、鹰潭、新余、抚州、宜春、萍乡、上饶、吉安
长三角城市群	上海、南京、无锡、常州、苏州、南通、扬州、镇江、泰州、杭州、宁波、嘉兴、湖州、绍兴、舟山、台州、金华、盐城、合肥、芜湖、马鞍山、铜陵、安庆、滁州、池州、宣城
中原城市群	郑州、开封、洛阳、平顶山、新乡、焦作、许昌、漯河、济源、鹤壁、商丘、周口、晋城、亳州
珠三角城市群	广州、深圳、珠海、佛山、江门、肇庆、惠州、东莞、中山

资料来源：笔者整理。

参考已有研究，将中国省份划分为 4 大经济地带（见表 3－3）（袁锦标，2019）。

表 3 – 3　　　　　　　　　中国 4 大经济地带所含省份

经济地带	包含省份（区）
东部地区	北京、天津、河北、上海、江苏、浙江、福建、山东、广东、海南
东北地区	辽宁、吉林、黑龙江
中部地区	山西、安徽、江西、河南、湖北、湖南
西部地区	内蒙古、广西、重庆、四川、贵州、云南、西藏、陕西、甘肃、青海、宁夏、新疆

注：由于数据的可获取性，本书暂不包括港澳台地区。

3.4　研究方法

1. 人口集聚度与人口集中指数

人口集聚度可以直观清晰地反映出本区域人口与全国平均人口集聚水平的差异性，通常用本地区人口密度和当年全国人口密度的比值来进行衡量（刘睿文等，2010）。计算公式为：

$$JJD_i = \frac{(P_i/P_n) \times 100\%}{(A_i/A_n) \times 100\%} = \frac{P_i/A_i}{P_n/A_n} \qquad (3-1)$$

式中，JJD_i 表示 i 地区的人口集聚度，P_i、A_i 分别为 i 地区的人口数量、土地面积，P_n、A_n 分别为全国的总人口、土地面积；此外，人口集聚度可划分为 8 个等级（见表 3 – 4）（刘睿文等，2010）。

表 3 – 4　　　　　　　　　人口集聚度的等级分类

人口集聚度地区分类		人口集聚度
大类	亚类	
人口密集地区（Ⅲ）	人口高度密集区（Ⅲc）	≥8
	人口中度密集区（Ⅲb）	4 ~ 8
	人口低度密集区（Ⅲa）	2 ~ 4

人口集聚度地区分类		人口集聚度
大类	亚类	
人口均值地区（Ⅱ）	人口密度均上区（Ⅱb）	1 ~ 2
	人口密度均下区（Ⅱa）	0.5 ~ 1
人口稀疏地区（Ⅰ）	人口相对稀疏区（Ⅰc）	0.2 ~ 0.5
	人口绝对稀疏区（Ⅰb）	0.05 ~ 0.2
	人口极端稀疏区（Ⅰa）	≤0.05

注：左侧是3大类，右侧是8小类，都是人口集聚度分等级的划分数据。

人口集中指数则是从总体上考察人口分布在地域的相对均衡还是相对集中的情况（陈楠等，2007）。在明确人口集聚度区域差异的基础上，借助人口集中指数将有助于对中国人口集聚的不均衡性进行深入探讨。计算公式为：

$$C = \frac{1}{2} \sum_{i=1}^{n} |A_i - P_i| \qquad (3-2)$$

式中，C 表示人口集中指数，A_i、P_i 分别表示 i 地区所拥有的土地面积、人口数量占全部地区所拥有的土地面积、人口数量的比重，n 为区域内行政单元的总数。C 值越小，说明区域内的人口更趋于均衡分布（陈楠等，2007）。

2. 人口增减程度划分

随着时间推移，将人口出现增加（或减少）的城市定义为扩张（或收缩）城市。计算公式为：

$$S_n = \left[\left(\frac{P^{期末}}{P^{期初}} \right)^{\frac{1}{n}} - 1 \right] \times 100\% \qquad (3-3)$$

式中，S 代表城市人口增减程度，$P^{期末}$、$P^{期初}$ 分别代表研究时段内的期末人口数、期初人口数，n 代表研究时长。若 S 为正，代表城市人口增加；若 S 为负，则代表城市人口减少。此外，按照城市的人口增减程度，将城市分为显著减少（$S \leq -2\%$）、中度减少（$-2\% < S \leq -1\%$）、轻度减少（$-1\% <$

$S \leqslant 0$)、轻度增加（$0 < S \leqslant 1\%$）、中度增加（$1\% < S \leqslant 2\%$）、显著增加（$S > 2\%$）这6个等级。

采用 S_1、S_2 分别表示 2000 ~ 2010 年、2010 ~ 2020 年的各单元人口增量，并根据两个阶段的人口增量情况，将城市人口增减划分为4种类型：人口持续扩张区（$S_1 > 0$，$S_2 > 0$）、人口缩减转扩张区（$S_1 < 0$，$S_2 > 0$）、人口持续缩减区（$S_1 < 0$，$S_2 < 0$）、人口扩张转缩减区（$S_1 > 0$，$S_2 < 0$）（齐宏纲等，2019）。

3. 人口净迁移率

人口净迁移率是反映人口在地区内的流入与流出状态。计算公式为：

$$NM = (P_{常住} - P_{户籍})/P_{常住} \times 100\% \qquad (3-4)$$

式中，NM（即 net migration rate）为净迁移率，$P_{常住}$ 为常住人口，$P_{户籍}$ 为户籍人口。NM 为正，表明人口向该地区流入，形成净流入人口区；反之则形成净流出人口区。此外，参考已有研究，按照净迁移率 $< -5\%$、$-5\% \sim 0$、$0 \sim 5\%$、$> 5\%$ 的标准将区县划分为人口高度流出、人口较低流出、人口略微流入、人口高度流入这四种类型，对城市群内区县的流动性进行探讨（陈蓉，2016）。

4. 人口重心模型

重心模型主要是反映出某种现象在区域内分布的总体趋势和中心位置（李在军等，2014）。作为衡量人口在空间上分布特征的一个指标，人口重心的变动轨迹可直观反映出一定时间段内的人口空间演变（杨强，2016）。计算公式为：

$$X = \frac{\sum_{i=1}^{n} P_i X_i}{\sum_{i=1}^{n} P_i}, \quad Y = \frac{\sum_{i=1}^{n} P_i Y_i}{\sum_{i=1}^{n} P_i} \qquad (3-5)$$

式中，n 表示区域内所拥有的城市数量；X、Y 分别表示一个区域内人口重心所在的经度与纬度；X_i、Y_i、P_i 分别表示第 i 个城市中心所在的经度、纬度，以及所拥有的人口数量（杨强，2016）。

5. 人口首位度

1939年，马克·杰斐逊提出了"城市首位律"概念，他认为"首位城市"会比第二位城市具有较大的差异,并利用"两城市指数"来进行衡量两者之间的差异性程度(Jefferson, M., 1939;赵维良等, 2015)。在城市首位律理论中,其核心内容就是通过对城市首位度的计算来分析判断首位城市的相对重要性(马学广等, 2017)。本书利用人口首位度来分析首位城市与第二位城市的差异性程度。计算公式为:

$$Q = \frac{P_1}{P_2} \tag{3-6}$$

式中, Q 为人口首位度, P_1、P_2 分别为首位城市与第二位城市的人口规模。

6. 城市群分散度

城市群分散度是反映人口在城市群中心城市区域内的空间分布状态和演变过程,是表征城市群人口分布的集中分散程度,能够反映出人口在城市群内主要集中于市辖区还是外围的区县(陈金英, 2016)。计算公式为:

$$D_i = 1 - \frac{\sum P_i}{P} \tag{3-7}$$

式中, D_i 为分散度, P 为第 i 个城市群的总人口规模, P_i 为第 i 个城市群内各城市市辖区的人口规模。分散度的数值越大,表示人口在城市群内趋于分散分布,没有形成比较明显的核心城市;反之,表示人口在城市群内区域集中分布,形成了一个或几个比较明显的核心城市(陈金英, 2016)。

7. 城市群发育度

城市群发育度的评价指标和计算方法有多种(黄金川等, 2015;方创琳等, 2005)。本书借鉴《中国城市群结构体系的组成与空间分异格局》所提出的中国城市群结构体系等级划分指标来构建城市群发育程度计算指标体系,然后通过对城市群发育度的不同指标及其影响系数的计算来得到城市群的发育度结果,接着利用几何间隔法将中国城市群的发育度划分为较低水平、中等偏下水平、中等偏上水平、较高水平城市群这 4 种类型(方创琳等, 2005;张国俊等, 2018)。计算公式为:

$$D_n = \sum_{i=1 \neq 4}^{14} w_i F_i - w_4 F_4 \tag{3-8}$$

式中，D_n 表示第 n 个城市群的发育程度，F_i 用来表示第 i 个指数，w_i 代表第 i 个指数的影响系数大小（方创琳等，2005）。

8. 空间自相关

空间自相关是用来表征变量的观测值之间因观测点在空间上邻近从而产生的相关性，主要包含全局空间自相关和局部空间自相关（陈彦光，2009）。本书利用全局空间自相关指数（Moran's I）来测量中国城市人口集聚度及人口年均增速在全国的空间分布状态和集聚水平（Cliff, A. D., 1981）。计算公式为：

$$I = \frac{n \sum_{i-1}^{n} \sum_{j-1}^{n} W_{ij}(x_i - \bar{x})(x_j - \bar{x})}{\sum_{i-1}^{n} \sum_{j-1}^{n} W_{ij} \sum_{i-1}^{n}(x_i - \bar{x})^2} \qquad (3-9)$$

本书利用局部空间自相关分析（Local Moran's I, LISA）继续探讨城市间的局部自相关现象，定量描述中国城市和其周边城市在人口集聚度及人口年均增速的相关程度或相似性程度（Anselin, L., 1995）。计算公式为：

$$I_i = \frac{n(x_i - \bar{x}) \sum_{j-1}^{n} W_{ij}(x_i - \bar{x})(x_j - \bar{x})}{\sum_{i-1}^{n}(x_i - \bar{x})^2} \qquad (3-10)$$

式中，n 表示区域内所拥有的城市数量；x_i 表示第 i 个城市的人口集聚度或人口年均增速；W_{ij} 表示各城市的空间权重矩阵（Anselin, L., 1995）。利用 LISA 指数将其划分为四类：高 – 高集聚区（H – H）、高 – 低集聚区（H – L）、低 – 高集聚区（L – H）、低 – 低集聚区（L – L）。

9. 城市群多中心识别方法

城市群多中心识别方法，主要是通过主中心检测和次中心检测来实现，将其判断为多中心城市群还是单中心城市群（He, X. et al., 2021）。其中，主中心是指城市群空间内有着最高的人口集聚特征区域，往往位于城市群内的核心区域，一般来说可通过 Moran's I 和 LISA 指数来检测得到主中心。

此外，次中心是指具有较高城市群活动密度的区域，一个城市群可以拥有多个中心，包括不同规模等级或不同行业构成的次中心；相对于研究区域来说，次中心是除主中心外具有较高的城市群活动密度区域，其在局部相比于周边区域将会有明显的城市群活动变化趋势（Fotheringham, A. S. et al., 2003）。因此，不同次中心的城市群活动密度与次中心到主中心的距离会存在明显关联。首先需要得到研究区域所有单元的几何中心，然后计算得到几何中心到主中心的距离与城市群活动密度的关系；越接近几何中心的城市，城市群活动就会越密集，且城市群次中心是由城市群的人口和经济活动共同决定，因此次中心在城市群的空间存在非对称分布，也即存在空间非平稳性，这可通过地理加权回归模型（GWR）来检测得到次中心（Hu, X., and Xu, H., 2019; Gao, C. et al., 2020）。

次中心的识别流程如下：首先将城市群主中心的活动密度的质心作为中心点，然后通过 GWR 模拟单个区域的几何中心到城市群中心点的距离与主中心的密度关系，从而得到不同的观测值，最后拟合每个观测值的回归方程，结果标准残差值高于平均水平的即为次中心。GWR 的公式为：

$$y_i = \beta_0(\mu_i, v_i) + \sum_{j=1}^{k} \beta_j(\mu_i, v_i) x_{ij} + \varepsilon_i \qquad (3-11)$$

式中，y_i 为城市群活动的密度，μ_i，v_i 表示空间中心，$\beta_0(\mu_i, v_i)$ 表示截距，$\beta_k(\mu_i, v_i)$ 表示局部估计系数，ε_i 为残差值。

10. 地理探测器模型

地理探测器模型主要是用来反映某种要素在不同区域之间存在的空间分层异质性，它的核心思想是假设某种要素对疾病等具有影响，则其也会存在与疾病等的相似性空间分布特征，通常被用来探讨要素与疾病等之间的关联性（王劲峰等，2017；李浩等，2019）。本书则基于地理探测器模型的因子探测、交互作用探测来分析城市人口集聚度的影响因素。计算公式为：

$$q = 1 - \frac{1}{N\sigma^2} \sum_{m=1}^{L} N_m \sigma_m^2 \qquad (3-12)$$

式中，q 表示区域地理环境因素解释力；$m = 1, 2, \cdots, L$ 表示类别的数量；N_m 与 N 分别表示层 m 与全区单元数；σ^2 表示指标的方差（王劲峰等，2017）。q 值的范围在 $[0, 1]$，q 值越大则说明其具有越强的空间分异性的解释力。

此外，不同因素对城市人口集聚度的影响程度不一，两两因素的交互作用在一定程度上可能会减弱或加强影响因素对城市人口集聚度的解释力（王劲峰等，2017）。根据两两因素对城市人口集聚度的解释力 $q(x, y)$，并与单因素的解释力 $q(x)$、$q(y)$ 进行对比分析后，将交互作用类型分为五类（见表 3 - 5）。

表 3 - 5　　　　　　　　　　因子交互作用类型划分

表达式	交互关系
$q(x, y) < \min(q(x), q(y))$	非线性减弱
$\min(q(x), q(y)) < q(x, y) < \max(q(x), q(y))$	单方减弱
$q(x, y) > \max(q(x), q(y))$	双因子增强
$q(x, y) = q(x) + q(y)$	独立
$q(x, y) > q(x) + q(y)$	非线性增强

11. 空间计量经济模型

空间计量经济模型通过将空间效应纳入到回归模型中，能够反映出影响因素对周边区域所产生的空间溢出效应，包含空间滞后模型、空间误差模型等（罗胤晨等，2015；Wang，Z. Y. et al.，2017）。其中，空间滞后模型（spatial lag model）的空间相互作用是通过被解释变量的空间滞后项来进行体现，即本地区的人口集聚程度受到邻近城市的影响程度（罗胤晨等，2015）；空间误差模型（spatial error model）的空间相互作用则是通过被解释变量的空间误差项来进行体现，即本地区的人口集聚程度受模型所忽略的一些重要变量（误差项）的影响（Wang，Z. Y. et al.，2017）。

本书利用空间滞后模型来探讨城市人口集聚在城市群内是否具有溢出效应，其模型公式为：

$$Y = \rho W_y Y + \beta X + \varepsilon \qquad (3-13)$$

式中，Y 表示被解释变量；X 表示 $n \times k$ 外生解释变量矩阵；β 代表解释变量的系数；ε 代表随机误差项向量；ρ 代表空间滞后项的回归系数；W_y 代表被解释变量的空间权重矩阵；$W_y Y$ 表示被解释变量的空间滞后项（罗胤晨等，2015）。

本书利用空间误差模型来探讨分析邻近城市由于被解释变量的误差所引起的空间溢出效应，从而对本城市所产生的影响，其模型公式为：

$$Y = \beta X + \varepsilon$$
$$\varepsilon = \lambda W_{\varepsilon\varepsilon} + \mu \qquad\qquad (3-14)$$

式中，λ 表示空间误差项的回归系数；$W_{\varepsilon\varepsilon}$ 表示空间误差项；μ 代表正态分布的随机误差向量（Wang, Z. Y. et al., 2017）。

3.5　数据来源

（1）第五、六、七次人口普查数据分别来源于《人口普查分县资料》（2000 年、2010 年和 2020 年）。其中，第五、六次人口普查有明确的户籍人口数据；第七次人口普查暂未公布各地区的户籍人口，暂时采用《中国人口与就业统计年鉴（2021 年）》的户籍人口数进行替代。此外，第五、六次人口普查有明确的迁入人口数据，并采用"本县（市）/本市市区迁入人口""本省其他县（市）、市区迁入人口""外省迁入人口"这三项的总和来表征迁入人口总量，且迁入人口总量越多也代表该地对人口的吸引力越强。其中，在迁入人口结构的分析过程中，本书将普查数据中的"本县（市）/本市市区迁入人口"（文中用市内跨县描述）用来表征短距离的迁入人口规模，将"本省其他县（市）、市区迁入人口"（文中用省内跨市描述）用来表征中距离的迁入人口规模，将"外省迁入人口"（文中用跨省流动来描述）用来表征远距离的迁入人口规模。需要注意的是，第七次人口普查中暂时缺乏迁入人口、人口自然增长率的相关指标，因此在分析人口迁入结构、人口自然增长率的变化特征时，仅分析第五、六次人口普查的情况。此外，在流动人口的界定方面，本书采用的是常住人口与户籍人口这两者的差值；且当常住人口规模大于户籍人口则认为是人口净流入地区，反之则是人口净流出地区（张国俊等，2018）。

（2）经济数据主要来源于《中国城市统计年鉴》（2001 年、2011 年和2021 年）。

（3）夜间灯光数据主要包含 DMSP/OLS 数据和 NPP/VIIRS 数据等。具体来说，DMSP/OLS 数据的时间序列为 1992～2013 年，空间分辨率为 1000米；NPP/VIIRS 数据的时间序列为 2012～2020 年，空间分辨率为 500 米。本书通过科罗拉多矿业大学地球观测组（https://eogdata. mines. edu/products/vnl/）下载 2000～2021 年的逐年夜间灯光数据，并对每年的月夜间灯光数据做平均处理以避免单景灯光亮度差异较大。统一对夜间灯光数据进行重采样至 500 米，最后通过辐射校正、亮度转换和去饱和操作处理得到2000～2020 年的夜间灯光数据图。

（4）城市范围的矢量图层数据来源于资源环境数据中心（参考 http://www. resdc. cn/）。在数据整理过程中，由于行政区划变动较大，为保持前后数据一致性和行政区划统一性，本书统一采用 2010 年的行政区划。

3.6　本书框架与技术路线

3.6.1　本书框架

本书主要包含五大部分、九个章节，如下：

第一部分为绪论和研究综述。对应本书的第 1、第 2、第 3 章。其中，第 1 章主要是介绍城市群人口流动与分布研究的背景分析，然后对相关概念进行解释。第 2 章主要是从不同学科来梳理总结城市群人口流动与分布的理论基础，然后对中国人口分布、流动与迁移，城市群人口分布、流动与迁移这两方面的国内外研究进行总结，从而为本书的研究重点和创新点提供依据。第 3 章是研究设计，包括研究问题、研究内容、研究对象与区域、研究方法、数据来源，以及技术框架与路线。

第二部分为中国人口分布演变特征分析。对应本书的第 4 章，本章主要是从整体上得到 2000～2020 年中国不同尺度的人口流动与分布的演变特征，为后续城市群人口分布集聚、流动与迁移的特征分析探讨奠定基础。

第三部分为中国城市群人口分布、流动与迁移特征分析。对应本书的第 5、第 6 章，其中第 5 章主要是分析城市群人口集聚演变及与中国人口分布的关联性，对比分析城市群内、外，以及不同城市群所具有的人口分布、流动与迁移特征的差异性。第 6 章是在划分得到不同的城市群人口集聚模式基础上，深入探讨不同城市群人口集聚模式所具有的人口分布、流动与迁移特征，并归纳总结得到城市群人口集聚模式的演变规律；探讨基于夜间灯光数据与人口数据得到城市群类型之间的关联性特征。

第四部分为分析中国城市群人口集聚的影响因素与未来人口预测。对应本书的第 7、第 8 章，其中第 7 章是探讨分析城市群内人口集聚的影响因素，并与城市群外的影响因素进行对比分析；对比分析四种城市群人口集聚模式的人口集聚因素的差异性特征；从不同方面对人口集聚在城市群内的动力机制进行探讨。第 8 章是对城市群及其核心区域的未来人口集聚趋势进行预测分析，从而为后续不同视角的人口政策建议提供理论依据。

第五部分是研究结论。对应本书的第 9 章，包括研究的主要结论、政策建议、研究创新点、存在不足与研究展望。

3.6.2　技术路线

本书研究的技术路线包含四个阶段：问题提出、研究基础、实证研究和研究结论，具体的技术路线见图 3－1。

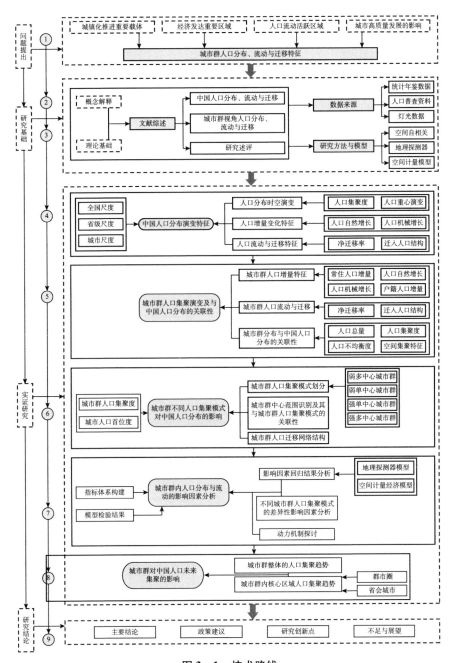

图 3-1 技术路线

中国人口分布演变特征分析

本章主要是从省际、地市尺度来分析 2000～2020 年中国人口分布集聚、增减变化、流动与迁移的时空演变特征，从整体上对中国人口演变特征有基础性的理解。首先分析得到省际、地市尺度下所呈现出的人口集聚度、人口重心等时空演变特征，其次对比分析 2000～2010 年、2010～2020 年这两个时段人口增减的变化趋势，最后对 2000～2020 年间所呈现出的人口流动与迁移特征进行探讨。

4.1 中国人口分布的时空演变特征

4.1.1 常住人口的变化特征

中国常住人口主要集聚于东部地区，并维持着稳定的空间集聚格局。随着中国总人口的逐渐增加，人口所占比重在东部地区呈现出持续上升状态，在东北地区呈现出持续下降状态，而在中部和西部地区则呈现出波动下降状态。其中，东部、中部、西部和东北地区的常住人口总量分别从 2000 年的 44234 万人、34589 万人、34952 万人和 10486 万人，演变为 2020 年的 56372 万人、36469 万人、38285 万人和 9851 万人；东部与中部、西部地区的人口所占比重之间的差距在迅速拉大。这反映出中国人口在流动过程中"向东部经济发达地区集聚"以及"向西部地区回流"的特征（见图 4-1）。

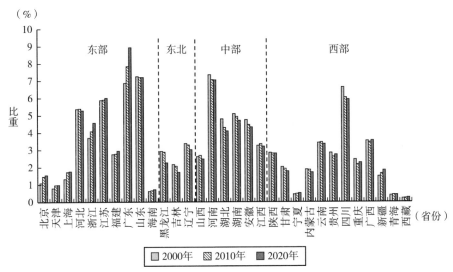

图 4-1　2000 年、2010 年、2020 年各省区市常住人口所占比重的演变

资料来源：《人口普查分县资料》（2000 年、2010 年和 2020 年）。

　　具体到各省份来说，常住人口总量较多的省份主要位于东部地区。2000 年，河南为中国第一大省，常住人口总量为 9124 万人，占全国人口的 7.34%；山东、广东和四川紧随其后，常住人口总量分别为 8997 万人、8523 万人和 8235 万人，分别占全国人口的 7.24%、6.86% 和 6.63%。2010 年，广东成为中国第一大省，且是唯一人口总量超过 1 亿的省份，占全国人口的 7.83%；山东超越河南从而排名第二，常住人口总量为 9579 万人，占全国人口的 7.19%；河南和四川分列第三、第四位，常住人口总量分别为 9403 万人和 8042 万人，分别占全国人口的 7.06% 和 6.03%。2020 年，广东和山东的常住人口总量均超过 1 亿，分别占全国人口的 8.93% 和 7.19%；河南和江苏分列第三、第四位，常住人口总量分别为 9937 万人和 8475 万人，分别占全国人口的 7.04% 和 6.00%；其中，江苏反超四川成为新的第四人口大省。① 这样的人口分布特征，主要与各地的经济发展水平有关，能够提供更多就业机会、更高工资水平等的省（区、市）会更容易吸引人口流入。

4.1.2 常住人口集聚度的空间分布格局

2000 年、2010 年和 2020 年三次人口普查间，中国常住人口集聚度保持着相对稳定的空间分布格局，呈现出以胡焕庸线为界、东南半壁高而西北半壁低的特征。2000～2020 年，人口密集区（Ⅲ）和人口均值区（Ⅱ）主要位于胡焕庸线以东，而人口稀疏区（Ⅰ）则集中分布在胡焕庸线以西地区。其中，人口高度密集区（Ⅲc）主要位于珠三角、长三角和京津冀城市群的核心城市，人口中度密集区（Ⅲb）和人口低度密集区（Ⅲa）主要位于山东半岛、成渝、海峡西岸等城市群内；人口均值区则主要分布在胡焕庸线以东地区的长江流域以南，以及中国东北地区；人口极端稀疏区（Ⅰa）则主要位于胡焕庸线以西的青藏、西北地区。具体来说，人口密集区（Ⅲ）、人口均值区（Ⅱ）和人口稀疏区（Ⅰ）所占的比重分别由 2000 年的 48.69%、35.86% 和 15.45%，演变为 2020 年的 46.94%、35.57% 和 17.49%，人口密集区与人口均值区呈现出略微下降的趋势。人口中度密集区和人口密度均上区（Ⅱb）的降幅较大，分别从 2000 年的 23.91% 和 24.20%，降低到 2020 年的 16.62% 和 20.70%；而人口高度密集区和人口密度均下区（Ⅱa）的增幅较大，分别从 2000 年的 3.21% 和 11.66%，增加到 2020 年的 7.87% 和 14.87%。这反映出中国常住人口集聚度的空间分布不均衡性在持续增强（见图 4-2）。

2000 年、2010 年和 2020 年三个时期的夜间灯光数据表明，不同时期的夜间灯光亮度值呈现出相似的空间分布格局，灯光亮度高值主要分布在东部沿海城市群，包括京津冀、长三角和珠三角城市群；在中部地区灯光亮度高值主要分布在长江中游、中原和晋中城市群，在西部地区灯光亮度高值集中

---

① 《人口普查分县资料》（2000 年、2010 年和 2020 年）。

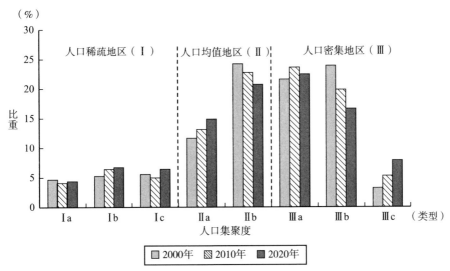

图 4 – 2　2000 年、2010 年、2020 年常住人口集聚度所占比重的演变

资料来源:《人口普查分县资料》(2000 年、2010 年和 2020 年)。

在关中平原和成渝城市群,而其他地区的灯光亮度值则普遍较低。同时,从三个时期夜间灯光亮度的变化来看,夜间灯光亮度增加最明显的城市群主要包括京津冀、长三角和珠三角城市群,山东半岛、成渝和海峡西岸城市群的灯光亮度变化值次之,而哈长、辽中南、天山北坡等城市群灯光亮度值增量则不显著。

结合中国常住人口集聚度的空间分布格局来看,夜间灯光亮度值及其亮度变化高值的空间分布与人口高密度集区、人口中密度集区、人口低密度集区的分布高度相似,具有很强的紧密联系,且夜间灯光的亮度空间分布进一步说明中国城市群的空间分布不均衡性,这为后续的城市群多中心识别提供了基础。

4.1.3　常住人口重心的变迁特征

2000~2020 年中国城市常住人口的人口分布重心变迁轨迹图表明,人口重心位于 (113°30′E, 32°40′N) 附近,与中国的几何中心 (103°50′E,

36°N）相对比，中国常住人口的重心整体上呈现出向东南部变迁。具体来说，人口分布重心在 2000 年位于驻马店市泌阳县东部，在 2010 年则处于泌阳县东南方向，说明 2000～2010 年的人口重心呈现出向东南移动的特征。人口分布重心在 2020 年位于南阳市桐柏县，表明 2010～2020 年间的中国人口分布重心是向西南方向移动。因此，这段时间，中国常住人口总体是向南部移动（见图 4-3）。

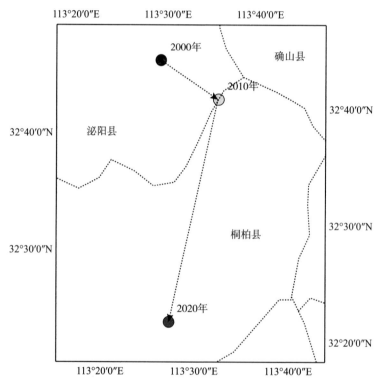

图 4-3　2000～2020 年常住人口的重心分布的演变

注：审图号为 GS（2019）1699 号。

4.1.4　户籍人口的变化特征

中国户籍人口整体上呈现出相对稳定的空间分布格局，人口主要集聚在东部地区（见图 4 - 4）。随着中国户籍总人口的增多，人口所占比重在东部地区呈现出持续上升状态，在东北地区呈现出持续下降状态，而在中部和西部地区则呈现出缓慢上升趋势。具体来说，东部、中部、西部和东北地区的户籍人口总量分别从 2000 年的 41940 万人、35578 万人、35432 万人和 10483 万人，演变为 2020 年的 49532 万人、40683 万人、40838 万人和 10268 万人。

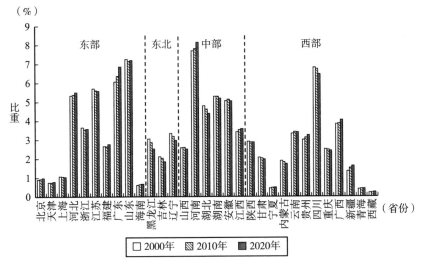

图 4 - 4　2000 年、2010 年、2020 年各省区市户籍人口所占比重的演变

资料来源：《人口普查分县资料》（2000 年、2010 年和 2020 年）。

户籍人口总量较多的省份主要分布在东中部地区。2000 年，河南为中国户籍人口总量最多的省份，人口规模为 9488 万人，占全国总人口的比重为 7.69%；山东、四川和广东则紧随其后，人口总量分别为 8944 万人、8402 万人和 7483 万人，占全国总人口的比重分别为 7.25%、6.81% 和 6.06%；这 4 个省份户籍人口规模占全国人口的 27.80%。2010 年，户籍人口规模排名前四位的省份仍然是河南、山东、四川和广东，人口规模分别为 10428 万人、9548 万人、8998 万人和 8502 万人，分别占全国人口的 7.80%、7.14%、6.73% 和 6.36%；这 4 个省份户籍人口规模占全国人口的

28.02%，比2000年提高了0.22%；河南省也成为中国唯一户籍人口超过1亿的省份。2020年，河南和山东的户籍人口规模均超过1亿，分别占全国人口的8.16%和7.20%；广东超越四川，分列第三、第四位，人口规模分别为9809万人和9082万人，分别占全国人口的6.94%和6.43%；这4个省份户籍人口规模占全国人口的28.72%，比2010年提高了0.70%。①

4.2 中国人口增量的时空演变特征

4.2.1 常住人口增量特征

1. 中国常住人口主要向经济发达地区集聚，常住人口增量较多的省份主要集中在东部地区

2000~2020年，东部地区常住人口所占全国比重从2000年的35.60%增加到2020年的39.93%，增幅为4.33%；中部、西部和东北地区的人口比重分别从2000年的27.84%、28.13%和8.44%下降到2020年的25.83%、27.12%和6.98%，整体分别下降了2.00%、1.01%和1.46%。具体来说，2000~2010年，人口比重在东部地区增长了2.38%，而在中部、西部和东北地区则分别减少了1.07%、1.09%和0.22%，说明常住人口主要流入东部地区。2010~2020年，人口比重在东部和西部地区分别增加1.95%和0.08%，而在中部和东北地区则下降0.93%和1.24%，说明常住人口继续主要流入到东部地区，且西部地区也表现为人口略微增加，但中部和东北地区则出现常住人口负增长。此外，与2000~2010年相比，2010~2020年中国常住人口增量的区域性差异在不断增强，这与其所处的经济发展水平、提供的就业机会等存在紧密的联系（见图4-5）。

---

① 《人口普查分县资料》（2000年、2010年和2020年）。

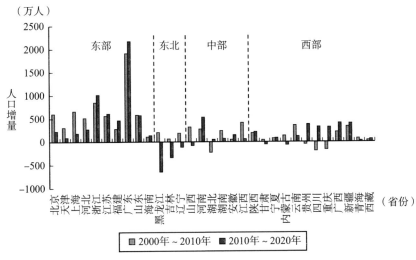

图 4 – 5　2000～2020 年各省区市常住人口增量的演变

资料来源:《人口普查分县资料》(2000 年、2010 年和 2020 年)。

常住人口增量在中国各省具有明显的时空差异,经济发达的东部地区对人口流入具有强大的吸引能力,人口增量较多。2000～2020 年,湖北、贵州、四川和重庆这 4 个省(市)属于人口缩减转扩张区,黑龙江、吉林、辽宁、山西、甘肃和内蒙古这 6 个省(区)属于人口扩张转缩减区,其他的省份则全部属于人口持续扩张区。具体来说,2000～2010 年,广东的常住人口增量最多,达到 1910 万人;而湖北、四川、重庆和贵州这 4 个省(市)的常住人口分别减少了 227 万人、193 万人、167 万人和 50 万人。2010～2020 年,广东的常住人口增量依然最多,且有所增强,达到 2169 万人;而黑龙江、吉林、辽宁、山西、内蒙古和甘肃这 6 个省(区)的常住人口则分别减少 646 万人、338 万人、115 万人、80 万人、66 万人和 56 万人,且主要位于东北和西部地区。

2. 中国城市常住人口的年均增速形成以胡焕庸线为界、西北半壁较快而东南半壁较慢的空间分布特征

2000～2020 年,人口持续扩张的城市是最主要的类型,所占比重为 44.61%,表明多数城市的常住人口持续增加;人口扩张转缩减的城市是次

要的类型，所占比重为27.11%，说明有很多的城市在2010~2020年间出现人口负增长；人口缩减转扩张的城市所占比重为10.79%，少数城市在经历人口负增长后，而在2010~2020年间出现人口正增长；人口持续缩减的城市所占比重为17.49%，表明有较多的城市人口持续减少。

具体来说，2000~2010年，扩张城市和收缩城市的比重分别为71.72%和28.28%，扩张城市是该时段的主要类型。人口显著增加的城市主要位于长三角、珠三角、京津、青藏等地区，人口轻度增加的城市主要位于胡焕庸线以东地区；人口轻度减少的城市主要位于长江流域。2010~2020年，扩张城市的比重降低，而收缩城市的比重增加，扩张城市和收缩城市的比重分别为55.43%和44.57%。人口显著增加的城市仍然主要位于长三角、珠三角等地区，人口轻度增加和人口中度增加的城市所占比重则分别降低7.39%和9.26%；长江流域依然是人口减少的主要区域，且人口中度减少和人口显著减少的城市主要位于东北地区（见图4-6）。

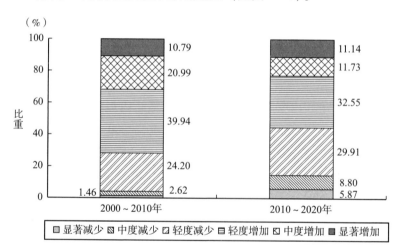

图4-6　2000~2020年城市常住人口年均增速的演变

资料来源：《人口普查分县资料》（2000年、2010年和2020年）。

4.2.2　人口自然增长特征

中国人口自然增长率整体上呈现为以胡焕庸线为界，南高北低、西高东低的空间格局（见图 4 - 7）。2000 ~ 2010 年，中国人口自然增长率呈现出下降态势。2000 年，人口自然增长率大于 10‰的城市主要分布在西南地区、青藏、新疆地区；增长率在 5.1‰ ~ 10‰之间的城市主要分布在中西部地区；增长率在 0 ~ 5.0‰之间的城市主要分布在东北地区、长江流域；人口自然增长率为负的城市分别是上海、南通、威海和安康这 4 个城市，且主要分布在长三角地区。2010 年，人口自然增长率大于 10‰的城市则主要分布在青藏、新疆地区，但比重有所下降；增长率在 5.1‰ ~ 10‰之间的城市主要分布在胡焕庸线以西地区，以及长江流域以南的大片区域；增长率在 0 ~ 5.0‰之间的城市主要分布在内蒙古、东北地区、长江流域等区域；增长率为负的城市增加到 19 个，主要分布在长三角、山东半岛和辽中南城市群（黄婉玲，2018）。

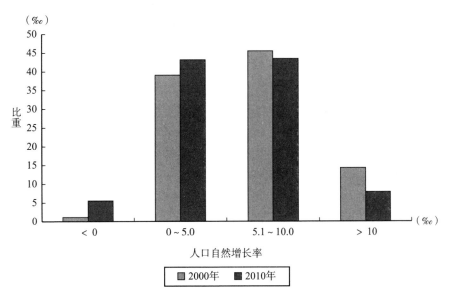

图 4 - 7　2000 年、2010 年城市人口自然增长率的演变

资料来源：《人口普查分县资料》（2000 年、2010 年）。

中国城市人口自然增长率的空间差异，使得人口分布不均衡性一直存在，人口自然增长是胡焕庸线以西地区的多数城市呈现出人口增多的主要来源。

4.2.3 人口机械增长特征

迁入人口总量可以较好地反映出城市的人口机械增长情况，且其规模越大就代表城市对人口具有越高的吸引力，具有越多的人口机械增长量。2000～2010 年间，中国迁入人口总量整体上呈现出以胡焕庸线为界，西北半壁低而东南半壁高的空间分布格局；随着时间的推移，城市的迁入人口总量也在不断增加，城市对人口的吸引力在不断增强。

具体来说，2000～2010 年，胡焕庸线以西地区的城市，迁入人口总量普遍在 25 万人以内，对人口的吸引力相对较弱；迁入人口总量较多的城市主要位于珠三角、长三角、京津、成渝等区域，这些城市基本是中国经济发达、常住人口总量较多的区域，对人口的吸引力较强，也是中国城市群发育度水平较高、经济发展活力较强的主要区域。此外，城市群内的城市迁入人口总量普遍要多于城市群外的城市，对人口具有更强的吸引力。

4.2.4 户籍人口增量特征

1. 中国户籍人口主要向东部和西部地区集聚

2000～2020 年，东部和西部地区的户籍人口所占全国比重分别从 2000 年的 33.98% 和 28.71%，增加到 2020 年的 35.05% 和 28.90%，增幅分别为 1.07% 和 0.19%；而中部和东北地区的人口比重则分别从 2000 年的 28.82% 和 8.49%，下降到 2020 年的 28.79% 和 7.27%，降幅分别为 0.03% 和 1.22%。具体来说，2000～2010 年，西部、中部和东部的人口比重分别增加 0.23%、0.14% 和 0.06%，而东北地区则减少 0.42%，说明西部和中部的户籍人口增量较多。2010～2020 年，东部地区的人口比重增加 1.01%；而中部、西部和东北地区的人口比重则分别减少 0.17%、0.03% 和 0.80%，说明东部地区的户籍人口持续增加，而东北地区的户籍人口则持续减少。与 2000～2010 年相比，2010～2020 年户籍人口增加更多的是集聚到东部地区，这与其拥有更高的经济水平、提供更好的公共服务能力等有关，也与其能够吸引更多的人口落户进而提高户籍人口规模存在紧密联系（见图 4 – 8）。

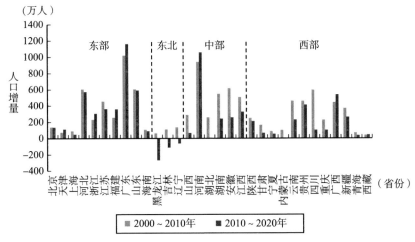

图 4 – 8　2000 ~ 2020 年各省区市户籍人口增量的演变

　　各省户籍人口增量来说，2000 ~ 2020 年，除东北地区的黑龙江、吉林和辽宁，中部地区的湖北，西部地区的内蒙古这 5 个省（区）属于人口扩张转缩减区，其他的省份则全部属于人口持续扩张区。2000 ~ 2010 年，广东的户籍人口增量最多，达到 1019 万人；河南和安徽的户籍人口增量次之，分别为 940 万人和 617 万人。2010 ~ 2020 年，广东和河南的户籍人口增量均超过 1000 万人，分别为 1306 万人和 1098 万人；而辽宁、吉林、黑龙江、湖北和内蒙古则分别减少 87 万人、138 万人、299 万人、16 万人和 8 万人。

　　2. 中国城市户籍人口年均增速呈现出西部地区增速较快，而在胡焕庸线以东地区则南高北低的空间分布格局

　　2000 ~ 2020 年，人口持续扩张的城市是最主要的类型，所占比重为 72.62%；人口扩张转缩减的城市是次要的类型，所占比重为 21.43%，说明有较多的城市在 2010 ~ 2020 年间出现人口负增长；人口持续缩减的城市所占比重为 5.36%，表明有较少的城市人口呈现出持续减少状态。具体来说，2000 ~ 2010 年，扩张城市和收缩城市的比重分别为 94.17% 和 5.83%，扩张城市是该时段的主要类型。人口显著增加的城市主要位于新疆、青藏等

地区，人口轻度增加的城市广泛分布在胡焕庸线以东地区；人口轻度减少的城市主要位于东北地区。2010～2020年，扩张城市的比重降低，而收缩城市的比重增加，扩张城市和收缩城市的比重分别为72.01%和27.99%。人口轻度增加和人口中度增加的城市所占比重分别降低11.66%和11.66%，其中，人口轻度增加的城市除广泛分布在胡焕庸线以东地区外，也逐渐分布在西北地区；人口轻度减少的城市所占比重增加19.24%，除仍集中分布在东北地区外，也逐渐分布在长江流域、黄河流域等区域（见图4-9）。

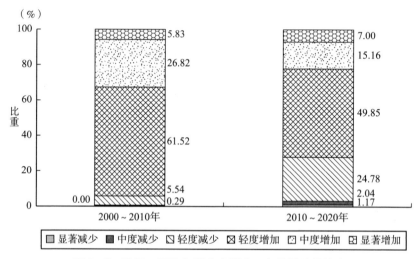

图4-9　2000～2020年城市户籍人口年均增速的演变

4.3　中国人口流动与迁移的变化特征

4.3.1　省际的人口净迁移率特征

2000年以来，中国四大地区的人口净迁移率状态表明，中国人口流动性增强，且人口大量流入到东部地区，略微流入到东北地区，而从中部和西部地区则大量流出（见图4-10）。2000～2020年，东部、东北、中部和西部的人口净迁移率分别由 2000 年的 5.32%、1.99%、-1.23% 和 0.49%，演变为 2020 年的 12.13%、-4.23%、-11.55% 和 -6.67%。

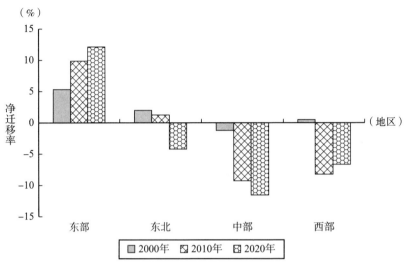

图 4 - 10　2000 年、2010 年、2020 年四大地区的人口净迁移率

资料来源:《人口普查分县资料》(2000 年、2010 年和 2020 年)。

　　具体来说，东部地区的各省市普遍呈现为人口净流入状态，而中部和西部的各省区市则普遍表现为人口净流出状态（见图 4 - 11）。2000 ~ 2020 年，13 个省区市的人口净迁入率在增加，其中上海、北京和浙江的人口净迁入率增幅最大，分别增加 22.81%、17.90% 和 17.67%。2000 年，北京、上海和广东的人口净迁入率是全国前三，分别为 18.36%、17.86% 和 13.31%；出现 8 个省区市的人口净迁移率为负。2010 年，随着人口流动性的增强，上海、北京和天津的人口净迁入率成为全国前三，分别为 38.67%、35.69% 和 23.82%；出现 15 个省区市的人口净迁移率为负，依然是以中西部地区的省区市为人口流失的主要区域，其中贵州、广西和河南的人口净迁出率较为严重，分别为 -20.41%、-15.65% 和 -14.83%。2020 年，上海、北京和广东的人口净迁入率排列全国前三，分别为 40.67%、36.26% 和 22.16%；出现 18 个省区市的人口净迁移率为负，尽管中西部地区省区市仍然是人口流失的主要区域，但东部地区的河北和山东也成为人口流失状态，其中贵州、安徽和河南的人口净迁出率较为严重，分别为 -19.81%、-16.88% 和 -15.99%。

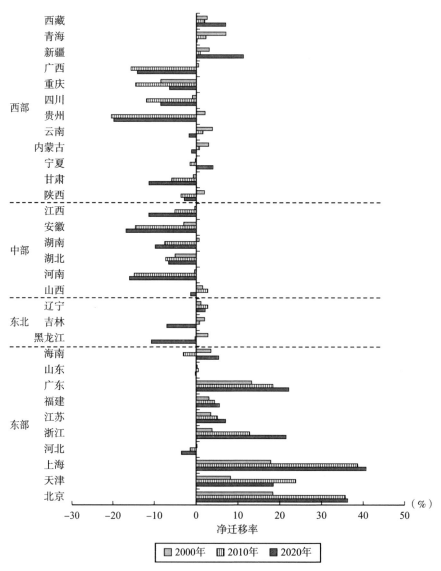

图 4-11　2000 年、2010 年、2020 年各省区市的人口净迁移率

资料来源：《人口普查分县资料》（2000 年、2010 年和 2020 年）。

4.3.2　省际的迁入人口结构特征

2000～2010年，迁入人口主要集聚在东部地区，东部地区迁入人口增量达到6354万人，占同时期全部人口增量的54.52%。此外，迁入人口结构表明，东部地区迁入人口结构是以跨省流动为主，中部、西部和东北地区迁入人口结构则是以省内跨市和市内跨县为主，这表明东部地区对人口的吸引力最强（见图4－12）。

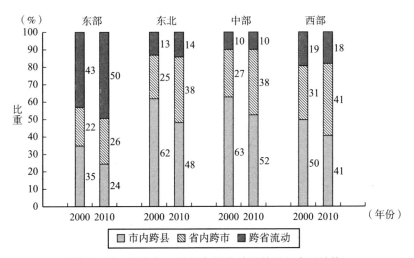

图4－12　2000年、2010年四大地区的迁入人口结构

资料来源：《人口普查分县资料》（2000年、2010年）。

具体来说，东部地区迁入人口结构中的市内跨县、省内跨市和跨省流动所占比重分别从2000年的35∶22∶43演变为2010年的24∶26∶50，跨省流动人口始终是迁入人口的最大来源，且在不断强化。中部地区迁入人口结构中的市内跨县、省内跨市和跨省流动所占比重分别从2000年的63∶27∶10演变为2010年的52∶38∶10，市内跨县是迁入人口的最大来源，但省内跨市所占比重有所提高。西部地区迁入人口结构中的市内跨县、省内跨市和跨省流动所占比重分别从2000年的50∶31∶19演变为2010年的41∶41∶18，省内跨市的比重超过市内跨县，成为迁入人口的最大来源，表明迁入人口结构从 2000 年以市内跨县为主，演变为 2010 年以省内跨市为主。东北地区迁入人口结构中的市内跨县、省内跨市和跨省流动所占比重分别从 2000 年的 62∶25∶13 演变为 2010 年的 48∶38∶14，市内跨县是迁入人口的最大来源，但省内跨市所占比重有所提高。

中国各省区市呈现出差异性的迁入人口特征（见图 4 – 13）。2000 年，

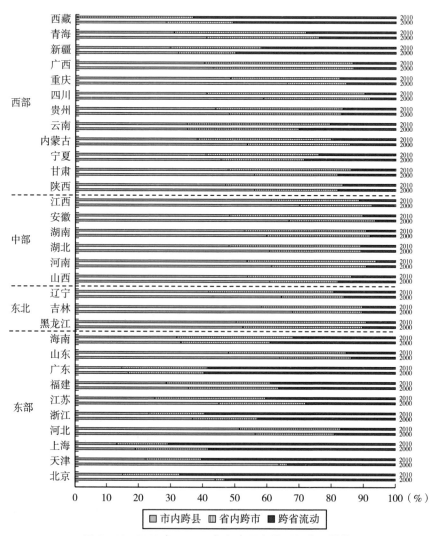

图 4 – 13　2000 年、2010 年各省区市的迁入人口结构

资料来源：《人口普查分县资料》（2000 年、2010 年）。

广东以 2530 万人的迁入人口总量居于首位，江苏和浙江则分别以 910 万人和 860 万人的迁入人口总量分别居于第二、第三位；2010 年，广东、浙江和江苏仍分别以 3681 万人、1990 万人和 1823 万人的迁入人口总量而位居前三位；10 年间，中国迁入人口增量较多的省份主要是广东、浙江和江苏，且全部位于东部地区。此外，各省区市也具有差异性的迁入人口结构特征。跨省迁入人口所占比重超过 50% 的省区市从 2000 年的 4 个增加为 2010 年的 6 个（分别为天津、浙江、北京、江苏、上海和西藏）；除西藏外，其他省市均位于东部地区。这表明东部地区的多数省市是以远距离的跨省流动人口为主，对人口的吸引力在逐渐增强。

4.3.3　城市的人口净迁移率特征

中国城市人口净迁移率形成以胡焕庸线为界、西北半壁高而东南半壁低的空间分布特征。2000～2020 年，人口净迁移率为负的城市逐渐增多，从 2000 年的 186 个增加到 2020 年的 237 个，主要分布在胡焕庸线以东地区，且随着时间的推移，人口流出程度在逐渐加重，人口净迁移率低于－10% 的城市从 2000 年的 26 个增加到 2020 年的 166 个，说明更多的城市处于人口严重流出状态。此外，人口净迁移率超过 10% 的城市也在逐渐增多，从 2000 年的 33 个增加到 2020 年的 66 个，说明也有较多的城市人口流入量较大。因此，这样的人口净迁移率变化特征说明中国人口流动性增强，人口流入与流出的程度均在持续增强，人口不断向少数的核心城市集聚，中国人口的空间分异性在增强（见图 4－14）。

具体来说，2000 年，人口净迁移率超过 10% 的城市主要位于新疆南部、内蒙古西部、西藏南部、珠三角、长三角和京津等地区；人口严重流出的城市主要位于南部沿海、长江流域、东北地区等，且越靠近珠三角、长三角的周边城市，人口流出程度越高。2010 年，人口净迁移率超过 10% 的城市主要位于长三角、珠三角、京津和西北地区；人口严重流出的城市主要位于中部、西南地区。2020 年，人口净迁移率超过 10% 的城市仍主要位于京津、珠三角、长三角和西北地区；人口严重流出的城市数量增多，胡焕庸线以东地区是人口严重流出的主要区域。此外，东北地区的人口流出程度在不断加剧。

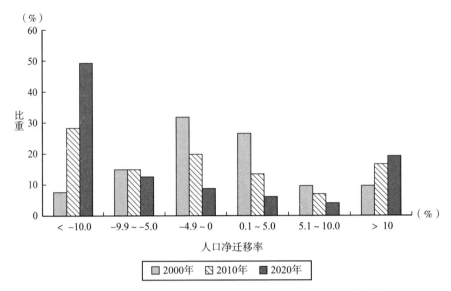

图 4 - 14　2000 年、2010 年、2020 年城市人口净迁移率的演变

资料来源：《人口普查分县资料》（2000 年、2010 年和 2020 年）。

4.4　小　　结

　　一是中国常住人口集聚度呈现出以胡焕庸线为界、西北半壁低而东南半壁高的空间分布特征。常住人口主要向经济发达的东部地区集聚，也是常住人口增量最多的区域；常住人口所占比重在东部地区呈现出持续上升态势，而在东北地区则呈现出持续下降态势。2000～2020 年，中国常住人口总体是向南部移动，常住人口集聚度的空间分布不均衡性在增强。

　　二是中国城市的常住人口年均增速呈现出以胡焕庸线为界、西北半壁较快而东南半壁较慢的空间分布特征。近年来，中国人口自然增长率整体呈下降趋势，人口自然增长规模有限，城市人口增长则更多依靠大量的迁入人口。此外，中国城市户籍人口年均增速则呈现出西部地区增速较快，而在胡焕庸线以东地区则南高北低的空间分布格局。

三是 2000 ~ 2020 年间，东部地区是中国人口大量流入的区域，人口迁入结构是以跨省流动为主，对人口的吸引力最强。中部、西部地区是人口大量流出的区域，人口迁入结构是以省内跨市和市内跨县为主。东北地区是人口略微流入的区域，人口迁入结构是以省内跨市和市内跨县为主。此外，中国城市人口净迁移率呈现出以胡焕庸线为界、西北半壁高而东南半壁低的空间分布特征，且随着人口流动性的增强，人口逐渐向少数核心城市集聚，人口空间分异性在不断增强。

城市群人口集聚演变及与中国
人口分布的关联性

　　本章在前述分析中国不同尺度人口分布、流动与迁移特征的基础上，从城市群视角来探讨分析城市群人口集聚演变及其与中国人口分布的关联性。首先是分析得到城市群在 2000～2010 年、2010～2020 年这两个时段所呈现出的人口变化趋势，接着是对 2000～2020 年间不同城市群所呈现出的人口流动、迁移特征进行分析，最后是深入探讨城市群分布与中国人口分布的关联性特征。

5.1　城市群人口增量的时空演变特征

5.1.1　常住人口增量特征

　　城市群内是中国常住人口增量较多的主要区域，与城市群外的人口差距在拉大（见图 5-1）。与城市群外相比，城市群内往往利用其自身所具有的现代化产业结构，较高的生产效率和劳动报酬，优质的公共服务和丰富的文化活动，强大的集聚效应等优势来吸引大量人口流入到城市群内；城市群在不断提高经济水平的同时，其内部的凝聚力和辐射力也通过紧密联系的网络体系得到不断增强，使城市群的竞争力和吸引力在不断强化。同时，城市群内本身既具有较多的人口总量，又有大量的外来人口持续流入，使得城市群内的人口总量在不断增加，其与城市群外的人口差距就会逐渐拉大。2000～2020 年，城市群内的常住人口总量从 2000 年的 90195 万人上升到 2020 年的 106988 万人，增量高达 16792 万人；其所对应的常住人口所占比重则从 2000 年的 72.59% 上升到 2020 年的 75.89%，增幅为 3.30%。城市群内、外的常住人口所占比重的差距从 2000 年的 45.17% 上升到 2020 年的 51.53%，增幅为 6.36%。

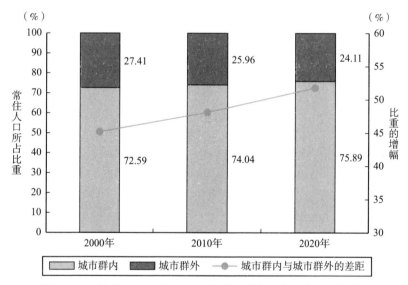

图 5 - 1　2000 年、2010 年、2020 年城市群内、外常住人口的演变

资料来源：《人口普查分县资料》（2000 年、2010 年和 2020 年）。

城市群内、外的人口年均增速均有所放缓、下降，造成城市群内、外的人口差距进一步拉大（见图 5 - 2）。具体来说，2000～2010 年，城市群内、外的常住人口增量分别为 8488 万人、532 万人，其相应的人口年均增速分别为 0.90%、0.15%，城市群内的常住人口增量为城市群外的 15.97 倍，城市群内、外人口年均增速的差距拉大。2010～2020 年，城市群内、外的常住人口增量分别为 8304 万人、-607 万人，城市群内的常住人口增量为城市群外的 13.68 倍，其相应的人口年均增速分别为 0.81%、-0.18%，表明城市群内进一步成为常住人口集聚的重要场所。与 2000～2010 年相比，2010～2020 年城市群内、外的人口年均增速均有所降低，且城市群外的人口年均增速更是负数。

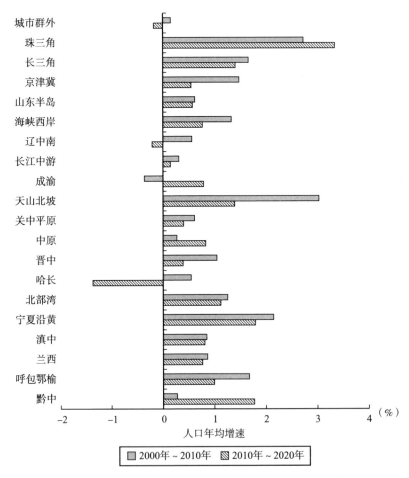

图 5-2 2000～2020 年城市群常住人口年均增速的演变

资料来源：《人口普查分县资料》（2000 年、2010 年和 2020 年）。

2000~2010年，18个城市群出现人口正增长，其中长三角、京津冀与珠三角城市群的常住人口增量分别高达2185万人、1430万人和1325万人，其相应的人口年均增速分别为1.67%、1.48%和2.73%，是同时期人口增量较多的城市群。只有1个城市群即成渝城市群出现人口负增长，其常住人口增量为－330万人，相应的人口年均增速为－0.36%。

2010~2020年，17个城市群出现人口正增长，其中珠三角、长三角与成渝城市群的常住人口增量分别为2182万人、2159万人和744万人，其相应的人口年均增速分别为3.34%、1.41%和0.80%，是同时期人口增量较多的城市群。2个城市群出现人口负增长，哈长与辽中南城市群的常住人口增量分别为－628万人和－81万人，其相应的人口年均增速分别为－1.36%和－0.21%。

5.1.2 人口自然增长率特征

城市群内的人口自然增长率低于城市群外，人口自然增长是城市群外人口增多的主要原因。城市群内的人口自然增长率较低，且随着全国人口自然增长率的整体下降，城市群内、外的人口自然增长率均呈现下降趋势（见图5－3）。城市群内、外的人口自然增长率分别从2000年的5.41‰和7.87‰，降低到2010年的4.38‰和6.86‰。2000~2010年，除北部湾、京津冀和长江中游这3个城市群外，其他城市群的人口自然增长率均呈下降趋势；其中，滇中城市群的人口自然增长率降幅最大，而北部湾城市群的人口自然增长率增幅最大。

总体上来说，经济发展水平越高的城市群，其平均人口自然增长率也就越低。如珠三角、长三角和京津冀城市群，年均人口自然增长率分别从2000年的5.67‰、2.88‰和4.09‰，演变为2010年的4.75‰、1.70‰和4.37‰。2000年，黔中和北部湾城市群的人口自然增长率较高，分别达到11.77‰和10.06‰，是仅有的超过10.00‰的2个城市群。2010年，仅有北部湾城市群的人口自然增长率超过10.00‰，达到10.81‰。需要注意的是，辽中南和哈长城市群的人口自然增长率相对较低，分别从2000年的2.58‰

和 3.46‰演变为 2010 年的 – 0.35‰和 1.68‰，主要是与其城市群内部出现较多人口自然增长率为负的城市有关，从而造成城市群平均人口自然增长率相对较低；辽中南城市群在 2010 年更是全国唯一的人口自然增长率为负的城市群。此外，随着时间的推移，山东半岛和长三角城市群内也逐渐出现人口自然增长率为负的城市，对其人口自然增长率造成了一定程度的影响。

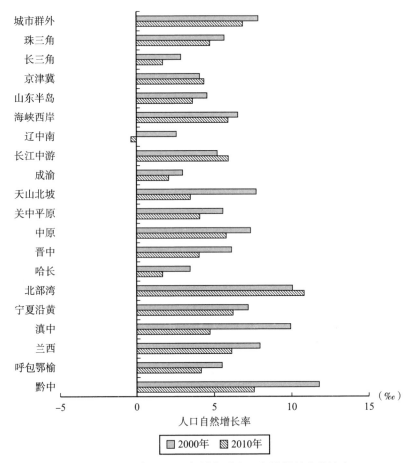

图 5 – 3　2000 年、2010 年城市群人口自然增长率的演变

资料来源：《人口普查分县资料》（2000 年、2010 年）。

5.1.3　人口机械增长量特征

城市群内的人口机械增长量要远高于城市群外，大量外来的迁入人口是城市群内人口增多的主要原因。城市群内是迁入人口总和最多的区域，且随着时间的推移，其对人口的吸引力也在不断增强（见图 5 – 4）。2000 ~ 2010年，城市群内、群外的迁入人口增量分别为 9908 万人、1747 万人，城市群内的迁入人口增量为城市群外的 5.67 倍；城市群内的迁入人口所占比重从2000 年的 83.71% 增加到 2010 年的 84.29%，且与城市群外的迁入人口所占比重的差距也增加 1.16%，这表明该时段的迁入人口总体规模不断增长，城市群内、外的人口差距在继续扩大。该阶段，长三角、京津冀和珠三角城市群的迁入人口增量分别为 2630 万人、1205 万人和 966 万人，增幅分别为22.57%、10.34% 和 8.29%，是同时期人口增量最多的三个城市群。

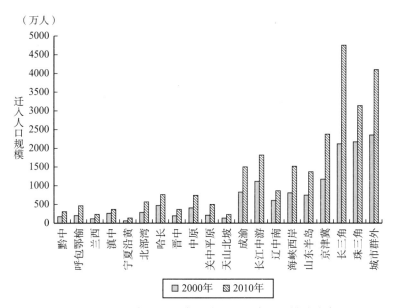

图 5 – 4　2000 年、2010 年城市群迁入人口规模的演变

资料来源：《人口普查分县资料》（2000 年、2010 年）。

具体来说，2000 年，珠三角、长三角和京津冀城市群的迁入人口规模分别为 2170 万人、2118 万人和 1170 万人，其相应的比重分别为 15.03%、14.67% 和 8.10%，是迁入人口规模较大的城市群。2010 年，长三角、珠三角和京津冀城市群的迁入人口规模则分别增加到 4749 万人、3136 万人和 2375 万人，其相应的比重分别为 18.20%、12.02% 和 9.10%。

5.1.4　户籍人口增量特征

城市群内是中国户籍人口总量最多与增幅最大的主要区域。2000～2020年，城市群内、外的户籍人口总量分别从 2000 年的 87779 万人和 35655 万人上升到 2020 年的 101103 万人和 40218 万人，增量分别为 13324 万人和 4564 万人；其所对应的人口所占比重则分别从 2000 年的 71.11% 和 28.89% 演变为2020 年的 71.54% 和 28.46%；城市群内、外的人口所占比重的差距也从 2000年的 42.23% 演变为 2020 年的 43.08%。值得注意的是，2010～2020 年，城市群内户籍人口所占比重表现为迅速上升状态，表明近年来更多的人口逐步落户到所在城市，使得城市群内户籍人口所占比重逐渐增大（见图 5－5）。

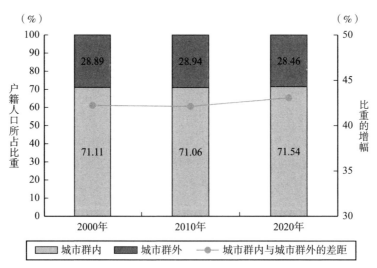

图 5－5　2000 年、2010 年、2020 年城市群内、外户籍人口的演变

资料来源：《人口普查分县资料》（2000 年、2010 年和 2020 年）。

　　城市群内的户籍人口年均增速快于城市群外，造成城市群内、外的人口差距不断拉大（见图 5 - 6）。2000 ~ 2010 年，城市群内、外的户籍人口增量分别为 7252 万人和 3053 万人，其相应的人口年均增速分别为 0.80% 和 0.82%，城市群内的人口增量为城市群外的 2.38 倍，表明城市群外的人口年均增速略微快于城市群内。2010 ~ 2020 年，城市群内、外的户籍人口增量分别为 6072 万人和 1511 万人，其相应的人口年均增速分别为 0.62% 和

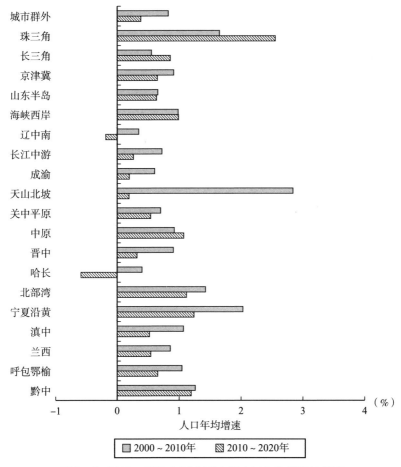

图 5 - 6　2000 ~ 2020 年城市群户籍人口年均增速的演变

资料来源：《人口普查分县资料》（2000 年、2010 年和 2020 年）。

0.38%，城市群内的人口增量为城市群外的 4.02 倍，表明城市群内的人口年均增速快于城市群外。与 2000～2010 年相比，城市群内、外的户籍人口年均增速均有所降低，且城市群外的人口年均增速呈现出大幅降低，这也表明城市群内是户籍人口增速较快的主要区域。

2000～2010 年，长江中游、京津冀和长三角城市群的户籍人口增量分别为 915 万人、819 万人和 659 万人，其相应的人口年均增速分别为 0.72%、0.91% 和 0.56%，是同时期人口增量较多的城市群；天山北坡、宁夏沿黄和珠三角城市群的人口年均增速分别为 2.84%、2.03% 和 1.65%，是同时期人口年均增速较快的城市群。

2010～2020 年，长三角、珠三角和中原城市群的户籍人口增量分别为 1089 万人、867 万人和 811 万人，其相应的人口年均增速分别为 0.86%、2.55% 和 1.07%，是同时期人口增量较多的城市群；珠三角城市群也以 2.55% 的人口年均增速，成为同时期人口年均增速最快的城市群。需要注意的是，该时期哈长和辽中南城市群的户籍人口分别减少 277 万人和 68 万人，其相应的人口年均增速分别为 -0.59% 和 -0.18%，是仅有的 2 个出现人口负增长的城市群。

5.2 城市群人口的流动与迁移特征

5.2.1 人口净迁移率特征

城市群内是人口净迁入的主要区域，而城市群外是人口净迁出的主要区域。随着中国人口流动性的增强，城市群内、群外的人口净迁移率分别从 2000 年的 2.68% 和 -4.66%，2010 年的 3.70% 和 -11.88%，演变为 2020 年的 5.50% 和 -18.32%，城市群内、群外的人口净迁移率的差距在逐渐拉大。此外，尽管多数城市群在 2000～2020 年实现了常住人口与户籍人口的增加，但每个城市群内的人口流动状态差异较大，反映出中国城市群人口净迁移率具有较大的差异性（见图 5 - 7）。具体来说：

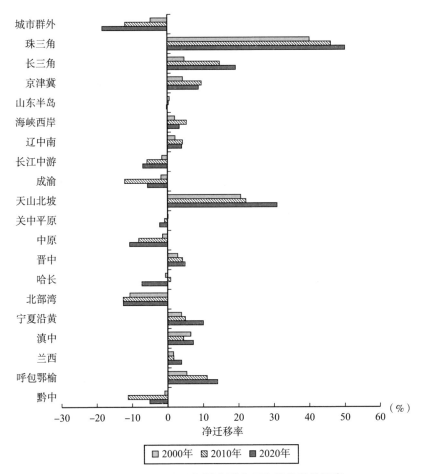

图 5 - 7　2000 ~ 2020 年城市群人口净迁移率的演变

资料来源：《人口普查分县资料》（2000 年、2010 年和 2020 年）。

2000 年，6 个城市群呈现出人口净流出，13 个城市群则表现为人口净流入；该时期人口净迁移率的程度相对较弱。北部湾城市群是净流出率最严重的城市群，达到 - 10. 68%，流失人口规模为 371 万人；珠三角城市群则是净迁入率最大的城市群，达到 40. 11%，流入人口规模为 1720 万人。

2010 年，6 个城市群呈现出人口净流出，13 个城市群则表现为人口净流入；该时期人口净迁移率的程度有所增强。北部湾城市群依然是净流出率最严重的城市群，达到 -12.58%，流失人口规模为 495 万人；成渝和黔中城市群的人口净迁出率紧随其后，也分别达到 -12.08% 和 -11.22%，流失人口规模分别为 1089 万人和 176 万人。珠三角城市群依然是净迁入率最大的城市群，达到 46.10%，流入人口规模为 2588 万人。

2020 年，8 个城市群呈现出人口净流出，11 个城市群则表现为人口净流入；该时期人口净迁移率的程度继续在增强。北部湾城市群依然是净流出率最严重的城市群，达到 -12.54%，流失人口规模为 552 万人；中原和哈长城市群的人口净迁出率紧随其后，也分别达到 -10.71% 和 -7.24%，流失人口规模分别为 774 万人和 309 万人。珠三角城市群依然是净迁入率最大的城市群，达到 50.07%，流入人口规模为 3903 万人。

2000～2020 年，珠三角城市群始终是人口净迁入率最高的城市群，这与该区域能提供更高的工资、更多的就业机会，从而吸引大量人口进入该区域有关。天山北坡城市群也始终保持较高水平的净迁入率，这与政策吸引大量人口流入该区域有关，也与其人口总量整体上规模较小有关。此外，北部湾、成渝、黔中、长江中游和中原城市群在过去 20 年间始终处于人口净迁出的状态，表明这些区域尽管有着相对较多的户籍人口，但这些人更多的是流向其他区域，而非定居在本城市群，这也导致这些城市群出现了大量的人口流失，给区域经济发展过程中的劳动力储备带来了一定的挑战。

5.2.2 迁入人口结构特征

城市群内对人口的吸引力强，其迁入人口结构是以省内跨市和跨省流动为主；而城市群外对人口的吸引力较弱，其迁入人口结构则是以市内跨县为主（见图 5 - 8）。具体来说，城市群内迁入人口结构中的市内跨县、省内跨市和跨省流动所占比重分别从 2000 年的 43：25：32 演变为 2010 年的 31：33：36，跨省流动的比重超过市内跨县，成为城市群内迁入人口的最大来源，表明城市群内的迁入人口结构从 2000 年以近距离的市内跨县为主，演变为 2010 年以中远距离的省内跨市和跨省流动为主。同时，城市群外迁入人口结构中的市内跨县、省内跨市和跨省流动所占比重分别从 2000 年的56∶27∶17 演变为 2010 年的 55∶30∶15，省内跨市所占比重有所提高，跨省流动所占比重则有所降低，市内跨县所占比重仍然最大，表明城市群外的迁入人口结构在过去 10 年间仍保持以近距离的市内跨县为主。

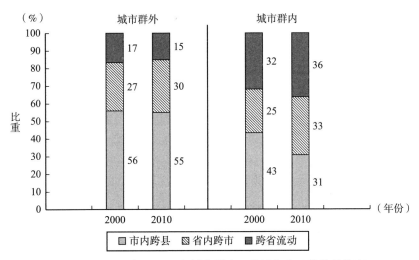

图 5 – 8　2000 年、2010 年城市群内、外迁入人口结构的演变

资料来源：《人口普查分县资料》（2000 年、2010 年）。

　　尽管城市群内是中国迁入人口的重要场所，但不同城市群的迁入人口结构表现出明显的空间差异性；总体上来说，经济发展水平越高的城市群，对人口的吸引力越强，迁入人口结构多以跨省流动为主（见图 5 – 9）。具体来说，市内跨县迁入人口所占比重超过 50% 的城市群数量从 2000 年的 11 个降低为 2010 年的 1 个。跨省流动所占比重是最大来源的城市群数量则从2000 年的 4 个（海峡西岸、天山北坡、长三角和珠三角城市群）增加为2010 年的 5 个（除原来 4 个外，新增京津冀城市群）。10 年间，京津冀和长三角城市群的跨省流动增幅分别为 12.89% 和 14.48%。

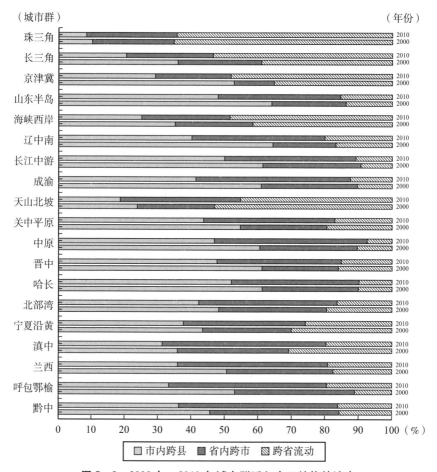

图 5-9   2000 年、2010 年城市群迁入人口结构的演变

资料来源：《人口普查分县资料》（2000 年、2010 年）。

5.2.3   城市群内部的人口流动特征

城市群内部人口流动的状态与程度存在显著差异。总体上来说，城市群外随着人口净迁出率的不断加剧，人口高度流出的区县比重在持续增加；而城市群内尽管多数呈现出人口集中指数的增加，但每个城市群内部的区县单元呈现出不一致的人口流动状态与程度差异，且受中国人口迁移与流动的影响，其人口高度流出的区县数量增多，人口流动性增强（见图 5 - 10）。具体来说：

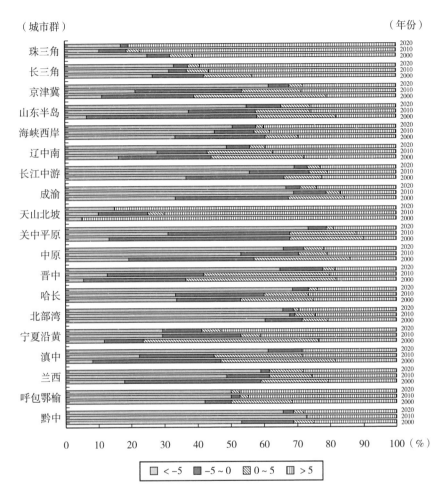

图 5 - 10　2000 年、2010 年、2020 年城市群内部的人口净迁移率

资料来源：《人口普查分县资料》（2000 年、2010 年和 2020 年）。

2000 年，人口高度流出的区县主要集中在北部湾城市群（所占比重为60.32%），黔中和呼包鄂榆城市群次之；人口高度流入的区县主要集中在天山北坡和珠三角城市群。2010年，人口高度流出的区县主要集中在北部湾、成渝、呼包鄂榆、黔中、长江中游和中原城市群，所占比重均超过50.00%；人口高度流入的区县主要集中在天山北坡、珠三角和长三角城市群。2020年，人口高度流出的区县主要集中在关中平原（所占比重超过70%），长江中游、哈长、成渝、中原、北部湾和黔中城市群次之（所占比重均超过65%）；人口高度流入的区县主要集中在天山北坡和珠三角城市群（所占比重均超过80%），长三角和宁夏沿黄城市群次之（所占比重分别为59.16%和52.94%）。

2000～2010年间，除珠三角城市群外，人口高度流出的区县在其余城市群均表现为增加趋势，且在成渝、兰西、山东半岛和中原城市群的增幅较高；人口较低流出的区县在哈长、京津冀、宁夏沿黄、天山北坡和珠三角城市群表现为增加趋势；人口略微流入的区县仅在天山北坡城市群表现为增加趋势；人口高度流入的区县仅在天山北坡和长江中游城市群表现为降低趋势。

2010～2020年，人口高度流出的区县在晋中、京津冀和关中平原城市群的增幅较高，且仅有3个城市群（分别为北部湾、成渝和黔中城市群）的人口高度流出的区县的比重呈现下降趋势；人口较低流出的区县则仅在北部湾和黔中城市群有所增加，其他城市群均表现为下降趋势；人口较低流入的区县也仅在成渝和黔中城市群有所增加，在呼包鄂榆和宁夏沿黄城市群保持稳定状态，而在其他城市群则均表现为下降趋势；人口高度流入的区县在3个城市群表现为降幅，1个城市群保持稳定（为滇中城市群），其他城市群则均表现为增幅。

2000～2020年间，城市群由于所在区位、资源禀赋、政策优惠等方面存在差异，容易造成不同城市群内部的区县人口流动性具有显著差异；城市群内部的区县单元有很多是处于人口流出状态。同时，对比分析2000～2010年、2010～2020年的人口净迁移率特征后发现，人口高度流出的区县比重在逐渐增多，这从侧面反映出中国城市群内部的人口流动性也在逐渐增强。

5.3　城市群分布与中国人口分布的关联性

5.3.1　城市群的人口总量特征

城市群常住人口越来越向经济发达的东中部地区城市群进行集聚，不同发展水平的城市群呈现出差异性的人口特征；其中，常住人口所占比重较高的城市群主要为长三角、长江中游和京津冀城市群等（见图 5－11）。2000年，长三角、长江中游、京津冀、山东半岛和成渝城市群的常住人口所占比重分别为 10.77%、9.35%、7.83%、7.19% 和 6.77%，这 5 个城市群人口总量占到全部城市群人口总量的 41.91%；兰西、呼包鄂榆、天山北坡和宁夏沿黄城市群的常住人口所占比重分别为 0.87%、0.81%、0.46% 和 0.38%，是中国城市群内人口总量较少的城市群，这 4 个城市群人口总量仅

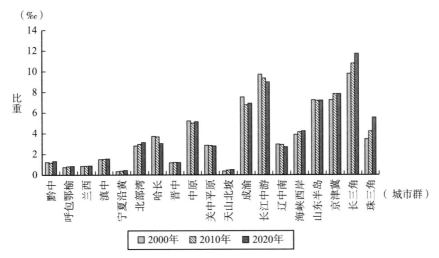

图 5－11　2000 年、2010 年、2020 年城市群常住人口所占比重的演变

资料来源：《人口普查分县资料》（2000 年、2010 年和 2020 年）。

为全部城市群人口总量的 2.52%。2020 年，长三角、长江中游、京津冀、山东半岛和成渝城市群的常住人口所占比重分别为 11.71%、8.97%、7.83%、7.20% 和 6.93%，这 5 个城市群人口总量占到全部城市群人口总量的 42.64%；兰西、呼包鄂榆、天山北坡和宁夏沿黄城市群的常住人口所占比重分别为 0.89%、0.85%、0.50% 和 0.43%，这 4 个城市群人口总量仅为全部城市群人口总量的 2.66%。这表明尽管各城市群人口总量均有所增加，但常住人口主要集聚于东中部地区的空间态势依然未变。

城市群户籍人口也主要集中在东中部地区城市群，户籍人口所占比重较高的城市群主要为长江中游、长三角和成渝城市群等（见图 5-12）。2000年，长江中游、长三角、成渝、山东半岛和京津冀城市群的户籍人口所占比重分别为 9.93%、9.38%、7.71%、7.25% 和 6.98%，这 5 个城市群人口总量占到全部城市群人口总量的 41.25%；兰西、呼包鄂榆、宁夏沿黄和天山北坡城市群的户籍人口所占比重分别为 0.85%、0.70%、0.32% 和 0.29%，是中国城市群内人口总量较少的城市群，这 4 个城市群人口总量仅为全部城市群人口总量的 2.16%。2020 年，长江中游、长三角、成渝、山东

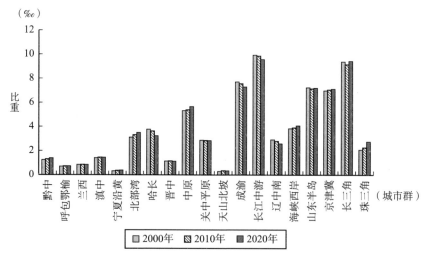

图 5-12 2000 年、2010 年、2020 年城市群户籍人口所占比重的演变

资料来源：《人口普查分县资料》（2000 年、2010 年和 2020 年）。

半岛和京津冀城市群的户籍人口所占比重分别为 9.57%、9.43%、7.30%、7.20% 和 7.12%，这 5 个城市群人口总量占到全部城市群人口总量的40.62%；兰西、呼包鄂榆、天山北坡和宁夏沿黄城市群的户籍人口所占比重分别为 0.85%、0.73%、0.34% 和 0.39%，这 4 个城市群人口总量仅为全部城市群人口总量的 2.30%。这表明尽管各城市群户籍人口总量均有所增加，但户籍人口仍主要集中在东中部地区。

5.3.2　城市群的常住人口集聚度特征

1. 常住人口集聚度高于全国平均水平的城市群主要位于胡焕庸线以东

城市群内人口集聚度高，与城市群外的差距在逐渐拉大。2000～2020年，城市群内、群外的人口集聚度分别从 2000 年的 2.57、0.38 演变为 2020年的 2.70、0.34，城市群内、外人口集聚度的差距从 2000 年的 2.19 上升到2020 年的 2.36（见图 5-13）。具体来说，有 7 个城市群（成渝、关中平原、哈长、辽中南、山东半岛、长江中游和中原城市群）的人口集聚度下降，属于收缩型城市群，其中成渝城市群的人口集聚度降幅最大（为 -0.31）；有12 个城市群的人口集聚度上升，属于扩张型城市群，其中珠三角城市群的人口集聚度增幅最大（达到 3.38）。

研究时段内，有 3 个城市群（关中平原、辽中南和长江中游城市群）的人口集聚度持续下降，属于持续收缩型城市群；有 10 个城市群（北部湾、滇中、海峡西岸、呼包鄂榆、京津冀、兰西、宁夏沿黄、天山北坡、长三角和珠三角城市群）的人口集聚度持续上升，属于持续扩张型城市群。具体来说，2000～2010 年，有 7 个城市群（成渝、关中平原、辽中南、黔中、山东半岛、长江中游和中原城市群）的人口集聚度下降，属于收缩型城市群，其中成渝城市群的人口集聚度降幅高达 -0.39；11 个城市群的人口集聚度上升，属于扩张型城市群，其中珠三角城市群的人口集聚度增幅为1.27；1 个城市群即哈长城市群的人口集聚度未变。2010～2020 年，有 5 个城市群（关中平原、哈长、晋中、辽中南和长江中游城市群）的人口集聚度下降，属于收缩型城市群，其中哈长和辽中南城市群的人口集聚度降幅分

别为 -0.20 和 -0.18；14 个城市群的人口集聚度上升，属于扩张型城市群，其中珠三角城市群的人口集聚度增幅为 2.11。值得注意的是，珠三角城市群在各个时期的人口集聚度增幅均为最大，这与其经济总量较大、就业机会较多、公共服务能力较强存在密切联系。

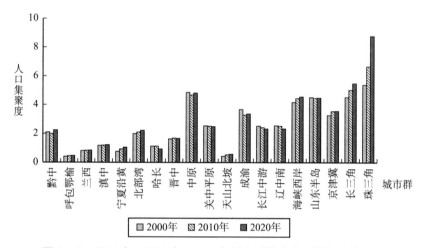

图 5 - 13　2000 年、2010 年、2020 年城市群常住人口集聚度的演变

资料来源：《人口普查分县资料》（2000 年、2010 年和 2020 年）。

2. 城市群发育程度越高，对人口的吸引力也在不断增强

城市群发育度与人口集聚度呈现正相关性，且随着城市群发育度的提高，城市群人口集聚度也有所增强，对人口的吸引力在逐渐增强（见表 5 - 1）。2000 ~ 2020 年，中等偏上水平城市群的常住人口总量最多，较高水平、中等偏下水平城市群的常住人口总量次之，较低水平城市群的常住人口总量最少。具体来说，较低水平、中等偏下水平、中等偏上水平和较高水平城市群的常住人口所占比重分别从 2000 年的 4.31%、16.45%、31.33% 和 20.49%，演变为 2020 年的 4.61%、16.18%、30.03% 和 25.07%；2000 ~ 2020 年间，常住人口所占比重的增幅在较高水平和较低水平城市群分别为 4.58% 和 0.30%，而在中等偏下水平和中等偏上水平城市群的降幅分别为 -0.27% 和 -1.30%，表明较高水平城市群对人口的吸引力在不断增强，常住人口增量巨大。

表 5 - 1　2000 年、2010 年、2020 年中国城市群发育水平的常住人口情况

发育阶段	名称	发育度	常住人口总量（万人）			人口集聚度		
			2000 年	2010 年	2020 年	2000 年	2010 年	2020 年
较低发育水平	黔中	4.53	1524	1567	1868	2.09	1.98	2.24
	呼包鄂榆	4.91	916	1081	1193	0.41	0.45	0.47
	兰西	5.06	1060	1156	1248	0.81	0.82	0.84
	滇中	5.25	1860	2025	2195	1.17	1.19	1.22
中等偏下发育水平	宁夏沿黄	5.43	410	507	606	0.76	0.93	1.05
	北部湾	5.44	3475	3937	4401	1.99	2.10	2.22
	哈长	5.53	4631	4892	4265	1.13	1.13	0.93
	晋中	5.63	1451	1611	1676	1.63	1.69	1.66
	中原	5.64	6475	6655	7232	4.87	4.68	4.82
	关中平原	6.07	3543	3769	3925	2.54	2.52	2.49
	天山北坡	6.15	453	610	701	0.43	0.53	0.58
中等偏上发育水平	成渝	6.26	9351	9021	9765	3.68	3.28	3.37
	长江中游	6.75	12078	12465	12652	2.53	2.42	2.33
	辽中南	6.80	3674	3888	3807	2.56	2.52	2.34
	海峡西岸	7.09	4834	5519	5961	4.17	4.45	4.56
	山东半岛	7.27	8997	9579	10153	4.52	4.47	4.49
较高发育水平	京津冀	9.19	9010	10441	11037	3.27	3.55	3.56
	长三角	10.57	12164	14349	16509	4.53	5.04	5.49
	珠三角	11.31	4288	5613	7795	5.39	6.66	8.77

资料来源:《人口普查分县资料》(2000 年、2010 年和 2020 年)。

2000 ～ 2020 年间，除哈长城市群的常住人口总量减少 366 万人外，其他 18 个城市群的常住人口总量均呈现增加状态。7 个城市群人口所占全国人口比重有所下降，分别是哈长、中原、关中平原、成渝、长江中游、辽中

南和山东半岛城市群，降幅分别是 0.70%、0.08%、0.07%、0.60%、0.74%、0.26% 和 0.04%，且这 7 个城市群均属于发育程度中等偏上、中等偏下的类型。12 个城市群人口所占全国人口比重有所上升，包含 4 个发育程度较低、3 个发育程度较高、4 个发育程度中等偏下和 1 个发育程度中等偏上的城市群，其中珠三角、长三角城市群的人口所占比重的增幅是较高的，分别为 2.08%、1.92%；此外，发育程度较低城市群的人口所占比重的增幅则普遍较小。这样的人口变化态势，也从侧面反映出人口更多集聚到经济发展水平高、城市群发育度较高的城市群。

5.3.3 城市群的人口不均衡性特征

城市群对人口的吸引导致中国人口分布的不均衡度在增强，中国城市群内的人口分布不均衡性程度也在增强。2000～2020 年，19 个城市群的人口集中指数均表现为上升趋势，其中黔中城市群的增幅最大（为 0.10）。具体来说，2000～2010 年，全部 19 个城市群的人口集中指数均表现为上升趋势，其中在长三角、黔中城市群的增幅较高，分别为 0.06、0.05；2010～2020 年，全部 19 个城市群的人口集中指数也均表现为上升趋势，其中在哈长、滇中城市群的增幅较高，均为 0.07。这说明随着人口流动性的增强，人口更加集中在城市群内的部分城市，使人口分布不均衡性程度逐渐增强（见表 5－2）。

表 5－2 2000 年、2010 年、2020 年中国城市群常住人口的不均衡特征情况

名称	人口集中指数			人口分散度		
	2000 年	2010 年	2020 年	2000 年	2010 年	2020 年
黔中	0.20	0.24	0.30	0.75	0.69	0.65
呼包鄂榆	0.49	0.50	0.52	0.65	0.58	0.45
兰西	0.43	0.45	0.49	0.64	0.59	0.53
滇中	0.25	0.26	0.33	0.78	0.76	0.70

续表

名称	人口集中指数			人口分散度		
	2000 年	2010 年	2020 年	2000 年	2010 年	2020 年
宁夏沿黄	0.32	0.36	0.41	0.57	0.47	0.43
北部湾	0.24	0.25	0.28	0.74	0.68	0.60
哈长	0.34	0.37	0.43	0.68	0.63	0.55
晋中	0.37	0.40	0.46	0.66	0.62	0.54
中原	0.21	0.22	0.26	0.80	0.75	0.71
关中平原	0.30	0.32	0.38	0.64	0.61	0.51
天山北坡	0.54	0.57	0.60	0.54	0.44	0.36
成渝	0.22	0.25	0.31	0.64	0.59	0.53
长江中游	0.25	0.26	0.30	0.73	0.70	0.64
辽中南	0.38	0.43	0.49	0.55	0.51	0.45
海峡西岸	0.35	0.38	0.39	0.68	0.62	0.59
山东半岛	0.16	0.19	0.24	0.71	0.67	0.61
京津冀	0.39	0.41	0.45	0.65	0.58	0.53
长三角	0.33	0.39	0.42	0.57	0.49	0.46
珠三角	0.50	0.53	0.57	0.17	0.15	0.11

资料来源：《人口普查分县资料》（2000 年、2010 年和 2020 年）。

2000～2020 年，19 个城市群的人口分散度均表现为降低趋势，表明人口在城市群内的分布趋于集中在市辖区范围内，人口分布不均衡性增强。具体来说，2000～2010 年、2010～2020 年，全部 19 个城市群的人口分散度均表现为下降趋势，这表明随着人口大量流入到城市群内，城市群内的人口也较为集中分布在各核心城市的市辖区范围，从而使城市群逐渐形成多个中心城市。值得注意的是，由于行政区划调整，部分城市群的市辖区人口众多，人口分散度就会相对较低。比较明显的是呼包鄂榆城市群，人口分散度从 2000 年的 0.65 下降为 2020 年的 0.45，降幅为 0.20，是同时段降幅最大的城市群；珠三角城市群的人口分散度则从 2000 年的 0.17 下降为 2020 年的

0.11，降幅为 0.06，是降幅最小的城市群（见表 5 - 2）。

5.3.4 常住人口的空间自相关分析

1. 城市人口集聚度的空间自相关分析

常住人口集聚度显著的城市主要位于城市群内。采用 Moran's I 指数来分析城市人口集聚度的空间集聚特征。结果表明，2000 年、2010 年、2020 年的人口集聚度 Moran's I 指数分别为 0.366、0.329 和 0.281，Z 统计值分别为 27.381、25.140 和 22.154。表明中国城市人口集聚度具有正的空间自相关关系，总体上人口集聚度相近的城市在空间上趋于集中分布。值得注意的是，2000～2020 年间，中国城市人口集聚度正的空间自相关程度在逐渐减弱。

基于 LISA 指数对中国城市人口集聚度所呈现的局部空间自相关进行分析。结果表明，2000 年，人口集聚度 H - H 区主要分布在中原、山东半岛、长三角、珠三角城市群内；H - L 区位于天山北坡城市群内；L - H 区主要分布在靠近珠三角、海峡西岸城市群外的区域；L - L 区集中分布在青藏、西北、西南地区。2010 年，各类集聚区的数量减少、分布更为分散；H - H 区仍主要分布在中原、山东半岛、长三角、珠三角、海峡西岸城市群内，只是范围略微缩小；L - H 区仍主要分布在靠近珠三角、海峡西岸城市群外的区域；L - L 区主要分布在靠近兰西城市群外的区域；无显著的 H - L 区。2020 年，各类集聚区的数量继续减少；H - H 区主要位于长三角、珠三角城市群内，也在山东半岛、中原、京津冀城市群的核心区有所分布；L - H 区仍主要分布在靠近珠三角城市群外的区域；H - L 区位于关中平原城市群内；无显著的 L - L 区。

2. 城市人口年均增速的空间自相关分析

采用 Moran's I 指数来分析城市人口年均增速的空间集聚特征。计算结果表明，2000～2010 年、2010～2020 年的人口年均增速 Moran's I 指数分别为 0.210 和 0.203，Z 统计值分别为 15.663 和 15.044。这表明中国城市人口年均增速具有正的空间自相关关系，总体上人口年均增速相近的城市在空间上趋于集中分布；但是，中国城市人口年均增速正的空间自相关程度呈现出略微减弱的态势。

　　基于 LISA 指数对中国城市人口年均增速所呈现的局部空间自相关进行分析。结果表明，2000~2010 年，人口年均增速 H-H 区主要分布在西北地区，以及长三角、珠三角、天山北坡城市群的核心区域；H-L 区、L-H 区的分布较为零散；L-L 区集中分布在长江流域的成渝、黔中、长江中游城市群，以及中原城市群东南部地区。2010~2020 年，各类集聚区的分布更为分散，H-H 区的数量略微增加，L-L 区的数量略微减少，L-H 区、H-L 区的数量保持不变；H-H 区主要分布在长三角、珠三角、北部湾城市群内；H-L 区零散分布在辽中南、哈长、宁夏沿黄、关中平原、成渝、长江中游城市群的部分区域；L-H 区主要位于长江中下游地区；L-L 区集中连片分布在东北地区，也零散分布在关中平原、成渝城市群的部分区域。

5.4　小　　结

　　一是 2000~2020 年，城市群内是中国人口总量最多、人口集聚度较高的主要区域，与城市群外的人口差距在持续拉大。中国城市群常住人口不断向经济发达的东中部地区城市群集聚；城市群内的人口分布不均衡性程度在增强，人口更加集中在城市群内的部分城市，人口流动性增强；中国城市人口集聚度具有正的空间自相关关系，但这种正的空间自相关程度在逐渐减弱。此外，中国城市群户籍人口也主要集中在东中部地区城市群。

　　二是 2000~2020 年，城市群内是中国人口增量最多的主要区域，其对人口的吸引力在不断增强，人口高度向核心城市群集聚；近年来，城市群内、外的人口年均增速都有所放缓，人口差距在不断拉大。受中国人口自然增长率整体下降的影响，城市群内、外的人口自然增长率也呈现下降趋势；经济发展水平越高的城市群，其平均人口自然增长率也就越低，近年来更是在城市群内出现人口负自然增长率的城市；城市群内是迁入人口总和最多的区域，也是推动城市群常住人口增加的主要来源。

三是城市群内是人口净迁入的主要区域，迁入人口结构是以省内跨市和跨省流动为主，对人口的吸引力较强；城市群外是人口净迁出的主要区域，迁入人口结构则是以市内跨县为主，对人口的吸引力较弱。2000～2020 年，珠三角城市群始终是人口净迁入率最高的城市群，而北部湾、成渝、黔中、长江中游和中原城市群则始终处于人口净迁出的状态。

第6章

城市群不同人口集聚模式
对中国人口分布的影响

本章主要是从人口集聚度和人口数量首位度这两个维度出发，将中国19个城市群划分为不同的城市群人口集聚模式；接着对每种类型的城市群人口集聚模式在2000~2020年间的人口演变特征进行深入分析，并基于城市群整体的人口净迁移率状态将其再分为两个亚类；然后是利用城市群多中心识别方法得到不同城市群的划分结果，并探讨其与城市群人口集聚模式的关联性；最后归纳出城市群人口集聚模式演变的逻辑框架体系，以及概括每种城市群人口集聚模式所呈现出的人口特征。由于前面章节已经分析城市群人口集聚度的变化特征，因此本章节在分析城市群人口集聚模式时，主要对城市群内的城市人口首位度进行分析。

6.1 城市群不同人口集聚模式的划分

6.1.1 城市群常住人口数量首位度

中国多数城市群的人口布局不均衡性在加强。2000~2020年，6个城市群的人口首位度呈现下降趋势，12个城市群的人口首位度呈现上升趋势，1

个城市群的人口首位度保持稳定状态。其中，天山北坡和关中平原城市群是人口首位度增幅较高的城市群，表明首位城市人口数量增速较快，远高于其他规模等级的城市人口增量；成渝城市群是人口首位度降幅最大的城市群，表明首位城市人口数量增速有所放缓，其他规模等级城市的人口数量增速加快（见图6-1）。具体来说：

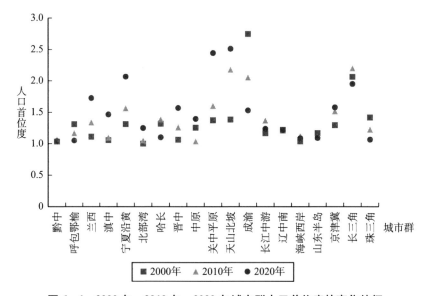

图6-1 2000年、2010年、2020年城市群人口首位度的变化特征

资料来源：《人口普查分县资料》（2000年、2010年和2020年）。

2000~2010年，6个城市群的人口首位度下降，13个城市群的人口首位度上升，表明多数城市群人口分布不均衡性继续在增强；该阶段，各城市群的人口首位度变化幅度普遍较小。天山北坡城市群是人口首位度增幅较大的城市群，增幅为0.79；成渝城市群是人口首位度降幅最大的城市群，降幅为0.69。

2010~2020年，9个城市群的人口首位度下降，10个城市群的人口首位度上升，表明多数城市群人口分布不均衡性继续在继续增强；该阶段，各城市群的人口首位度变化幅度有所扩大。关中平原城市群是人口首位度增幅最大的城市群，增幅为 0.84；成渝城市群依然是人口首位度降幅最大的城市群，降幅为 0.52。

在 2000～2010 年、2010～2020 年和 2000～2020 年这三个时段，8 个城市群的人口首位度持续上升，分别是北部湾、滇中、关中平原、京津冀、晋中、兰西、宁夏沿黄和天山北坡城市群，多数属于发育程度较低的城市群；4 个城市群的人口首位度持续下降，分别是成渝、呼包鄂榆、山东半岛和珠三角城市群，多数属于发育程度较高的城市群。这样的城市群人口首位度变化趋势，既与城市群内不同规模等级城市的现有人口总量、不同时段人口年均增速有关；也与城市行政区划变动造成首位城市的人口数量增多有关；还与部分省区市陆续推进省会城市发展策略、省会城市能吸引大量的人口要素有关。

6.1.2　城市群人口集聚模式划分

从常住人口集聚度和城市人口数量首位度这两个维度出发，根据人口集聚度的高低划分为强人口集聚和弱人口集聚，根据城市人口数量首位度的高低划分为单中心和多中心，最后将城市群人口集聚模式划分为弱多中心、弱单中心、强单中心和强多中心城市群 4 种类型。2000～2020 年，城市群人口集聚度主要集中分布在 1～3 之间；城市人口数量首位度主要分布在 1～2 之间。因此，人口集聚度和城市人口数量首位度的分界值分别提取 2.6 和 1.5。结果表明，中国城市群多数形成以弱多中心城市群为主的类型（见表 6 - 1）。

表 6 - 1　　2000 年、2010 年、2020 年中国城市群人口集聚模式的划分

类型	数量			名称		
	2000 年	2010 年	2020 年	2000 年	2010 年	2020 年
弱多中心城市群	12	9	7	滇中、北部湾、长江中游、黔中、哈长、关中平原、宁夏沿黄、呼包鄂榆、晋中、辽中南、天山北坡、兰西	滇中、北部湾、长江中游、黔中、哈长、呼包鄂榆、晋中、辽中南、兰西	滇中、北部湾、长江中游、黔中、哈长、呼包鄂榆、辽中南

续表

类型	数量			名称		
	2000 年	2010 年	2020 年	2000 年	2010 年	2020 年
弱单中心城市群	0	3	5		天山北坡、关中平原、宁夏沿黄	兰西、天山北坡、关中平原、宁夏沿黄、晋中
强单中心城市群	2	3	3	成渝、长三角	成渝、长三角、京津冀	成渝、长三角、京津冀
强多中心城市群	5	4	4	海峡西岸、山东半岛、中原、珠三角、京津冀	海峡西岸、山东半岛、中原、珠三角	海峡西岸、山东半岛、中原、珠三角

数据来源：《人口普查分县资料》（2000 年、2010 年和 2020 年）。

2000～2010 年，15 个城市群的人口集聚类型未变，4 个城市群的人口集聚类型有所改变。其中，关中平原、宁夏沿黄和天山北坡城市群从弱多中心变为弱单中心，随着人口向城市群的集聚，人口集聚度略微增加，但是更倾向于城市群的首位城市集聚，导致城市首位度超过 1.5。京津冀城市群则从强多中心变为强单中心，主要是因为 2000 年仅仅只有北京市、保定市常住人口超过 1000 万人，而天津市和石家庄市也接近 1000 万人；到 2010 年，北京市、天津市、保定市和石家庄市均超过 1000 万人，但由于北京市人口增量达到 600 万人，天津市人口增量达到 300 万人，而其他主要地级市人口增量较少，因此导致京津冀城市群的城市首位度急剧扩大。

2010～2020 年，中国城市群人口集聚类型基本保持稳定，17 个城市群的人口集聚类型未变，仅 2 个城市群的人口集聚类型有所改变。2020 年，兰西和晋中城市群由弱多中心变为弱单中心，随着人口更多向省会城市的集聚，使得首位城市与第二位城市的人口差距逐渐拉大，城市群人口首位度持续上升并超过 1.5，这样的人口变化可能与其逐步推进强省会城市发展的策略有关。

对比分析 2000～2020 年各城市群人口集聚模式的演变特征后发现，2000～2010 年的集聚模式变化较大，而 2010～2020 年的集聚模式变化较小，因此在后续的城市群人口集聚特征分析时，统一按照 2020 年的集聚模式划分结果进行（见图 6 - 2）。

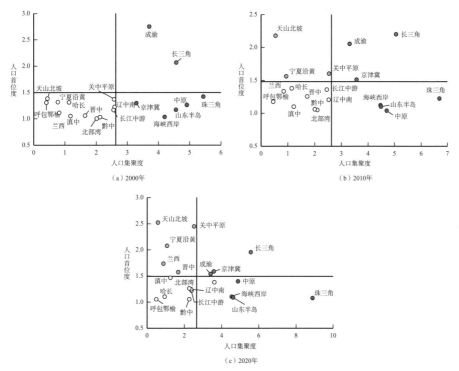

图 6 - 2　2000 年、2010 年、2020 年城市群人口集聚类型的划分结果

资料来源：《人口普查分县资料》（2000 年、2010 年和 2020 年）。

6.2　城市群人口集聚模式的特征分析

6.2.1　弱多中心城市群

整体上来说，人口集聚度较低，人口总量较少。各城市人口总量的差距较小，城市人口首位度较低。市辖区普遍以省内跨市的迁入人口为主，周边县域则多以市内跨县的迁入人口为主；省内迁入人口是城市群迁入人口的重要主体，跨省迁入人口的比重低、数量少，且仅集中分布于核心城市的市辖区。城市群人口吸引力总体较弱。主要城市的市辖区人口流入量较大，周边区县人口流出量大。形成一种"流失中的集中"特征。

1. 亚类1：城市群人口整体流失状态

人口净迁出率较高。核心城市的常住人口增量较多，其他城市增量较少，极化效应较弱。人口主要集聚到核心城市，而在其他城市则相对较少。人口自然增长率处于较高水平，人口自然增长是城市群人口总量增多的主要原因。人口高度流出和人口高度流入的区县为主要类型。适用于北部湾、黔中和长江中游城市群（见图6-3）。

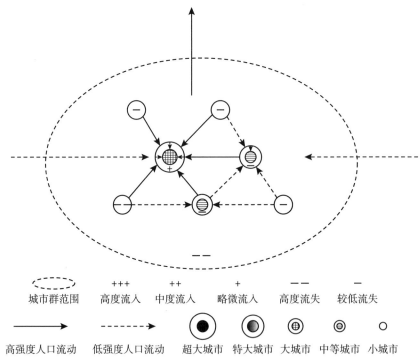

图6-3 弱多中心城市群人口整体流失状态的人口迁移网络结构示意

黔中城市群。2000~2020年的人口增量较小、增速较快；与2000~2010年相比，常住人口年均增速从0.28%上升到1.77%，而户籍人口年均增速则从 1.26% 略微降低到 1.19%。在此期间，毕节、遵义始终是人口总量的前两位城市；多数城市的人口增加，仅部分城市略微人口的负增长；贵阳作为贵州的省会城市，由于其人口规模较小，尽管在近年来的人口增幅较大，也仍然与前两位城市存在较大差距。值得注意的是，在 2000~2010 年，该城市群仅有贵阳、毕节出现人口正增加；而在 2010~2020 年，全部城市均表现为人口正增长，且贵阳的人口增幅最大，人口逐渐向省会城市集聚，极化效应在逐渐增强。

北部湾城市群。2000~2020 年的人口集聚度持续上升，人口增量较大、增速较快；与 2000~2010 年相比，人口增速较慢，常住人口、户籍人口的年均增速分别从 1.26%、1.43% 降低到 1.12%、1.12%。2000~2020 年，南宁、湛江始终是人口总量的前两位城市，由于南宁的人口增量较大，使得其迅速拉开与湛江的差距，人口首位度持续上升；全部城市的人口均表现为增长态势，其中南宁的增量巨大，成为该城市群人口规模超过 800 万人的城市，而其他城市的增幅较小，人口极化效应逐渐增强。[①]

长江中游城市群。2000~2020 年的人口集聚度持续下降，人口增量较小、增速较慢；与 2000~2010 年相比，人口增速更慢，常住人口、户籍人口的年均增速分别从 0.32%、0.72% 降低到 0.15%、0.26%。具体来说，2000 年，武汉、黄冈分别以 831 万人、711 万人的常住人口总量位居前两位城市；2010 年，武汉、衡阳分别以 979 万人、715 万人的常住人口总量位居前两位城市；2020 年，长沙的人口增量为 301 万人，人口总量达到 1005 万人，使长沙位于第二，而首位城市仍然为武汉，人口总量达到 1245 万人。这使得前两位城市的人口差距呈现波动上升，人口首位度也表现为波动上升。武汉作为核心城市，始终是城市群人口增量最多的城市；武汉与长沙是仅有的超过 1000 万人的城市。2000~2020 年，作为省会城市的武汉、长沙、南昌，也是常住人口增量较多的前三位城市，反映出省会城市的人口集聚效应明显；其他城市则多数表现为人口负增长，其中黄冈、荆州的常住人

---

① 《人口普查分县资料》（2000 年、2010 年和 2020 年）。

口分别减少123万人、105万人，是该城市群人口降幅最多的城市。①

2. 亚类2：城市群人口整体流入状态

人口净迁入率较低。核心城市的常住人口增量明显，其他城市的增量也较强，但同时也出现人口负增长的城市，极化效应形成。人口主要流入到核心城市，以及其他城市的市辖区。市辖区人口自然增长率较低，但周边县域的人口自然增长率较高。城市群人口增多主要是受到人口自然增长率较高的影响，以及较多的人口流入城市群内。人口高度流出的区县所占比重有所减少，但多数区县人口仍持续流出。适用于呼包鄂榆、哈长、滇中和辽中南城市群（见图6-4）。

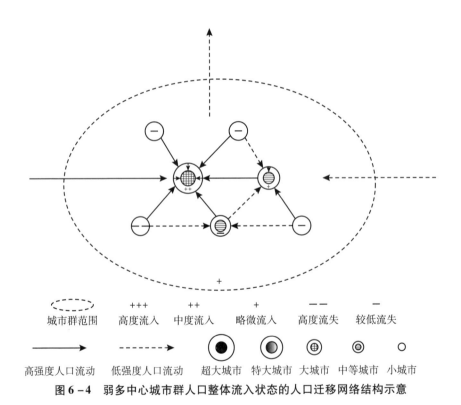

图6-4 弱多中心城市群人口整体流入状态的人口迁移网络结构示意

---

① 《人口普查分县资料》（2000年、2010年和2020年）。

呼包鄂榆城市群。2000～2020年的人口集聚度持续上升，人口增量较小、增速放缓；与2000～2010年相比，人口增速较慢，常住人口、户籍人口的年均增速分别从1.67%、1.05%降低到0.99%、0.66%。2000～2020年，榆林、呼和浩特始终是人口总量最多的前两位城市，由于呼和浩特的人口增量较大，使得其与首位城市的差距缩小，人口首位度持续下降；全部城市的人口均表现为增长态势，但人口总量均未超过500万人。

哈长城市群。2000～2020年的人口集聚度稳中有降，人口呈现出负增长；与2000～2010年相比，人口增速较慢，常住人口、户籍人口的年均增速分别从0.55%、0.40%降低到-1.36%、-0.59%。2000～2020年，哈尔滨、长春始终是人口总量最多的前两位城市，且作为省会城市具有较多的常住人口增量，人口主要向这两个城市集聚；其他城市则多表现为人口负增长。哈尔滨是该城市群唯一的人口总量超过1000万人的城市，长春则以907万人的常住人口总量紧随其后，其他城市的人口总量相对较少。此外，在2000～2010年，城市群内的城市多表现为人口增加，尤以哈尔滨的人口增幅最大；而在2010～2020年，仅长春人口增加139万人，其他城市则均表现为人口负增长，表明在2010～2020年间的常住人口流失比较严重，人口极化效应显著。

滇中城市群。2000～2020年的人口集聚度持续上升，人口增量较小、增速较快；与2000～2010年相比，人口增速较慢，常住人口、户籍人口的年均增速分别从0.85%、1.07%降低到0.81%、0.52%。2000～2020年，昆明、曲靖始终是人口总量最多的前两位城市；昆明作为该城市群的核心城市，也是云南的省会城市，常住人口增量达到268万人，人口高度集聚到核心城市；其他城市尽管也表现为人口正增长，但是增幅相对较小；这样的人口增量变化也使得城市群人口首位度总体在不断上升。值得注意的是，在2000～2010年，城市群内的城市均表现为人口正增长；而在2010～2020年，仅昆明的人口增量较大，其他城市则均表现为人口负增长，表明在这期间的常住人口流失比较严重，人口极化效应显著。

辽中南城市群。2000～2020年的人口集聚度持续下降，人口增量小、增速慢；与2000～2010年相比，人口增量更小、增速更慢且是负增长，常住人口、户籍人口的年均增速分别从 0.57%、0.35% 降低到 - 0.21%、- 0.18%。2000 ~ 2020 年，沈阳、大连既是人口总量最多的前两位城市，也是人口增幅较大的主要城市，人口增幅分别为 187 万人、156 万人，这使得城市群人口首位度总体维持稳定。沈阳、大连作为该城市群的核心城市，人口高度向这两个核心城市集聚，极化效应明显；其他城市则多数表现为不同程度的人口负增长，其中铁岭、抚顺的常住人口分别减少 43 万人、40 万人，是该城市群人口减少最多的两位城市。值得注意的是，辽中南城市群的城市在 2000 ~ 2010 年多数表现为人口正增长，而在 2010 ~ 2020 年则多数表现为人口负增长，表明在 2010 ~ 2020 年间的常住人口减少比较严重。

表 6 - 2　　　2000 年、2010 年、2020 年中国城市群的人口首位度情况

名称	前两位城市人口总量（万人）						人口首位度		
	2000 年		2010 年		2020 年		2000 年	2010 年	2020 年
黔中	遵义	654	毕节	654	毕节	690	1.03	1.07	1.04
	毕节	633	遵义	613	遵义	661			
呼包鄂榆	榆林	314	榆林	335	榆林	362	1.31	1.17	1.05
	呼和浩特	239	呼和浩特	287	呼和浩特	345			
兰西	兰州	314	兰州	362	兰州	436	1.11	1.34	1.73
	定西	282	定西	270	定西	252			
滇中	昆明	578	昆明	643	昆明	846	1.06	1.10	1.47
	曲靖	547	曲靖	586	曲靖	577			
宁夏沿黄	银川	143	银川	199	银川	286	1.31	1.56	2.07
	吴忠	109	吴忠	127	吴忠	138			
北部湾	湛江	607	湛江	699	南宁	874	1.00	1.05	1.25
	南宁	606	南宁	666	湛江	698			
哈长	哈尔滨	941	哈尔滨	1064	哈尔滨	1001	1.32	1.39	1.10
	长春	714	长春	767	长春	907			
晋中	太原	334	太原	420	太原	530	1.07	1.26	1.57
	长治	314	长治	333	晋中	338			

续表

名称	前两位城市人口总量（万人）						人口首位度		
	2000 年		2010 年		2020 年		2000 年	2010 年	2020 年
中原	周口	974	周口	895	郑州	1260	1.26	1.04	1.40
	商丘	775	郑州	863	周口	903			
关中平原	西安	727	西安	847	西安	1218	1.37	1.60	2.44
	渭南	529	渭南	529	咸阳	498			
天山北坡	乌鲁木齐	208	乌鲁木齐	311	乌鲁木齐	405	1.39	2.18	2.51
	昌吉州	150	昌吉州	143	昌吉州	161			
成渝	重庆	3051	重庆	2885	重庆	3205	2.75	2.05	1.53
	成都	1111	成都	1405	成都	2094			
长江中游	武汉	831	武汉	979	武汉	1245	1.17	1.37	1.24
	黄冈	711	衡阳	715	长沙	1005			
辽中南	沈阳	720	沈阳	811	沈阳	907	1.22	1.21	1.22
	大连	589	大连	669	大连	745			
海峡西岸	温州	756	温州	912	温州	957	1.04	1.12	1.09
	泉州	728	泉州	813	泉州	878			
山东半岛	临沂	994	临沂	1004	临沂	1102	1.17	1.10	1.09
	潍坊	850	潍坊	909	青岛	1007			
京津冀	北京	1357	北京	1961	北京	2189	1.30	1.52	1.58
	保定	1047	天津	1294	天津	1387			
长三角	上海	1641	上海	2302	上海	2487	2.06	2.20	1.95
	盐城	795	苏州	1046	苏州	1275			
珠三角	广州	994	广州	1270	广州	1868	1.42	1.23	1.07
	深圳	701	深圳	1036	深圳	1749			

注：人口首位度 = 首位城市人口总量 ÷ 人口第二位城市人口总量。

6.2.2　弱单中心城市群

整体上来说，人口集聚度较低，但与弱多中心城市群相比则显得有所提升；人口总量有所增加。首位城市与其他城市的人口总量差距逐渐拉大，极化效应在增强。核心城市的人口增量比较明显。核心城市的市辖区人口大量流入，普通城市的市辖区人口略微流入，县域单元则多数表现为人口大量流出。城市群人口吸引力总体较弱，但有所提高。人口自然增长率较高；未形成人口自然增长率为负增长的区县。人口自然增长较多是城市群人口总量增多的主要原因。形成一种"绝对集中"的特征。

1. 亚类 1：城市群人口整体流失状态

人口净迁出率较低，但人口的净迁出程度在不断加重。市辖区以省内跨市的迁入人口为主，周边县域多以市内跨县的迁入人口为主；省内迁入人口是城市群迁入人口的重要主体，跨省迁入人口的比重略微提高、数量略微增多，但仍集中分布于核心城市的市辖区。人口高度流出的区县为主要类型。适用于关中平原城市群（见图 6-5）。

关中平原城市群。2000～2020 年的人口集聚度持续下降，人口增量较小、增速较慢；与 2000～2010 年相比，人口增速较慢，常住人口、户籍人口的年均增速分别从 0.62%、0.70% 降低到 0.41%、0.54%。2000～2020年，西安始终是该城市群人口总量最多、增量最大的首位城市，也是唯一超过 1000 万人的城市；其他城市则多数表现为人口负增长，只是人口降幅较小；这使得前两位城市的差距逐渐拉大，人口首位度不断上升。值得注意的是，该城市群的城市在 2000～2010 年多数表现为人口正增长，仅部分城市出现人口负增长；而在 2010～2020 年，仅西安的人口增量较大，其他城市则均表现为人口负增长，表明在 2010～2020 年间的常住人口减少比较严重，人口极化效应显著。

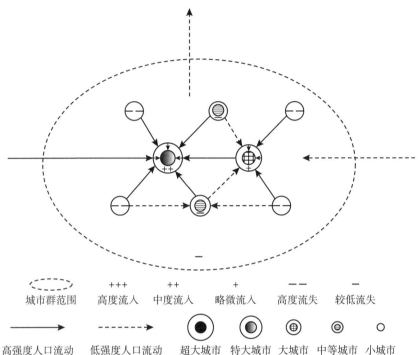

城市群范围	+++ 高度流入	++ 中度流入	+ 略微流入	—— 高度流失	— 较低流失

高强度人口流动	低强度人口流动	超大城市	特大城市	大城市	中等城市	小城市

图 6 - 5　弱单中心城市群人口整体流失状态的人口迁移网络结构示意

2. 亚类 2：城市群人口整体流入状态

城市群常住人口总量超过户籍人口，人口整体上是以流入为主。人口高度流入、人口高度流出的区县为主要类型，人口流动性较强。市辖区仍以省内跨市的迁入人口为主，周边县域以市内跨县的迁入人口为主；省内迁入人口是城市群迁入人口的重要主体，跨省迁入人口的比重有所提高、规模有所增加，但仍集中分布于核心城市的市辖区。适用于宁夏沿黄、晋中和兰西城市群，人口流入率较低。

比较特殊的是天山北坡城市群，跨省迁入人口是城市群迁入人口的重要主体，且主要集中在核心城市的市辖区；人口流入率较高（见图 6 -6）。

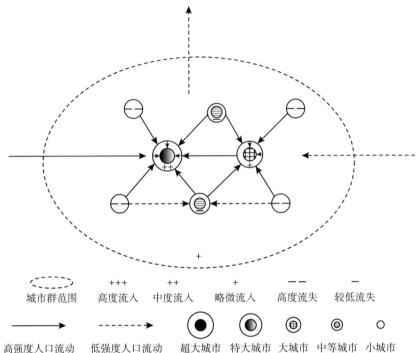

城市群范围　　+++　　++　　+　　——　　—
　　　　　　高度流入　中度流入　略微流入　高度流失　较低流失

高强度人口流动　低强度人口流动　超大城市　特大城市　大城市　中等城市　小城市

图6-6　弱单中心城市群人口整体流入状态的人口迁移网络结构示意

　　宁夏沿黄城市群。2000~2020年的人口集聚度持续上升，人口增量小、增速快；与2000~2010年相比，人口增速有所放缓，常住人口、户籍人口的年均增速分别从2.15%、2.03%降低到1.79%、1.24%。2000~2020年，银川、吴忠既是该城市群人口总量最多的前两位城市，也是人口增幅较大的主要城市，人口增幅分别为143万人、30万人，这使得城市群人口首位度持续上升。银川作为该城市群的核心城市，人口高度集聚，极化效应明显；其他城市均表现为微弱的人口增长。该城市群无超过500万人的城市。

　　晋中城市群。2000~2020年的人口增量较小、增速放缓；与2000~2010年相比，人口增速较慢，常住人口、户籍人口的年均增速分别从1.05%、0.91%降低到0.40%、0.32%。2000~2020年，太原作为山西的省会城市，人口总量多、增量大，始终是该城市群的首位城市；晋中的人口总量逐渐反超长治，位居第二；除太原的人口增幅达到 196 万人外，其他城市的人口增幅普遍很小，这使得城市群人口首位度在不断上升。值得注意的是，在 2000～2010 年，城市群内的城市均表现为人口正增长；而在 2010～2020 年，仅太原、晋中的人口正增长，其他城市则均表现为人口负增长，表明在 2010～2020 年间的常住人口减少比较严重，人口极化效应显著。

兰西城市群。2000～2020 年的人口集聚度持续上升，人口增量小、增速较快；与 2000～2010 年相比，人口增速较慢，常住人口、户籍人口的年均增速分别从 0.86%、0.86% 降低到 0.77%、0.54%。2000～2020 年，兰州、定西始终是该城市群人口总量最多的前两位城市；兰州的人口增量持续增加，而定西的人口则持续减少，使得前两位城市的人口差距逐渐拉大，人口首位度持续上升。值得注意的是，西宁作为青海的省会城市，由于其人口基数小，尽管人口总量持续增加，且在逐渐缩小与定西的差距，但一直未成为第二位城市；兰州、西宁作为两省的省会城市，在 2010～2020 年间常住人口增量较大，尤以兰州的人口增量更多，表明人口逐渐向省会城市兰州、西宁进行集聚，极化效应逐渐增强；其他城市多表现为人口略微增加，也出现少数人口负增长的城市。该城市群暂无超过 500 万人的城市。

天山北坡城市群。2000～2020 年的人口集聚度持续上升，人口增量小、增速快；与 2000～2010 年相比，人口增速有所放缓，常住人口、户籍人口的年均增速分别从 3.03%、2.84% 降低到 1.40%、0.19%。2000～2020 年，乌鲁木齐是该城市群人口总量最多、增幅最大的首位城市，其与昌吉州这个第二位城市的差距在逐渐拉大，使得城市群人口首位度持续上升。人口高度向乌鲁木齐集聚，极化效应在逐渐增强；其他城市则均表现为微弱的人口增长。该城市群无超过 500 万人的城市。值得注意的是，该城市群常住人口年均增速明显快于户籍人口年均增速，这与大量的跨省迁入人口进入到乌鲁木齐等城市有关，使该城市群有着较高的人口净迁入率，这是明显区别于中国其他 18 个城市群的人口特征。

表 6 – 3　2000 年、2010 年、2020 年中国城市群内地级市的常住人口总量的规模等级

名称	年份	常住人口总量（万人）					
		< 50	50 ~ 100	100 ~ 300	300 ~ 500	500 ~ 1000	> 1000
黔中	2000	0	0	1	3	2	0
	2010	0	0	1	3	2	0
	2020	0	0	1	2	3	0
呼包鄂榆	2000	0	0	3	1	0	0
	2010	0	0	3	1	0	0
	2020	0	0	2	2	0	0
兰西	2000	3	0	5	1	0	0
	2010	3	0	5	1	0	0
	2020	3	0	5	1	0	0
滇中	2000	0	0	2	1	2	0
	2010	0	0	2	1	2	0
	2020	0	0	2	1	2	0
宁夏沿黄	2000	0	2	2	0	0	0
	2010	0	1	3	0	0	0
	2020	0	1	3	0	0	0
北部湾	2000	0	2	4	0	4	0
	2010	0	1	4	1	4	0
	2020	0	0	5	1	4	0
哈长	2000	0	0	5	2	4	0
	2010	0	0	5	2	3	1
	2020	0	1	5	3	1	1
晋中	2000	0	0	2	4	0	0
	2010	0	0	1	5	0	0
	2020	0	0	2	3	1	0
中原	2000	0	1	3	4	6	0
	2010	0	1	3	5	5	0
	2020	0	1	3	5	4	1

续表

名称	年份	常住人口总量（万人）					
		<50	50~100	100~300	300~500	500~1000	>1000
关中平原	2000	0	1	3	5	2	0
	2010	0	1	3	3	4	0
	2020	0	1	4	5	0	1
天山北坡	2000	1	2	2	0	0	0
	2010	2	0	2	1	0	0
	2020	1	1	2	1	0	0
成渝	2000	0	0	1	10	3	2
	2010	0	0	3	9	2	2
	2020	0	0	5	7	2	2
长江中游	2000	0	1	11	9	10	0
	2010	0	1	11	8	11	0
	2020	0	1	11	8	9	0
辽中南	2000	0	0	8	2	2	0
	2010	0	0	8	2	2	0
	2020	0	0	9	1	2	0
海峡西岸	2000	0	0	5	2	4	0
	2010	0	0	4	2	5	0
	2020	0	0	2	2	7	0
山东半岛	2000	0	0	4	3	10	0
	2010	0	0	4	3	9	1
	2020	0	0	3	3	9	2
京津冀	2000	0	0	1	4	6	2
	2010	0	0	1	4	4	4
	2020	0	0	0	4	5	4
长三角	2000	0	1	7	8	9	1
	2010	0	1	6	7	10	2
	2020	0	0	5	7	11	3

名称	年份	常住人口总量（万人）					
		<50	50~100	100~300	300~500	500~1000	>1000
珠三角	2000	0	0	2	3	4	0
	2010	0	0	1	4	2	2
	2020	0	0	1	3	2	3

注：城市常住人口总量规模等级划分是依据行政区范围内的全部常住人口总量，而非市辖区常住人口总量。

6.2.3 强单中心城市群

整体上来说，人口集聚度较高且在持续增强，人口规模进一步增加。首位城市与第二位城市的差距更大，极化效应更加凸显。核心城市依然是常住人口增量最为明显的区域。城市群人口吸引力进一步增强。人口自然增长率处于较低水平，且开始出现人口自然增长率为负增长的区县。形成一种"相对集中"的特征。

1. 亚类1：城市群人口整体流失状态

核心城市的市辖区人口大量流入，普通城市的市辖区人口略微流入，县域多数则表现为人口大量流出。市辖区是以省内跨市的迁入人口为主，周边县域则是多以市内跨县的迁入人口为主；省内迁入人口仍是城市群迁入人口的重要主体，跨省迁入人口的比重略微提高，但仍集中分布于核心城市的市辖区。人口高度流出的区县为主要类型。适用于成渝城市群（见图6-7）。

成渝城市群。2000~2020年的人口集聚度波动下降，人口增量较大、增速较快，是迁入人口总量较大的城市群；与2000~2010年相比，常住人口年均增速加快，从-0.36%增加到0.80%；而户籍人口年均增速放缓，从0.61%降低到0.20%。2000~2020年，重庆、成都始终是人口总量较多的前两位城市，由于成都的人口增幅高于重庆，使得首位城市与第二位城市的差距在缩小，人口首位度持续下降。同时，重庆、成都也是该城市群人口增加的主要城市，增幅分别为154万人、983万人；其他城市则多数表现为人口负增长，人口流失程度在加剧。人口高度集聚到重庆、成都，极化效应更为明显；重庆、成都也是该城市群仅有的常住人口总量超过 2000 万人的城市，其他城市的人口总量相对较小。

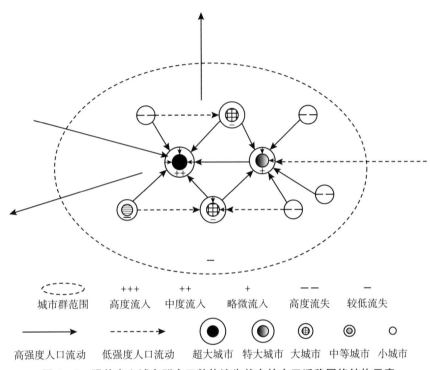

图 6 - 7　强单中心城市群人口整体流失状态的人口迁移网络结构示意

2. 亚类 2：城市群人口整体流入状态

核心城市的市辖区和周边县域均表现为人口大量流入；普通城市的市辖区人口流入量较大，周边县域则多数表现为人口大量流出。核心城市的市辖区和周边县域均以跨省迁入人口为主；主要城市的市辖区以省内跨市的迁入人口为主，周边县域则以市内跨县的迁入人口为主。跨省迁入人口逐渐成为城市群迁入人口的重要主体；跨省迁入人口的规模增强，但仍集中分布在核心城市，而在其他城市的规模和比重则相对较少。人口高度流入的区县为主要类型。比较特殊的是，核心城市的市辖区出现人口向周边区县流动的趋势，核心城市的涓滴效应在增强。适用于京津冀和长三角城市群（见图 6 - 8）。

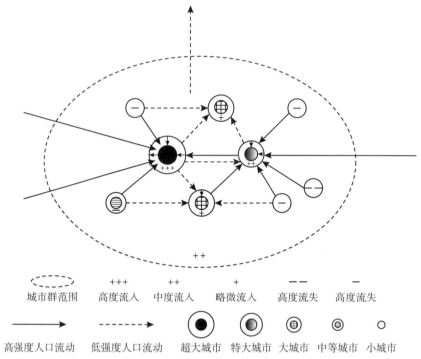

| 城市群范围 | +++高度流入 | ++中度流入 | +略微流入 | ——高度流失 | —高度流失 |

| 高强度人口流动 | 低强度人口流动 | ●超大城市 | ◗特大城市 | ⊕大城市 | ◎中等城市 | ○小城市 |

图 6 - 8 强单中心城市群人口整体流入状态的人口迁移网络结构示意

长三角城市群。2000～2020 年的人口集聚度持续上升，人口增量大、增速快，也是中国迁入人口总量较大的城市群；大量人口流入使其具有很高的人口净迁入率。与 2000～2010 年相比，常住人口增速略微放缓，而户籍人口增量增速加快；常住人口、户籍人口的年均增速分别从 1.67%、0.56% 演变为 1.41%、0.86%。具体来说，2000 年，上海、盐城分别以 1641 万人、795 万人的常住人口总量位居前两位城市；2010 年，随着苏州的人口增量达到 367 万人，上海、苏州分别以 2302 万人、1046 万人的常住人口总量位居前两位城市；2020 年，前两位城市仍然是上海、苏州，人口总量分别为 2487 万人、1275 万人，人口差距呈现波动下降，城市群人口首位度也波动下降。上海是城市群人口总量最多的城市，其首位城市的地位始终未变；上海、苏州、杭州是超过 1000 万人的超大城市，而宁波、合肥、南京的常住人口总量也均超过 900 万人；多数城市的人口增幅较大，仅少数几个城市出现人口负增长；城市群内的城市规模等级逐渐完善。

京津冀城市群。2000 ~ 2020 年的人口集聚度波动上升，人口增量较大、增速较快，是中国迁入人口总量较大的城市群；与 2000 ~ 2010 年相比，人口增速放缓，常住人口、户籍人口的年均增速分别从 1.48%、0.91% 降低到 0.56%、0.65%。具体来说，2000 年，北京、保定分别以 1357 万人、1047 万人的常住人口总量位居前两位城市；2010 年，随着天津的人口增量达到 309 万人，北京、天津分别以 1961 万人、1294 万人的常住人口总量位居前两位城市；2020 年，前两位城市仍然是北京、天津，人口总量分别为 2189 万人、1387 万人，人口差距拉大，人口首位度持续上升。北京是该城市群人口总量最多的城市，与天津、石家庄和保定的常住人口总量均超过 1000 万人，北京、天津的人口增幅也是该城市群内最大的。此外，城市群内的多数城市呈现出人口增加，仅少数几个城市出现人口负增长；城市群内的城市规模等级逐渐完善。

6.2.4　强多中心城市群

整体上来说，人口集聚度较高，人口总量规模大。城市群内形成多个核心城市，人口增幅较大，与首位城市的差距逐渐缩小，人口首位度有所下降。城市群人口吸引力较强。主要城市的市辖区人口大量流入，周边区县则人口较低流出。人口自然增长率处于较低水平。形成一种"相对分散"的特征。

1. 亚类 1：城市群人口整体流失状态

主要城市的市辖区以省内跨市的迁入人口为主，周边县域则以市内跨县的迁入人口为主。省内迁入人口仍是城市群迁入人口的重要主体；跨省迁入人口规模增加，且集中分布在核心城市。与户籍人口增量相比，常住人口增量则相对较少，人口流失程度在不断加剧。随着核心城市的极化效应不断增强，核心城市的市辖区人口高度流入，而周边的区县则人口流出，且呈现出越远离市辖区则人口流出程度越高的特征；人口高度流出的区县为主要类型。核心城市的涓滴效应较弱。适用于中原城市群（见图6-9）。

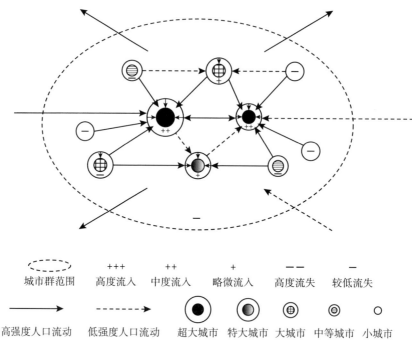

| 城市群范围 | +++ 高度流入 | ++ 中度流入 | + 略微流入 | —— 高度流失 | — 较低流失 |

| 高强度人口流动 | 低强度人口流动 | 超大城市 | 特大城市 | 大城市 | 中等城市 | 小城市 |

图6-9　强多中心城市群人口整体流失状态的人口迁移网络结构示意

中原城市群。2000～2020年的人口集聚度呈波动下降，人口增量较大、增速较快；与2000～2010年相比，人口增速更快，常住人口、户籍人口的年均增速分别从0.27%、0.92%增加到0.83%、1.07%。具体来说，2000年，周口、商丘分别以974万人、775万人的常住人口总量位居前两位城市；2010年，随着郑州的人口增量达到197万人，周口、郑州分别以895万人、863万人的常住人口总量位居前两位城市；2020年，郑州的人口增量接近400万人，人口总量达到1260万人，使得首位城市变为郑州，而周口则以903万人的人口总量位居第二，前两位城市的人口差距呈现波动上升，人口首位度也表现为波动上升。郑州作为核心城市，是该城市群人口增量最多的城市，也是唯一超过1000万人的城市；尽管周口的人口也有近900万人，但其在过去的二十年间却是人口负增长；其他等级城市的人口普遍增多，少数城市则呈现出人口负增长。

2. 亚类2：城市群人口整体流入状态

核心城市的人口由市辖区向周边区县流动，在核心城市极化效应增强的同时，其涓滴效应也有所增强。城市群对外来人口具有较强的极化效应，且核心城市具有明显的涓滴效应，城市群内的其他城市均表现为常住人口增多。主要城市的市辖区以省内跨市的迁入人口为主，周边县域则以市内跨县的迁入人口为主，省内迁入人口仍是城市群迁入人口的主体；跨省迁入人口有所增加，且集中在核心城市。人口高度流出和人口高度流入的区县为主要类型。适用于海峡西岸和山东半岛城市群，人口流入率较低（见图6-10）。

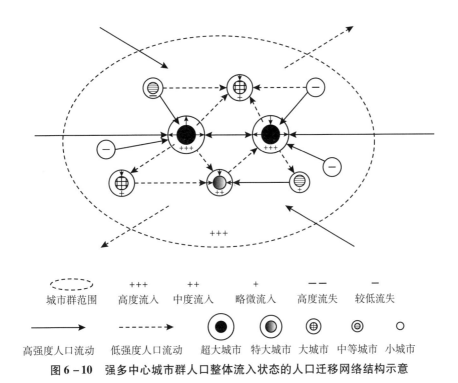

图6-10　强多中心城市群人口整体流入状态的人口迁移网络结构示意

比较特殊的是珠三角城市群，多数城市的市辖区以跨省迁入人口为主，周边县域是以市内跨县的迁入人口为主；跨省迁入人口是城市群迁入人口的重要主体，且相对分散在城市群内的所有城市。人口高度流入的区县为主要类型，人口流入率较高；形成多个超大城市。

海峡西岸城市群。2000～2020 年的人口集聚度持续上升，人口增量大、增速快，也是中国迁入人口总量较大的城市群；与 2000～2010 年相比，常住人口年均增速放缓，从 1.33% 降低到 0.77%；而户籍人口年均增速相对平稳，从 0.98% 上升到 0.99%。2000～2020 年，温州、泉州始终是人口总量较多的前两位城市；全部城市均呈现出人口增长态势，尤以厦门、温州、福州的人口增幅较大，增幅分别为 311 万人、202 万人和 191 万人，人口向这些核心城市集聚，极化效应更为明显。需要注意的是，在 2010～2020 年间陆续出现人口负增长的城市，说明人口流失程度在逐渐加剧。

山东半岛城市群。2000～2020 年的人口集聚度呈波动下降，人口增量较大、增速较快，也是中国迁入人口总量较大的城市群；与 2000～2010 年相比，常住人口、户籍人口年均增速略微放缓，分别从 0.63%、0.66% 降低到 0.58%、0.64%。2000～2020 年，临沂始终是常住人口总量最多的首位城市；青岛的常住人口总量逐渐超越潍坊，成为第二位城市，且由于青岛的人口增量最多，逐渐缩小与临沂的差距，使得城市群人口首位度持续降低。除青岛、临沂的人口增量较多外，其他城市的人口增量普遍较少，人口向核心城市集聚的趋势在增强，极化效应更加显著。临沂、青岛也是仅有的两个常住人口超过 1000 万人的城市，潍坊、济南以超过 900 万人的常住人口而分别位列第三、第四位。

珠三角城市群。2000～2020 年的人口集聚度持续提高，人口增量大、增速快，人口吸引力强，是中国迁入人口总量较大的城市群；与户籍人口增量相比，常住人口增量更多，大量的人口流入也使其具有很高的人口净迁入率。此外，与 2000～2010 年相比，人口增量更多、增速更快、吸引力更强，常住人口、户籍人口的年均增速分别从 2.73%、1.65% 增加到 3.34%、2.55%。具体来说，广州、深圳作为珠三角城市群的核心城市，常住人口总量分别从 2000 年的 994 万人、701 万人，2010 年的 1270 万人、1036 万人，演变为 2020 年的 1868 万人、1749 万人，使珠三角城市群出现多个人口超过 1000 万人的城市；广州、深圳也具有较高的常住人口增量，核心城市的人口增速加快，深圳的常住人口总量逐渐拉近与首位城市的差距，人口首位度持续降低。同时，珠三角城市群内的其他等级城市的常住人口也全部表现为增加态势，尽管与核心城市的增量存在差异，但也实现了人口持续增加，带动城市群内的城市规模等级逐渐完善。

6.3　城市群中心范围识别及其与城市群人口集聚模式的关联性

基于 2000 年、2010 年、2020 年的夜间灯光数据，识别得到中国各城市群的中心范围，划分出三个时期的单中心与多中心城市群。研究发现，中国城市群的中心范围在不断扩大，仅北部湾、关中平原和呼包鄂榆这 3 个城市群由 2000 年的单中心城市群演变为 2020 年的多中心城市群，其内部形成多个中心区域；其他 16 个城市群的类型则未发生变化，仅是中心范围的面积有所扩大。多中心城市群是主要的类型，从 2000 年的 10 个增多到 2020 年的 13 个。

通过将基于遥感数据得到的城市群类型，以及本书前述城市群人口集聚模式的划分结果进行对比分析后，发现两者总体上是比较吻合的。哈长、海峡西岸、辽中南、山东半岛、长江中游和中原这 6 个城市群是完全吻合的，夜间灯光数据识别得到其存在多个中心区域，属于多中心城市群；而城市群人口集聚模式也分析其首位城市与第二位城市的人口差距较小，存在两个或以上的人口大城市，也属于多中心城市群。

6.4　城市群人口集聚模式的人口迁移网络结构演变

通过对 19 个城市群人口集聚模式在 2000 年、2010 年、2020 年这 3 个时段的人口特征分析，发现随着时间的推移，城市群人口集聚模式逐渐变得更为完善；尽管弱多中心城市群的数量还是相对较多，但其他类型的数量也逐渐趋于均衡。此外，城市群人口集聚模式的演变具有鲜明的阶段性、区域性特征。根据其所具有的人口迁移网络结构特征，尤其是人口流动、人口规模等特征，认为城市群人口集聚模式普遍会经历弱多中心、弱单中心、强单中心和强多中心城市群的演变规律，城市群人口集聚类型具有形态与功能上的差异。需要注意的是，本书虽然将强多中心城市群位于强单中心城市群之后，但并不意味着这个演变顺序的必然性。例如，山东半岛城市群在研究时段中被划分为强多中心城市群，人口集聚度较高、核心城市较多，但是省会城市的极核带动效果却不明显，因此为了加强省会城市的集聚规模效应，2018 年国务院审核通过了山东半岛行政区划调整方案，将莱芜市纳入到济南市，这导致在 2020 年人口普查时，济南的人口总量较多，但依然并未超过前两位城市的人口总量，不影响山东半岛城市群的人口首位度结果。同时，研究也发现，长三角、成渝城市群是强单中心城市群，这和两次普查年份中首位城市与第二次城市的常住人口规模差距较大存在很大关联（见图 6 - 11）。

此外，由于中国区域性差异较大，导致每种城市群人口集聚类型都可以分为不同的亚类，因此需要针对不同亚类城市群人口集聚类型再进行深入研究和详细解释。但是，这并非代表本书从人口视角出发得到的迁移网络结构示意图的错误性。在对 4 种城市群人口集聚模式的类型分析过程中，按照城市群整体人口净迁移率又各自分为两种亚类，但对于弱单中心、强单中心和强多中心城市群来说，城市群整体人口净迁移率为正的城市群依然为主要形式。弱多中心城市群的人口流失程度较高；弱单中心城市群的人口整体流入，但流入人口主要集中在核心城市，而很多的一般性城市则人口流失；强单中心城市群的人口整体流入程度提高，但主要还是核心城市人口较多；强多中心城市群的人口整体流入程度较高，除核心城市外，其他城市的人口流入也较多，核心城市对其他城市的涓滴效应也在逐渐增强。

需要注意的是，本书主要是基于人口数据，从人口集聚度与人口首位度来判断城市群人口集聚类型，其受到行政区划的影响较大；这样的划分结果，可能与现有的从经济总量、城市地位等视角，以及基于遥感灯光、土地利用现状等数据，判断得到的城市群类型划分方案存在差异性。这不代表与已有研究存在矛盾，仅是研究视角和数据来源不同造成的差异。

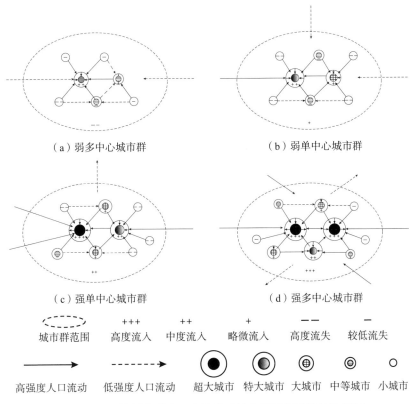

图 6-11　不同城市群人口集聚模式的人口迁移网络结构示意

6.5　小　结

通过对中国 19 个城市群内部的人口聚散、增减、流动与迁移特征分析，结合城市群内区县尺度人口净迁移率与城市群内的城市规模等级的演变趋势，对弱多中心、弱单中心、强单中心和强多中心城市群这 4 大类的城市群人口集聚模式所呈现出的人口特征进行总结，人口特征见表6-4。

表6-4 城市群人口集聚模式的人口特征

城市群特征	弱多中心城市群	弱单中心城市群	强单中心城市群	强多中心城市群
人口集聚度	低	较低	较高	高
人口总量	较少	较多	多	多
城市人口首位度	低	较高	高	较低
人口增量	核心城市的人口增量较多，极化效应较弱	首位城市的人口增量较多，极化效应在增强	核心城市的人口增量大，极化效应更加凸显	核心城市增量大，与首位城市差距缩小，涓滴效应增强
迁入人口总量	低	较低	较高	较高
迁入人口结构	市辖区普遍以省内跨市的迁入人口为主，周边县域多以市内跨县的迁入人口为主	市辖区仍以省内跨市的迁入人口为主，周边县域以市内跨县的迁入人口为主	核心城市的市辖区和周边县域均以跨省迁入人口为主；主要城市的市辖区以省内跨市的迁入人口为主，周边县域以市内跨县的迁入人口为主	主要城市的市辖区仍以省内跨市的迁入人口为主，周边区县以市内跨县的迁入人口为主
人口吸引力程度	较弱	较弱，但有所提高	较强	强
人口流失状态	主要城市的市辖区人口流入量较大，而在周边县域则人口大量流出	核心城市的市辖区人口流入量较大，一般城市的市辖区人口流入量较少，多数的县域单元表现为人口大量流出	核心城市的市辖区和周边县域均表现为人口大量流入；普通城市的市辖区人口流入量较大，周边县域多数表现为人口大量流出	主要城市的市辖区人口大量流入，周边区县则人口较低流出
人口自然增长率	高	较高	较低	较低

第 7 章

城市群内人口分布与流动的影响因素分析

本章节首先从经济发展因素与社会条件因素两方面来构建城市群内人口集聚度的影响因素指标体系；其次利用地理探测器模型、空间计量经济模型，从整体上对城市群内全部城市的人口集聚度进行分析；再次利用地理探测器模型对四种不同城市群人口集聚模式，以及城市群外人口集聚度的影响因素进行探讨；最后探讨分析人口分布集聚于城市群内的动力机制，为后续判断分析城市群及其核心区域的未来人口趋势提供依据。

7.1 影响因素指标体系

7.1.1 影响因素指标体系及模型构建

作为中国人口集聚水平最高、人口流动频繁的主要区域，城市群主要通过这些方面来吸引人口，即拥有较高的经济发展水平，较高的对外开放程度，能够提供更丰富的物质文化需求和更优质的公共服务，以及城市群自身强大的集聚效益。二元结构理论认为城市中那些现代化的工业部门往往能够提供更多的就业机会和工作岗位，吸纳较多的农业剩余劳动力。新迁移经济学理论认为人口的跨区域迁移主要是为了增加收入水平，提高经济地位。经典迁移理论也认为经济因素是影响人口迁移的主要原因，人口迁移是为了获得更高的工资、更多的工作机会等。区域经济学认为城市为了实现集聚经济效益，通过加强城市间的经济社会联系来推动城市群的形成和不断发展，从而使人口要素也逐渐向城市群集聚。城市群地域结构递嬗规律表明，城市群地域结构演化与交通网络系统具有紧密的联系，受道路交通网络的影响较大。城市群就是通过发挥经济社会作用，利用其对人口的巨大吸引力，不断推进人口要素的流动，从而提高城市群人口集聚度水平。

影响城市群内城市人口集聚度的经济、社会等要素复杂。在经济发展因素中，研究表明区域间的经济差异会导致人口向经济发达区域集聚，从而加快经济欠发达地区人口的外迁（Guan，X. L. et al.，2018）。经济发展水平高的城市能够提供更多的劳动报酬，对人口产生较强的吸引力，使人口更加集聚于经济发达地区（He，C. F. et al.，2016；Liu，Z. et al.，2017）。工资收入高、非农产业发达、就业机会多的省份，对于流动人口的吸引力越强，有利于提高该省份内的城市人口集聚度（Cao，Z. et al.，2018）。产业结构的优化升级，能够提供更多的就业岗位，从而吸引大量外来人口，促进劳动力跨区域流动，导致区域的人口发生变化（Fu，Y. M，and Gabriel，S. A.，2012）。产业结构、交通便捷程度、医疗社会服务等因素会对人口空间集聚产生明显作用（陈妍等，2018）。固定资产投资额越高和人口密度越大的省份，越容易成为人口迁入地（段成荣，2001）。与发达地区相比，交通条件的便捷性对落后地区的人口集聚作用显得更为重要（王振波等，2010）。高铁开通会显著降低城区人口密度，对非省会城市人口密度的降低效应很明显（张明志等，2018）。

此外，在社会条件因素中，随着城市基础设施的覆盖度增强，城市间及其城市内部各种要素的流动性在加强，对于区域间人口的迁移具有重要影响；同时，随着城市用于医疗、教育等公共服务设施的财政支出规模在不断加大，其公共服务能力也在不断增强，这将会对有就学、就医需求的流动人群具有较强的吸引力，提高外来人口的定居意愿（Bereitschaft，B，and Cammack，R，2015）。优质的公共服务能力促进流动人口向长三角流动，而较高的开放水平也促进了流动人口向珠三角集聚（盛亦男等，2021）。环境污染程度、人居环境质量以及城镇化率等要素也会对中国人口流动和空间集聚产生重要影响，其中，良好的人居环境会对人口形成一种吸引力，提高人民群众在城市生活的幸福感，从而提高城市人口集聚度水平；空气质量直接关系到人口迁出决策，环境污染强度大的城市，会对人口形成一种排斥力，驱动人口从现有的城市迁出，降低城市人口的集聚力；城镇化率高的城市，则主要是通过吸引更多外来人口落户到城市，推动人口市民化进程，促进城市人口规模扩大（Cui，C. et al.，2019；Buch，T. et al.，2013；曹广忠等，2021）。

本书将城市群内城市的人口集聚度作为被解释变量。解释变量中，选取8个经济发展因素、7个社会条件因素进行分析（见表7－1）。具体来说，经济发展因素中，选取人均GDP表征区域经济发展程度，第三产业所占GDP比重表征城市产业现代化水平，固定资产投资规模表征城市经济发展活力，客运总量表征城市对外部其他城市的人员运转能力的便利程度，货运总量表征城市对外部其他城市的货物运送规模的便利程度，市辖区客运总量表征城市内部的人员运转便利程度，行业区位熵指数表征城市就业结构，规模以上企业结构成长指数表征城市工业主体经济发展活力。社会条件因素中，选取财政支出规模表征城市公共服务和基础设施水平的提供能力，在岗职工平均工资表征城市能给予的平均工资水平，在校中小学师生比表征城市教育资源提供能力，每万人拥有福利机构床位数表征城市医疗服务提供能力，工业废水处理达标率表征城市生产环境条件，建成区绿化覆盖率表征城市生活环境水平，城镇化率表征人口向城市流动程度。

表7－1　　　　　　　　　　影响因素指标体系

因素	指标（单位）	英文全称（简写）	计算方法
经济发展因素	人均GDP（元）	per capita GDP（PerGDP）	GDP总量/常住人口总量
	第三产业占GDP比重（%）	proportion of tertiary industry in GDP（ind）	第三产业GDP/GDP总量×100
	固定资产投资规模（亿元）	investment scale of fixed assets（fai）	

续表

因素	指标（单位）	英文全称（简写）	计算方法
经济发展因素	客运总量（万人）	total passenger volume（tpv）	
	货运总量（万吨）	total freight volume（tfv）	
	市辖区客运总量（万人次）	total passenger volume in municipal districts（tpvmd）	
	行业区位熵指数	industry location entropy index（ilei）	$F = \sum\limits_{i=1}^{9} x_i R_i$，式中，$i = 1, 2, \cdots, 9$；$x$ 为行业重要性指数；R_1，R_2，$\cdots$，R_9 分别指不同行业的从业人员数
	规模以上企业结构成长指数（亿元）	growth index of enterprise structure above designated size（gies）	$G = \sqrt{\sum\limits_{i=1}^{3} \alpha_i C_{pi}}$，其中，$\alpha$ 表示不同性质的企业对地区经济发展作用系数，C_p 表示企业总产量
社会条件因素	财政支出规模（亿元）	scale of fiscal expenditure（exp）	
	在岗职工平均工资（元）	average wage of on-the-job employees（wag）	在岗职工工资总额/在岗职工人员数
	在校中小学师生比（%）	teacher student ratio in primary and secondary schools（edu）	专任教师数/学生数×100%
	每万人拥有福利机构床位数（张）	number of beds in welfare institutions per ten thousand people（wel）	福利机构床位数/常住人口×10000
	工业废水处理达标率（%）	standard rate of industrial wastewater treatment（iwt）	
	建成区绿化覆盖率（%）	greening coverage rate of built-up area（gcr）	建成区绿化面积/建成区面积
	城镇化率（%）	urbanization rate（urb）	城镇人口总量/常住人口总量

以城市人口集聚度为因变量，其他各种因素为自变量，首先利用地理探测器模型探讨影响因素的空间分层异质性，然后利用空间计量经济模型来分析人口集聚所产生的空间溢出效应。模型构建如下：

$$JJD = \beta + \beta_1 perGDP + \beta_2 ind + \beta_3 fai + \beta_4 tpv + \beta_5 tfv + \beta_6 tpvmd + \beta_7 ilei + \beta_8 gies$$

$$+\beta_9 exp + \beta_{10} wag + \beta_{11} edu + \beta_{12} wel + \beta_{13} iwt + \beta_{14} gcr + \beta_{15} urb + \xi$$

式中，β，β_1，β_2，$\cdots$，β_{15} 为待估参数；JJD 代表人口集聚度；ξ 为服从正态分布的随机干扰项；$perGDP$、ind、fai、tpv、tfv、$tpvmd$、$ilei$、$gies$、exp、wag、edu、wel、iwt、gcr、urb 的指标含义见表 7–1。

7.1.2 城市群人口集聚度的变量描述

2000～2020 年，城市群内全部城市的人口集聚度均值从 2000 年的 3.89，2010 年的 4.08，增加到 2020 年的 4.38，表明城市群内城市的人口集聚度有所增强。同时，随着城市人口集聚度的提高，城市的经济发展因素和社会条件因素也有所增强。此外，对各影响因素与城市人口集聚度的共线性检验结果表明，2000～2020 年，各变量均通过了显著性水平检验（即显著性水平在 0.01 之下），变量之间没有共线性问题（即 VIF 值较小）（见表 7–2）。

表 7–2 城市群内全部城市的均值与共线性检验

指标	均值			VIF		
	2000 年	2010 年	2020 年	2000 年	2010 年	2020 年
人均 GDP（元）	9037	36378	68758	7.92	7.7	5.02
第三产业占 GDP 比重（%）	36.00	36.29	49.45	2.38	2.44	2.33
固定资产投资规模（亿元）	95	1118	2314	5.16	7.11	5.49
客运总量（万人）	5942	13495	6183	2.48	3.19	2.11
货运总量（万吨）	5176	12477	18827	3.42	2.83	2.38
市辖区客运总量（万人次）	14640	26704	25626	3.96	3.31	4.69
行业区位熵指数	7.07	8.05	7.99	5.24	3.54	4.47
规模以上企业结构成长指数（亿元）	121	938	1651	8.68	6.92	5.36
财政支出规模（亿元）	21	234	668	5.56	9.16	8.27
在岗职工平均工资（元）	8652	32063	78534	3.39	3.39	3.1

指标	均值			VIF		
	2000 年	2010 年	2020 年	2000 年	2010 年	2020 年
在校中小学师生比（%）	2.44	6.42	6.99	2.76	1.47	1.44
每万人拥有福利机构床位数（张）	25.98	34.38	49.79	3.16	1.86	1.89
工业废水处理达标率（%）	74.73	75.29	93.88	1.23	1.31	1.12
建成区绿化覆盖率（%）	28.54	39.33	41.38	1.5	1.28	1.5
城镇化率（%）	40.52	51.96	63.45	5.24	5.54	4.05

7.2 城市群内人口集聚度的影响因素回归结果

地理探测器模型和空间计量经济模型是用于分析驱动人口集聚到城市群内的重要动力。其中，地理探测器模型是从整体上分析得到城市人口集聚度的影响因素的空间分层异质性特征；空间计量经济模型是用来分析探讨城市人口集聚在城市群内是否具有空间溢出效应，以及溢出效应的程度。

7.2.1 地理探测器模型分析

因变量分别为 2000 年、2010 年、2020 年的城市人口集聚度。首先对影响因素要进行极值标准化处理，然后基于地理探测器模型分析探讨城市群内全部城市的人口集聚度的驱动力，并判断影响因素是增强还是减弱的变化趋势。

1. 主导因子探测分析

城市人口集聚度的时空演变特征与影响因素间的关联性主要通过相关关系、地理探测器来进行分析（曹永旺等，2021）。首先对各种影响因素进行 Pearson 相关性分析，结果显示，城市人口集聚度与人均 GDP、第三产业占 GDP 比重、固定资产投资规模、客运总量、货运总量、市辖区客运总量、行业区位熵指数、规模以上企业结构成长指数、财政支出规模、在岗职工平均工资、工业废水处理达标率、建成区绿化覆盖率、城镇化率呈正向相关性，而与在校中小学师生比、每万人拥有福利机构床位数呈负向相关性，且均通过了 0.01 的显著性检验；此外，2000～2020 年，多数影响因素的相关性均有所增强，仅客运总量、在校中小学师生比、每万人拥有福利机构床位数、工业废水处理达标率的相关性有所减弱。接着采用地理探测器的分异及因子探测，得到各影响因素对城市人口集聚度的空间分异性解释力（q sta-tistics）及其显著性 p 值。结果表明，影响因素的显著性 p 值均小于 0.100，表示这些影响因素都具有明显的空间分异性，对城市人口集聚度存在显著影响。此外，对比分析 2000～2020 年的影响因子探测结果，发现这些影响因子的解释力多数表现为有所增强，仅客运总量、工业废水处理达标率、建成区绿化覆盖率的解释力表现为有所减弱，但并未改变整体特征（见表 7-3）。

表 7-3 城市人口集聚度的空间分异影响因子探测结果（2000 年、2010 年、2020 年）

指标	2000 年			2010 年			2020 年		
	相关性	q 值	p 值	相关性	q 值	p 值	相关性	q 值	p 值
人均 GDP	0.372	0.132	0.000***	0.311	0.125	0.000***	0.456	0.202	0.000***
第三产业占 GDP 比重	0.149	0.024	0.332	0.251	0.061	0.021**	0.313	0.062	0.019**
固定资产投资规模	0.344	0.091	0.000***	0.437	0.149	0.000***	0.503	0.270	0.000***
客运总量	0.446	0.160	0.000***	0.581	0.288	0.000***	0.386	0.153	0.000***
货运总量	0.320	0.075	0.007***	0.388	0.177	0.000***	0.441	0.187	0.000***
市辖区客运总量	0.350	0.112	0.000***	0.398	0.152	0.000***	0.489	0.235	0.000***
行业区位熵指数	0.540	0.235	0.000***	0.580	0.315	0.000***	0.704	0.442	0.000***
规模以上企业结构成长指数	0.472	0.173	0.000***	0.536	0.259	0.000***	0.577	0.360	0.000***
财政支出规模	0.378	0.124	0.000***	0.427	0.170	0.000***	0.522	0.274	0.000***
在岗职工平均工资	0.241	0.039	0.111	0.285	0.109	0.000***	0.369	0.128	0.000***
在校中小学师生比	-0.012	0.030	0.215	-0.171	0.024	0.324	-0.284	0.083	0.003***
每万人拥有福利机构床位数	-0.132	0.047	0.062*	-0.049	0.008	0.799	-0.208	0.059	0.024**

指标	2000 年			2010 年			2020 年		
	相关性	q 值	p 值	相关性	q 值	p 值	相关性	q 值	p 值
工业废水处理达标率	0.219	0.083	0.004 ***	0.230	0.045	0.068 *	0.086	0.033	0.173
建成区绿化覆盖率	0.304	0.113	0.000 ***	0.169	0.054	0.034 **	0.319	0.087	0.002 ***
城镇化率	0.245	0.069	0.011 **	0.408	0.134	0.000 ***	0.492	0.210	0.000 ***

注：*、**、*** 分别表示通过了 10%、5%、1% 的显著性检验。

影响因素及其解释力存在不同程度的差异。地理探测器模型的结果表明，2000 年，行业区位熵指数对城市人口集聚度空间分异性的解释力最高，为 0.235；规模以上企业结构成长指数、客运总量、人均 GDP 的解释力次之，分别为 0.173、0.160 和 0.132。2010 年，行业区位熵指数对城市人口集聚度空间分异性的解释力最高，为 0.315；客运总量、规模以上企业结构成长指数、货运总量的解释力次之，分别为 0.288、0.259 和 0.177。2020 年，行业区位熵指数对城市人口集聚度空间分异性的解释力最高，为 0.442；规模以上企业结构成长指数、财政支出规模、固定资产投资规模的解释力次之，分别为 0.360、0.274 和 0.274。2000～2020 年，行业区位熵指数对城市人口集聚度的空间分布解释力始终是最强的。

行业区位熵指数越高的城市，提供的就业岗位也会越多，能够满足更多人口在城市的就业选择，从而促进城市人口集聚度增加。规模以上企业结构成长指数越高的城市，城市经济发展中各种企业的构成会更加丰富，能提高经济发展活力，促使人口在城市中找寻到适合自己发展的企业类型，进而促进城市人口集聚度提高。经济发展水平越高的城市，往往具有较高的人均 GDP，且与周边区域的经济社会联系更为紧密，使人员、货物、资金、信息等要素的流动性就会越强，对人口就会具有较强的吸引力，推动城市人口集聚度水平的增强；同时，城市内部交通网络越完善，就会拥有更强的内部人口流动性，能够降低城市内部的通勤成本，密切城市内部的人员、信息等要素的联系强度，也能提高城市的人口集聚度水平。财政支出规模越高的城市，能提供的公共服务能力越强，使城市人民享受到更多更优质的公共服务，从而提高城市人口集聚度。固定资产投资规模越多的城市，其经济发展就越依赖于投资而非出口和消费，这能促进经济发展活力，增加就业岗位，促进人口集聚。

地理探测器模型结果表明，经济发展因素和社会条件因素是影响人口流动与分布在城市群内的重要因素。城市群内的城市往往利用雄厚的经济发展实力，更多的就业机会，更优质的公共服务，便利的交通网络等优势，使外来人口能够在城市中得到更多的就业机会，享受城市提供的各种优质公共服务，降低要素流通过程中的各种通勤成本，从而有利于吸引更多的人口进入到城市群内，不断提高城市群的人口集聚度水平。

2. 因子间的交互作用分析

地理探测器两两交互作用探测进一步表明不同影响因素对城市人口集聚度的空间分布是否具有交互作用，以及有多大程度的解释力（曹永旺等，2021）。结果表明，多种因素会共同作用于城市人口集聚度的空间分异性，且两两因素交互的解释力会更高。具体来说，2000年，规模以上企业结构成长指数∩在岗职工平均工资的q值最大，为0.393；行业区位熵指数∩货运总量、行业区位熵指数∩财政支出规模的q值次之，分别为0.388和0.372；该时期，"双因子增强（EB）"类型的比重为15.24%，而"非线性增强（EN）"类型的比重为84.76%。2010年，客运总量∩在岗职工平均工资的q值最大，为0.452；客运总量∩财政支出规模、行业区位熵指数∩在校中小学师生比的q值次之，分别为0.441和0.439；该时期，"双因子增强（EB）"类型的比重增加到39.05%，而"非线性增强（EN）"类型的比重则降低到60.95%。2020年，行业区位熵指数∩城镇化率的q值最大，为0.558；行业区位熵指数∩规模以上企业结构成长指数、行业区位熵指数∩市辖区客运总量的q值次之，分别为0.551和0.539；该时期，"双因子增强（EB）"类型的比重继续增加到46.67%，而"非线性增强（EN）"类型的比重则继续降低到53.33%。这也反映出，行业区位熵指数、规模以上企业结构成长指数、城镇化率、财政支出规模等因素，在一定程度上有利于城市人口集聚度提高，具有更为明显的空间分布解释力（见表7－4、表7－5和表7－6）。

表 7 - 4　城市人口集聚度的交互作用探测结果（2000 年）

指标	urb	liei	gies	ind	PerGDP	exp	tpv	tfv	fai	tpvmd	wag	edu	wel	iwt
liei	0.291[EB]													
gies	0.273[EN]	0.328[EB]												
ind	0.259[EN]	0.354[EN]	0.267[EN]											
PerGDP	0.216[EN]	0.299[EB]	0.238[EB]	0.362[EN]										
exp	0.226[EN]	0.372[EN]	0.359[EN]	0.299[EN]	0.342[EN]									
tpv	0.278[EN]	0.362[EB]	0.327[EN]	0.242[EN]	0.283[EB]	0.345[EN]								
tfv	0.159[EN]	0.388[EN]	0.354[EN]	0.165[EN]	0.307[EN]	0.220[EN]	0.295[EN]							
fai	0.202[EN]	0.366[EN]	0.314[EN]	0.210[EN]	0.253[EN]	0.216[EB]	0.248[EB]	0.211[EN]						
tpvmd	0.197[EN]	0.284[EB]	0.263[EN]	0.223[EB]	0.243[EB]	0.325[EN]	0.253[EB]	0.195[EB]	0.221[EN]					
wag	0.287[EN]	0.367[EN]	0.393[EN]	0.281[EN]	0.360[EN]	0.196[EN]	0.287[EN]	0.208[EN]	0.148[EN]	0.247[EN]				
edu	0.222[EN]	0.347[EN]	0.308[EN]	0.200[EN]	0.249[EN]	0.262[EN]	0.242[EN]	0.199[EN]	0.219[EN]	0.308[EN]	0.210[EN]			
wel	0.272[EN]	0.347[EN]	0.361[EN]	0.208[EN]	0.317[EN]	0.281[EN]	0.267[EN]	0.224[EN]	0.204[EN]	0.292[EN]	0.230[EN]	0.142[EN]		
iwt	0.230[EN]	0.336[EN]	0.331[EN]	0.250[EN]	0.226[EN]	0.255[EN]	0.295[EN]	0.277[EN]	0.198[EN]	0.264[EN]	0.213[EN]	0.166[EN]	0.211[EN]	
gcr	0.204[EN]	0.319[EB]	0.269[EB]	0.203[EN]	0.264[EN]	0.279[EN]	0.349[EN]	0.235[EN]	0.268[EN]	0.261[EN]	0.265[EN]	0.222[EN]	0.255[EN]	0.210[EN]

注：[EB] 表示双因子增强；[EN] 表示非线性增强。

表 7 - 5　城市人口集聚度的交互作用探测结果（2010 年）

指标	urb	liei	gies	ind	PerGDP	exp	tpv	tfv	fai	tpvmd	wag	edu	wel	iwt
liei	0.432^{EB}													
gies	0.359^{EB}	0.430^{EB}												
ind	0.236^{EN}	0.398^{EN}	0.380^{EN}											
PerGDP	0.218^{EB}	0.432^{EB}	0.334^{EB}	0.282^{EN}										
exp	0.265^{EB}	0.435^{EB}	0.348^{EB}	0.272^{EN}	0.272^{EB}									
tpv	0.419^{EB}	0.416^{EB}	0.403^{EB}	0.338^{EB}	0.428^{EN}	0.441^{EB}								
tfv	0.285^{EB}	0.423^{EB}	0.350^{EB}	0.283^{EN}	0.296^{EB}	0.277^{EB}	0.400^{EB}							
fai	0.242^{EB}	0.422^{EB}	0.332^{EB}	0.224^{EN}	0.236^{EB}	0.255^{EB}	0.412^{EB}	0.290^{EB}						
tpvmd	0.318^{EN}	0.378^{EB}	0.319^{EB}	0.228^{EN}	0.257^{EB}	0.303^{EB}	0.367^{EB}	0.303^{EB}	0.290^{EB}					
wag	0.266^{EN}	0.436^{EN}	0.331^{EB}	0.300^{EN}	0.213^{EB}	0.250^{EB}	0.452^{EB}	0.334^{EN}	0.227^{EB}	0.276^{EN}				
edu	0.275^{EN}	0.439^{EN}	0.413^{EN}	0.213^{EN}	0.278^{EN}	0.275^{EN}	0.380^{EN}	0.291^{EN}	0.252^{EN}	0.296^{EN}	0.227^{EN}			
wel	0.280^{EN}	0.386^{EN}	0.370^{EN}	0.139^{EN}	0.255^{EN}	0.263^{EN}	0.373^{EN}	0.241^{EN}	0.265^{EN}	0.326^{EN}	0.210^{EN}	0.073^{EN}		
iwt	0.199^{EN}	0.404^{EN}	0.330^{EN}	0.211^{EN}	0.233^{EN}	0.225^{EN}	0.366^{EN}	0.248^{EN}	0.212^{EB}	0.203^{EB}	0.224^{EN}	0.189^{EN}	0.147^{EN}	
gcr	0.233^{EN}	0.407^{EN}	0.368^{EN}	0.197^{EN}	0.194^{EN}	0.235^{EN}	0.390^{EN}	0.260^{EN}	0.204^{EB}	0.246^{EN}	0.189^{EN}	0.149^{EN}	0.146^{EN}	0.183^{EN}

注：^{EB}表示双因子增强；^{EN}表示非线性增强。

表 7 - 6　城市人口集聚度的交互作用探测结果（2020 年）

指标	urb	liei	gies	ind	PerGDP	exp	tpv	tfv	fai	tpvmd	wag	edu	wel	iwt
liei	0.558^{EB}													
gies	0.536^{EB}	0.551^{EB}												
ind	0.304^{EN}	0.499^{EB}	0.468^{EN}											
PerGDP	0.392^{EB}	0.520^{EB}	0.491^{EB}	0.357^{EN}										
exp	0.388^{EB}	0.536^{EB}	0.456^{EN}	0.364^{EN}	0.394^{EB}									
tpv	0.410^{EN}	0.504^{EB}	0.497^{EB}	0.341^{EN}	0.400^{EN}	0.357^{EB}								
tfv	0.392^{EB}	0.535^{EB}	0.410^{EB}	0.302^{EN}	0.346^{EB}	0.334^{EB}	0.265^{EB}							
fai	0.416^{EB}	0.509^{EB}	0.424^{EN}	0.347^{EN}	0.376^{EB}	0.347^{EB}	0.360^{EB}	0.340^{EB}						
tpvmd	0.387^{EB}	0.539^{EB}	0.443^{EB}	0.326^{EN}	0.386^{EB}	0.336^{EB}	0.332^{EB}	0.362^{EB}	0.341^{EB}					
wag	0.362^{EN}	0.517^{EB}	0.435^{EB}	0.354^{EN}	0.285^{EB}	0.350^{EB}	0.364^{EB}	0.310^{EB}	0.360^{EB}	0.395^{EN}				
edu	0.371^{EN}	0.508^{EB}	0.432^{EB}	0.213^{EN}	0.360^{EN}	0.397^{EN}	0.293^{EN}	0.323^{EB}	0.361^{EB}	0.384^{EN}	0.253^{EN}			
wel	0.368^{EN}	0.511^{EN}	0.469^{EB}	0.218^{EN}	0.336^{EB}	0.414^{EN}	0.286^{EN}	0.301^{EN}	0.411^{EN}	0.428^{EN}	0.265^{EN}	0.169^{EN}		
iwt	0.296^{EN}	0.518^{EN}	0.425^{EN}	0.133^{EN}	0.287^{EN}	0.335^{EN}	0.295^{EN}	0.264^{EN}	0.329^{EN}	0.292^{EN}	0.237^{EN}	0.189^{EN}	0.201^{EN}	
gcr	0.283^{EB}	0.506^{EB}	0.428^{EB}	0.275^{EN}	0.290^{EB}	0.371^{EN}	0.322^{EN}	0.287^{EN}	0.361^{EN}	0.382^{EN}	0.259^{EN}	0.208^{EN}	0.232^{EN}	0.177^{EN}

注：^{EB}表示双因子增强；^{EN}表示非线性增强。

7.2.2　空间计量经济模型分析

应用非空间线性模型（OLS）、空间滞后模型（SLM）、空间误差模型（SEM）这三个回归模型来分别探究不同因素与城市群人口集聚度的相关性，从而选择最佳模型。根据检验准则，对 OLS、SLM 和 SEM 模型进行检验分析，发现 2000～2020 年 SEM 模型始终具有最高的拟合优度 R^2，且呈现上升趋势；其相应的对数似然函数值（log L）最大，且赤池信息准则（AIC）和施瓦茨准则（SC）值最小，说明 SEM 模型的拟合效果最佳，回归结果更精准。空间计量经济模型比传统非空间线性模型更优，因此，有必要在传统回归模型 OLS 的基础上，继续引入空间计量经济模型来探讨城市人口集聚所产生的空间溢出效应（见表 7 - 7）。

表 7 - 7　　　三种模型的统计检验结果（2000 年、2010 年、2020 年）

统计检验	OLS			SLM			SEM		
	2000 年	2010 年	2020 年	2000 年	2010 年	2020 年	2000 年	2010 年	2020 年
R^2	0.494	0.571	0.629	0.605	0.655	0.671	0.633	0.709	0.691
log L	- 162.624	- 153.740	- 160.335	- 142.839	- 135.722	- 150.286	- 141.127	- 128.030	- 148.156
AIC	357.248	339.480	352.669	319.678	305.445	334.571	314.255	288.060	328.312
SC	410.101	392.412	405.602	375.834	361.685	390.812	367.108	340.992	381.244
Breusch - Pagan	45.018 ***	55.713 ***	37.787 ***	57.736 ***	53.391 ***	34.579 ***	94.466 ***	61.542 ***	41.136 ***

注：*、**、*** 分别表示通过了 10%、5%、1% 的显著性检验；log L、AIC、SC 是用来检验模型的拟合优度，并认为若 AIC 和 SC 值越小，则代表模型的拟合效果越好；Breusch - Pagan 则主要用来检验异方差问题。

首先，从城市空间交互作用看，2000～2020 年，空间滞后项 ρ 呈现出持续下降态势，从 2000 年的 0.426，2010 年的 0.384，演变为 2020 年的 0.270；空间误差项 λ 则呈现出先上升后下降的状态，从 2000 年的 0.588，2010 年的 0.647，演变为 2020 年的 0.459。此外，空间滞后项 ρ 和空间误差

项 λ 均通过了1%水平的检验，表明城市间存在显著的正向空间自相关，即城市人口集聚在邻近地理空间上存在正向溢出效应。在不考虑其他因素的情况下，周围相邻城市的人口集聚度每提高1%，将使本城市人口集聚度从2000年的0.426%，持续降低到2020年的0.270%；而通过误差项产生的正向波及程度则从2000年的0.588%，波动下降到0.459%（见表7-8和表7-9）。整体来说，城市群内的城市人口集聚度水平提高会给周边城市带来正向溢出效应。这可能是因为随着城市群内城市在经济生活中的联系不断增强，交通网络系统的不断完善，产业之间的联系更为密切，加深了核心城市与周边城市的联系，有利于促进城市群内的协调发展，增强其经济发展实力；同时，城市群内的人口也在经历从早期的核心城市向心集聚到后续的由核心城市向周边城市离心扩散的演变，人口的流动性在增强，人口的集聚度水平在不同城市均呈现出有所增强的态势，人口空间分布格局发生变化。

表7-8　城市群内人口集聚度的 SLM 模型估计结果（2000年、2010年、2020年）

指标	2000年			2010年			2020年		
	系数	标准差	Z值	系数	标准差	Z值	系数	标准差	Z值
空间滞后项 ρ	0.426***	0.062	6.920	0.384***	0.057	6.687	0.270***	0.060	4.520
_cons	-1.699	1.912	-0.889	-2.941	1.926	-1.527	-5.442	3.757	-1.448
人均GDP	0.094	0.139	0.676	-0.373**	0.152	-2.445	0.059	0.173	0.339
第三产业占GDP比重	0.353	0.222	1.592	0.189	0.202	0.932	1.619***	0.334	4.846
固定资产投资规模	-0.205**	0.085	-2.414	-0.023	0.110	-0.212	-0.211**	0.100	-2.107
客运总量	0.068	0.065	1.054	0.204***	0.065	3.130	0.053	0.054	0.987
货运总量	-0.063	0.076	-0.828	-0.029	0.071	-0.405	0.030	0.066	0.456
市辖区客运总量	0.018	0.039	0.456	0.023	0.040	0.578	0.050	0.061	0.827
行业区位熵指数	0.186**	0.076	2.451	0.094*	0.057	1.654	0.323***	0.069	4.668
规模以上企业结构成长指数	0.117	0.084	1.391	0.319***	0.091	3.530	0.343***	0.090	3.813

续表

指标	2000 年			2010 年			2020 年		
	系数	标准差	Z 值	系数	标准差	Z 值	系数	标准差	Z 值
财政支出规模	0.159 **	0.075	2.136	− 0.296 **	0.140	− 2.113	− 0.319 **	0.138	− 2.308
在岗职工平均工资	0.055	0.220	0.250	0.241	0.259	0.930	0.059	0.317	0.187
在校中小学师生比	− 0.258	0.186	− 1.390	− 0.707 ***	0.221	− 3.196	− 0.683 **	0.282	− 2.426
每万人拥有福利机构床位数	− 0.417 **	0.164	− 2.546	− 0.241	0.169	− 1.427	− 0.449 **	0.202	− 2.224
工业废水处理达标率	0.096	0.071	1.341	0.116	0.114	1.025	− 0.162	0.493	− 0.329
建成区绿化覆盖率	− 0.031	0.083	− 0.367	− 0.111	0.092	− 1.210	0.060	0.416	0.145
城镇化率	0.138	0.171	0.811	1.035 ***	0.251	4.126	0.410	0.354	1.157

注：*、**、*** 分别表示通过了 10%、5%、1% 的显著性检验。

表 7-9　城市群内人口集聚度的 SEM 模型估计结果（2000 年、2010 年、2020 年）

指标	2000 年			2010 年			2020 年		
	系数	标准差	Z 值	系数	标准差	Z 值	系数	标准差	Z 值
空间误差项 λ	0.588 ***	0.061	9.676	0.647 ***	0.055	11.668	0.459 ***	0.073	6.312
_cons	− 2.354 ***	2.200	− 1.070	− 5.332	2.027	− 2.630	− 5.809	3.671	− 1.582
人均 GDP	0.080	0.140	0.573	− 0.277 *	0.150	− 1.842	0.060	0.183	0.326
第三产业占 GDP 比重	0.199	0.211	0.943	0.413 **	0.199	2.078	1.648 ***	0.337	4.891
固定资产投资规模	− 0.139	0.085	− 1.630	− 0.031	0.102	− 0.309	− 0.186 *	0.110	− 1.695
客运总量	0.056	0.071	0.795	0.200 ***	0.068	2.947	0.054	0.053	1.014
货运总量	− 0.021	0.074	− 0.276	− 0.171 **	0.070	− 2.431	− 0.027	0.065	− 0.415
市辖区客运总量	0.026	0.040	0.655	− 0.008	0.038	− 0.198	0.013	0.059	0.214
行业区位熵指数	0.196 ***	0.074	2.654	0.139 **	0.055	2.527	0.286 ***	0.069	4.131
规模以上企业结构成长指数	0.025	0.088	0.283	0.279 ***	0.093	2.985	0.364 ***	0.099	3.683
财政支出规模	0.105	0.075	1.402	− 0.233 *	0.133	− 1.748	− 0.242 *	0.145	− 1.669
在岗职工平均工资	0.221	0.236	0.935	0.522 **	0.265	1.968	− 0.051	0.341	− 0.148

指标	2000 年			2010 年			2020 年		
	系数	标准差	Z 值	系数	标准差	Z 值	系数	标准差	Z 值
在校中小学师生比	− 0.212	0.202	− 1.053	− 0.649 **	0.259	− 2.507	− 0.588 *	0.314	− 1.875
每万人拥有福利机构床位数	− 0.818 ***	0.177	− 4.625	− 0.695 ***	0.188	− 3.690	− 0.558 ***	0.197	− 2.836
工业废水处理达标率	0.028	0.066	0.423	0.124	0.107	1.156	− 0.248	0.490	− 0.507
建成区绿化覆盖率	0.053	0.083	0.642	− 0.152 *	0.081	− 1.867	0.230	0.400	0.574
城镇化率	0.540 ***	0.201	2.694	1.351 ***	0.252	5.369	0.873 **	0.371	2.351

注：*、**、*** 分别表示通过了 10%、5%、1% 的显著性检验。

然后，基于 SEM 模型结果进一步分析解释城市群内城市人口集聚度的影响因素（见表 7-9）。研究发现，2000~2020 年，第三产业占 GDP 比重、规模以上企业结构成长指数、行业区位熵指数、城镇化率对城市人口集聚度的正向促进效应呈现上升态势，而固定资产投资规模、货运总量、在校中小学师生比、每万人拥有福利机构床位数对城市人口集聚度的负向促进效应则呈现下降态势。需要注意的是，财政支出规模仅在 2000 年呈现正向集聚效应；人均 GDP、市辖区客运总量、建成区绿化覆盖率仅在 2010 年呈现负向集聚效应；在岗职工平均工资、工业废水处理达标率则仅在 2020 年呈现负向集聚效应。具体来说：

行业区位熵指数的回归系数在 2000 年、2020 年分别为 0.196、0.286，并通过 1% 水平下的显著性检验；而在 2010 年的回归系数为 0.139，并通过 5% 水平下的显著性检验，表明其对城市人口集聚度存在显著的正向促进效应。这是因为行业区位熵指数越高的城市，往往人员就业结构越优，代表城市能够提供更多种类的就业岗位，满足不同人群的就业选择，吸引更多人口集聚到城市，从而增加城市人口集聚度。

城镇化率的回归系数在 2000 年、2010 年分别为 0.540、1.351，并通过 1% 水平下的显著性检验；而在 2020 年的回归系数为 0.873，并通过 5% 水平下的显著性检验，表明其对城市人口集聚度存在显著的正向促进效应。这是因为城镇化率越高的城市，经济发展水平也会相对较高，容易发挥出人口规模集聚效应，利用其经济发展优势来吸引人口进入并逐步落户到城市，从而提高人口集聚度。

第三产业占 GDP 比重的回归系数在 2010 年为 0.413，并通过 5% 水平下的显著性检验；而在 2020 年的回归系数为 1.648，并通过 1% 水平下的显著性检验，表明其对城市人口集聚度存在显著的正向促进效应。这是因为城市产业现代化水平越高的城市，其第三产业占 GDP 的比重往往更高，经济发展水平更高，能够吸纳人口进入城市的能力也更强，提供较多的就业岗位与机会，吸引大量劳动力进入到城市，从而提高城市人口集聚度。

规模以上企业结构成长指数的回归系数在 2010 年、2020 年分别为 0.279、0.364，并通过 1% 水平下的显著性检验，表明其对城市人口集聚度存在显著的正向促进效应。这可能是因为规模以上企业结构成长指数越高的城市，工业主体发展活力越高，不同类型的工业主体也会满足劳动力对于不同工作岗位的需求，从而吸引城市人口集聚，促进城市人口集聚度提高。

每万人拥有福利机构床位数的回归系数在 2000 年、2010 年、2020 年分别为 -0.818、-0.695、-0.558，并通过 1% 水平下的显著性检验，表明其对城市人口集聚度存在显著的负向促进效应。尽管人口规模越大的城市往往拥有越多的医疗资源和福利机构床位数，但与规模更大的常住人口相比，每万人拥有的福利机构床位数就会显得较低；城市规模等级越高，提供的医疗资源与服务水平越高，越能吸引人口进入到大城市进行就医治疗，但也将会面临着更为紧张的医疗资源，这在一定程度上不利于城市人口集聚度的提高。

2010 年，客运总量的回归系数为 0.200，通过了 1% 水平下的显著性检验；在岗职工平均工资的回归系数为 0.522，通过了 5% 水平下的显著性检验；货运总量、在校中小学师生比的回归系数分别为 -0.171、-0.649，并通过了 5% 水平下的显著性检验。这表明客运总量、在岗职工平均工资对城市人口集聚度存在显著的正向促进效应，而货运总量、在校中小学师生比对城市人口集聚度存在显著的负向促进效应。客运总量高，意味着交通更加便利，会影响到各种资源要素分配、生产生活的区位选择等，降低通勤成本，对人口集聚产生吸引力。在岗职工平均工资越高，表明城市提供的工资收入水平越高，能吸引大量外来人口进入到城市进行工作、生活等，有利于提高城市的人口集聚度水平。货运总量越高的城市，具有与其他城市越紧密的经济联系，依托便捷的交通网络，承担着城市之间货物要素的流通；同时由于其往往属于交通网络中的一些重要节点城市，货运功能要强于客运功能，对人口集聚的作用相对有限，不利于城市人口集聚度的提高。城市虽然拥有较多的中小学学校和师资力量，但与规模更为庞大的在校学生数相比，就会造成在校中小学师生比相对较低；城市规模大，在校中小学师生比也会显得更低，因此尽管城市提供的教育质量更好，但也面临更加紧缺的教育资源，不利于城市人口集聚度的提高。

7.3　不同人口集聚模式的城市群内人口集聚度影响因素回归结果

本节采用地理探测器模型对 4 种不同城市群人口集聚模式内的城市人口集聚度的驱动力分析。因变量分别为 2000 年、2010 年、2020 年的城市人口集聚度。

7.3.1　弱多中心城市群

城市人口集聚度的时空演变特征与影响因素间的关联性主要通过相关关系、地理探测器来进行分析（曹永旺等，2021）。首先，Pearson 相关性结果表明，2000～2020 年，多数影响因素的相关性均有所增强，而人均 GDP、客运总量、市辖区客运总量、规模以上企业结构成长指数、在校中小学师生比、每万人拥有福利机构床位数、建成区绿化覆盖率这 7 个影响因素的相关性有所减弱。然后，空间分异性解释力（q 统计值）及其显著性 p 值的结果表明，2000～2020 年，客运总量的显著性 p 值始终小于 0.050，对城市人口集聚度存在显著影响；多数影响因子的解释力有所增强，仅规模以上企业结构成长指数、建成区绿化覆盖率这 2 个影响因子的解释力有所减弱（见表 7 - 10）。

表 7 - 10　　　　　弱多中心城市群人口集聚度的空间分异

影响因子探测结果（2000 年、2010 年、2020 年）

指标	2000 年			2010 年			2020 年		
	相关性	q 值	p 值	相关性	q 值	p 值	相关性	q 值	p 值
人均 GDP	0.262	0.051	0.521	− 0.079	0.006	0.984	0.189	0.136	0.070 *
第三产业占 GDP 比重	0.175	0.022	0.844	0.186	0.019	0.870	0.303	0.054	0.473
固定资产投资规模	0.073	0.010	0.960	0.086	0.018	0.881	0.209	0.016	0.896
客运总量	0.479	0.223	0.008 ***	0.465	0.200	0.015 **	0.412	0.233	0.006 ***
货运总量	0.180	0.045	0.582	0.070	0.029	0.756	0.275	0.060	0.425
市辖区客运总量	0.339	0.076	0.313	0.332	0.129	0.089 *	0.313	0.119	0.116
行业区位熵指数	0.381	0.102	0.173	0.392	0.199	0.015 **	0.425	0.213	0.010 ***
规模以上企业结构成长指数	0.340	0.141	0.070 *	0.155	0.054	0.484	0.151	0.030	0.740
财政支出规模	0.139	0.085	0.257	0.039	0.013	0.929	0.208	0.099	0.186
在岗职工平均工资	− 0.098	0.012	0.941	− 0.195	0.011	0.950	0.086	0.083	0.265
在校中小学师生比	0.044	0.058	0.447	− 0.268	0.122	0.100 *	− 0.355	0.160	0.038 **
每万人拥有福利机构床位数	0.092	0.048	0.548	0.043	0.078	0.284	− 0.006	0.049	0.530
工业废水处理达标率	0.034	0.062	0.418	0.114	0.052	0.499	0.240	0.094	0.195
建成区绿化覆盖率	0.405	0.199	0.016 **	0.010	0.100	0.181	0.210	0.166	0.031 **
城镇化率	0.169	0.075	0.316	0.172	0.037	0.665	0.227	0.079	0.291

注：* 、** 、*** 分别表示通过了 10%、5%、1% 的显著性检验。

地理探测器模型的结果表明，2000 年，客运总量对城市人口集聚度空间分异性的解释力最高，为 0.223；建成区绿化覆盖率、规模以上企业结构成长指数的解释力次之，分别为 0.199 和 0.141。2010 年，客运总量对城市人口集聚度空间分异性的解释力最高，为 0.200；行业区位熵指数、市辖区客运总量的解释力次之，分别为 0.199 和 0.129。2020 年，客运总量对城市人口集聚度空间分异性的解释力最高，为 0.233；行业区位熵指数、建成区绿化覆盖率的解释力次之，分别为 0.213 和 0.166。2000～2020 年，客运总量对城市人口集聚度的空间分布解释力始终是最强的。对这种城市群类型来说，其内部的城市往往呈现出相对较低的经济发展水平，其核心城市的极化效应较弱，对人口的吸引力相对有限；客运总量高，也就意味着具有更加便利的交通网络、更强的人口流动性，使城市对人口集聚的吸引力增强。因此人口要素的流动与集聚是其城市人口集聚度提高的重要原因。

地理探测器两两交互作用探测结果表明，2000 年，财政支出规模∩市辖区客运总量的 q 值最大，为 0.603；第三产业占 GDP 比重∩每万人拥有福利机构床位数、财政支出规模∩建成区绿化覆盖率的 q 值次之，分别为 0.591 和 0.590。2010 年，财政支出规模∩市辖区客运总量的 q 值最大，为 0.585；客运总量∩规模以上企业结构成长指数、行业区位熵指数∩规模以上企业结构成长指数的 q 值次之，分别为 0.581 和 0.575。2020 年，客运总量∩城镇化率的 q 值最大，为 0.632；第三产业占 GDP 比重∩财政支出规模、城镇化率∩财政支出规模的 q 值次之，分别为 0.627 和 0.618。这表明财政支出规模、客运总量、市辖区客运总量等因素，在一定程度上有利于提高城市人口集聚度，具有更为明显的空间分布解释力。

7.3.2 弱单中心城市群

城市人口集聚度的时空演变特征与影响因素间的关联性主要通过相关关系、地理探测器来进行分析（曹永旺等，2021）。Pearson 相关性结果表明，2000～2020 年，多数影响因素的相关性均有所增强，而在校中小学师生比、

建成区绿化覆盖率这 2 个影响因素的相关性有所减弱。空间分异性解释力
（q 统计值）及其显著性 p 值的结果表明，多数影响因素的显著性 p 值小于
0.100，表示这些因素对城市人口集聚度存在显著影响；2000~2020 年，仅
在岗职工平均工资、工业废水处理达标率这 2 个影响因子的解释力有所减弱
（见表 7-11）。

表 7-11　　　　　　弱单中心城市群人口集聚度的空间分异
　　　　　　影响因子探测结果（2000 年、2010 年、2020 年）

指标	2000 年			2010 年			2020 年		
	相关性	q 值	p 值	相关性	q 值	p 值	相关性	q 值	p 值
人均 GDP	0.041	0.050	0.899	0.068	0.200	0.412	0.241	0.299	0.180
第三产业占 GDP 比重	0.462	0.239	0.302	0.555	0.351	0.126	0.563	0.302	0.178
固定资产投资规模	0.207	0.050	0.906	0.730	0.578	0.009 ***	0.709	0.539	0.012 **
客运总量	0.428	0.230	0.327	0.567	0.270	0.251	0.579	0.301	0.194
货运总量	0.598	0.306	0.193	0.550	0.242	0.316	0.613	0.476	0.030 **
市辖区客运总量	0.440	0.333	0.166	0.380	0.479	0.038 **	0.605	0.596	0.005 ***
行业区位熵指数	0.680	0.434	0.060 *	0.682	0.501	0.028 **	0.757	0.554	0.010 ***
规模以上企业结构成长指数	0.354	0.167	0.508	0.489	0.464	0.038 **	0.595	0.419	0.059 *
财政支出规模	0.113	0.284	0.212	0.685	0.485	0.034 **	0.677	0.586	0.006 ***
在岗职工平均工资	-0.318	0.313	0.175	0.126	0.010	0.995	0.020	0.178	0.459
在校中小学师生比	0.141	0.082	0.796	0.015	0.060	0.870	-0.230	0.124	0.635
每万人拥有福利机构床位数	0.138	0.134	0.623	0.435	0.159	0.517	0.367	0.210	0.339
工业废水处理达标率	0.029	0.140	0.580	0.077	0.255	0.270	0.287	0.123	0.628
建成区绿化覆盖率	0.395	0.272	0.256	0.134	0.277	0.225	0.324	0.287	0.190
城镇化率	0.160	0.199	0.419	0.336	0.174	0.481	0.573	0.461	0.039 **

注：＊、＊＊、＊＊＊分别表示通过了 10%、5%、1% 的显著性检验。

地理探测器模型的结果表明，2000 年，行业区位熵指数对城市人口集聚度空间分异性的解释力最高，为 0.434；市辖区客运总量、在岗职工平均工资的解释力次之，分别为 0.333 和 0.313。2010 年，固定资产投资规模对城市人口集聚度空间分异性的解释力最高，为 0.578；行业区位熵指数、财政支出规模的解释力次之，分别为 0.501 和 0.485。2020 年，市辖区客运总量对城市人口集聚度空间分异性的解释力最高，为 0.596；财政支出规模、行业区位熵指数的解释力次之，分别为 0.586 和 0.554。2000~2020 年，行业区位熵指数、财政支出规模、市辖区客运总量对城市人口集聚度的空间分布解释力始终是相对较强的。对弱单中心城市群的城市来说，由于其能够提供更多可选择的就业机会，以及更优质的公共服务，会吸引更多的流动人口在城市中就业、生活，享受到城市提供的各种服务；同时，城市内部交通联系紧密的城市，往往人口流动性更强，有助于降低通勤成本、密切人员往来，从而提高城市人口集聚度水平。

地理探测器两两交互作用探测结果表明，2000 年，客运总量∩每万人拥有福利机构床位数的 q 值最大，为 0.924；行业区位熵指数∩每万人拥有福利机构床位数、客运总量∩建成区绿化覆盖率的 q 值次之，分别为 0.895 和 0.894。2010 年，客运总量∩城镇化率的 q 值最大，为 0.989；客运总量∩固定资产投资规模、在校中小学师生比∩规模以上企业结构成长指数的 q 值次之，分别为 0.944 和 0.914。2020 年，货运总量∩工业废水处理达标率的 q 值最大，为 0.949；在岗职工平均工资∩规模以上企业结构成长指数、市辖区客运总量∩建成区绿化覆盖率的 q 值次之，分别为 0.946 和 0.932。这反映出，客运总量、每万人拥有福利机构床位数、建成区绿化覆盖率等因素，在一定程度上有利于提高城市人口集聚度，具有更为明显的空间分布解释力。

7.3.3　强单中心城市群

城市人口集聚度的时空演变特征与影响因素间的关联性主要通过相关关系、地理探测器来进行分析（曹永旺等，2021）。Pearson 相关性结果表明，

2000～2020 年，多数影响因素的相关性均有所增强，而在校中小学师生比、每万人拥有福利机构床位数、工业废水处理达标率这 3 个影响因素的相关性有所减弱。空间分异性解释力（q 统计值）及其显著性 p 值的结果表明，多数影响因素的显著性 p 值小于 0.100，表示这些因素对城市人口集聚度存在显著影响；2000～2020 年间，仅人均 GDP、在校中小学师生比、每万人拥有福利机构床位数这 3 个影响因子的解释力有所减弱（见表 7-12）。

表 7-12　　　　　　　强单中心城市群人口集聚度的空间分异
影响因子探测结果（2000 年、2010 年、2020 年）

指标	2000 年			2010 年			2020 年		
	相关性	q 值	p 值	相关性	q 值	p 值	相关性	q 值	p 值
人均 GDP	0.525	0.424	0.000 ***	0.666	0.494	0.000 ***	0.659	0.417	0.000 ***
第三产业占 GDP 比重	0.245	0.048	0.672	0.450	0.229	0.029 **	0.431	0.133	0.176
固定资产投资规模	0.455	0.178	0.078 *	0.528	0.308	0.005 ***	0.595	0.336	0.003 ***
客运总量	0.253	0.129	0.188	0.485	0.305	0.005 ***	0.444	0.236	0.025 **
货运总量	0.392	0.138	0.160	0.528	0.287	0.008 ***	0.503	0.289	0.008 ***
市辖区客运总量	0.472	0.249	0.019 **	0.489	0.219	0.035 **	0.556	0.269	0.013 **
行业区位熵指数	0.509	0.199	0.052 *	0.613	0.313	0.005 ***	0.668	0.367	0.000 ***
规模以上企业结构成长指数	0.486	0.238	0.024 **	0.640	0.323	0.004 ***	0.655	0.345	0.002 ***
财政支出规模	0.506	0.316	0.004 ***	0.503	0.234	0.026 **	0.541	0.378	0.000 ***
在岗职工平均工资	0.549	0.308	0.005 ***	0.680	0.475	0.000 ***	0.641	0.446	0.000 ***
在校中小学师生比	0.316	0.182	0.072 *	0.329	0.148	0.135	0.215	0.108	0.270
每万人拥有福利机构床位数	0.293	0.225	0.031 **	0.158	0.047	0.676	-0.201	0.046	0.687
工业废水处理达标率	0.256	0.087	0.378	0.271	0.152	0.137	-0.285	0.127	0.184
建成区绿化覆盖率	0.097	0.038	0.760	0.275	0.162	0.106	0.208	0.193	0.064 *
城镇化率	0.552	0.346	0.000 ***	0.663	0.420	0.000 ***	0.679	0.518	0.000 ***

注：*、**、*** 分别表示通过了 10%、5%、1% 的显著性检验。

地理探测器模型的结果表明，2000年，人均GDP对城市人口集聚度空间分异性的解释力最高，为0.424；城镇化率、财政支出规模的解释力次之，分别为0.346和0.316。2010年，人均GDP对城市人口集聚度空间分异性的解释力最高，为0.494；在岗职工平均工资、城镇化率的解释力次之，分别为0.475和0.420。2020年，城镇化率对城市人口集聚度空间分异性的解释力最高，为0.518；在岗职工平均工资、人均GDP的解释力次之，分别为0.446和0.417。2000~2020年，人均GDP、城镇化率对城市人口集聚度的空间分布解释力始终是较强的。对强单中心城市群的城市来说，人均GDP越高就意味着经济发展水平越高，对劳动力和人口的需求越大，能够提供的工资水平会相对较高，满足人口在城市中的更多消费需求，容易吸引人口进入该城市；城镇化率越高的城市往往具有更高的经济发展水平，会吸引更多的人口集聚，产生规模集聚效应，提高城市人口集聚度。

地理探测器两两交互作用探测结果表明，2000年，市辖区客运总量∩每万人拥有福利机构床位数的q值最大，为0.754；人均GDP∩建成区绿化覆盖率、人均GDP∩每万人拥有福利机构床位数的q值次之，分别为0.741和0.699。2010年，在岗职工平均工资∩在校中小学师生比的q值最大，为0.771；人均GDP∩规模以上企业结构成长指数、城镇化率∩建成区绿化覆盖率的q值次之，分别为0.760和0.757。2020年，城镇化率∩建成区绿化覆盖率的q值最大，为0.775；工业废水处理达标率∩规模以上企业结构成长指数、工业废水处理达标率∩在岗职工平均工资的q值次之，分别为0.764和0.749。这反映出，人均GDP、建成区绿化覆盖率、工业废水处理达标率、城镇化率等因素，在一定程度上有利于提高城市人口集聚度，具有更为明显的空间分布解释力。

7.3.4 强多中心城市群

城市人口集聚度的时空演变特征与影响因素间的关联性主要通过相关关系、地理探测器来进行分析（曹永旺等，2021）。Pearson相关性结果表明，2000~2020年，城市人口集聚度与在校中小学师生比、每万人拥有福利机构床位数呈负向相关性，其他影响因素则呈正向相关性；多数影响因素的相关性均有所增强，而固定资产投资规模、在校中小学师生比、工业废水处理达标率这 3 个影响因素的相关性有所减弱。空间分异性解释力（q 统计值）及其显著性 p 值的结果表明，多数影响因素的显著性 p 值小于 0.100，表示这些因素对城市人口集聚度存在显著影响，其中城镇化率的显著性 p 值始终为 0.000；2000～2020 年间，仅客运总量、规模以上企业结构成长指数、在岗职工平均工资、在校中小学师生比、每万人拥有福利机构床位数这 5 个影响因子的解释力有所减弱（见表 7－13）。

表 7－13　　　　　　　　强多中心城市群人口集聚度的空间分异

影响因子探测结果（2000 年、2010 年、2020 年）

指标	2000 年			2010 年			2020 年		
	相关性	q 值	p 值	相关性	q 值	p 值	相关性	q 值	p 值
人均 GDP	0.120	0.167	0.131	0.291	0.182	0.102	0.347	0.179	0.128
第三产业占 GDP 比重	0.322	0.208	0.066 *	0.294	0.267	0.023 **	0.457	0.293	0.018 **
固定资产投资规模	0.312	0.068	0.557	0.204	0.069	0.551	0.195	0.091	0.440
客运总量	0.266	0.176	0.112	0.462	0.249	0.031 **	0.286	0.167	0.150
货运总量	0.109	0.026	0.879	0.254	0.068	0.558	0.374	0.215	0.072 *
市辖区客运总量	0.452	0.228	0.046 **	0.408	0.195	0.083 *	0.629	0.470	0.000 ***
行业区位熵指数	0.334	0.105	0.338	0.278	0.099	0.368	0.647	0.352	0.006 ***
规模以上企业结构成长指数	0.234	0.177	0.110	0.304	0.187	0.094 *	0.266	0.060	0.637
财政支出规模	0.562	0.247	0.033 **	0.465	0.171	0.122	0.576	0.290	0.020 **
在岗职工平均工资	0.361	0.297	0.012 **	0.308	0.186	0.095 *	0.393	0.151	0.194
在校中小学师生比	－0.210	0.113	0.300	－0.344	0.177	0.110	－0.345	0.108	0.326
每万人拥有福利机构床位数	－0.206	0.194	0.084 *	－0.113	0.033	0.827	－0.153	0.117	0.294
工业废水处理达标率	0.095	0.012	0.967	0.082	0.069	0.554	0.090	0.066	0.589

指标	2000 年			2010 年			2020 年		
	相关性	q 值	p 值	相关性	q 值	p 值	相关性	q 值	p 值
建成区绿化覆盖率	0.000	0.025	0.889	0.115	0.134	0.218	0.100	0.026	0.884
城镇化率	0.320	0.470	0.000 ***	0.542	0.547	0.000 ***	0.622	0.593	0.000 ***

注: * 、** 、*** 分别表示通过了 10% 、5% 、1% 的显著性检验。

　　地理探测器模型的结果表明，2000 年，城镇化率对城市人口集聚度空间分异性的解释力最高，为 0.470；在岗职工平均工资、财政支出规模的解释力次之，分别为 0.297 和 0.247。2010 年，城镇化率对城市人口集聚度空间分异性的解释力最高，为 0.547；第三产业占 GDP 比重、客运总量的解释力次之，分别为 0.267 和 0.249。2020 年，城镇化率对城市人口集聚度空间分异性的解释力最高，为 0.593；市辖区客运总量、行业区位熵指数的解释力次之，分别为 0.470 和 0.352。2000 ~ 2020 年，城镇化率对城市人口集聚度的空间分布解释力始终是最强的。这种类型的城市群往往具备多个核心城市，且城市间的联系更为紧密，人口会向城市群内的各等级城市进行分散流动，在提高城市人口集聚度的同时，也增强了城市间人员的流动性，对人口产生规模集聚效应，提高人口集聚度。

　　地理探测器两两交互作用探测结果表明，2000 年，城镇化率∩货运总量的 q 值最大，为 0.781；城镇化率∩每万人拥有福利机构床位数、固定资产投资规模∩在校中小学师生比的 q 值次之，分别为 0.780 和 0.768。2010 年，城镇化率∩在校中小学师生比的 q 值最大，为 0.782；城镇化率∩每万人拥有福利机构床位数、客运总量∩在校中小学师生比的 q 值次之，分别为 0.763 和 0.729。2020 年，市辖区客运总量∩每万人拥有福利机构床位数的 q 值最大，为 0.814；城镇化率∩每万人拥有福利机构床位数、城镇化率∩在岗职工平均工资的 q 值次之，分别为 0.803 和 0.798。这表明城镇化率、每万人拥有福利机构床位数、在校中小学师生比等因素，在一定程度上有利于提高城市人口集聚度，具有更为明显的空间分布解释力。

7.4　城市群外人口集聚度的影响因素回归结果

　　城市人口集聚度的时空演变特征与影响因素间的关联性主要通过相关关系、地理探测器来进行分析（曹永旺等，2021）。Pearson 相关性结果表明，2000～2020 年，城市人口集聚度与在校中小学师生比、每万人拥有福利机构床位数、城镇化率始终呈负向相关性，与货运总量、市辖区客运总量、行业区位熵指数、规模以上企业结构成长指数、建成区绿化覆盖率始终呈正向相关性，其他因素则发生变动。空间分异性解释力（q 统计值）及其显著性 p 值的结果表明，多数影响因素的显著性 p 值小于 0.100，表示这些因素对城市人口集聚度存在显著影响，其中在校中小学师生比的显著性 p 值始终为 0.000；2000～2020 年，人均 GDP、固定资产投资规模、货运总量、建成区绿化覆盖率的解释力逐渐增强，而第三产业占 GDP 比重、在岗职工平均工资、每万人拥有福利机构床位数、工业废水处理达标率的解释力则持续减弱（见表 7－14）。

表 7－14　　　　　　城市群外人口集聚度的空间分异影响因子探测结果（2000 年、2010 年、2020 年）

指标	2000 年			2010 年			2020 年		
	相关性	q 值	p 值	相关性	q 值	p 值	相关性	q 值	p 值
人均 GDP	0.252	0.055	0.367	－ 0.091	0.068	0.249	0.063	0.068	0.251
第三产业占 GDP 比重	－ 0.339	0.259	0.000 ***	0.029	0.014	0.891	0.104	0.085	0.151
固定资产投资规模	－ 0.004	0.018	0.841	0.354	0.124	0.048 **	0.393	0.188	0.006 ***
客运总量	－ 0.074	0.087	0.153	0.470	0.260	0.000 ***	0.282	0.188	0.006 ***
货运总量	0.176	0.068	0.257	0.475	0.248	0.000 ***	0.361	0.261	0.000 ***
市辖区客运总量	0.337	0.127	0.046 **	0.374	0.150	0.021 **	0.317	0.121	0.054 *
行业区位熵指数	0.530	0.294	0.000 ***	0.343	0.146	0.024 **	0.458	0.246	0.000 ***

指标	2000 年			2010 年			2020 年		
	相关性	q 值	p 值	相关性	q 值	p 值	相关性	q 值	p 值
规模以上企业结构成长指数	0.454	0.262	0.000 ***	0.320	0.138	0.033 **	0.457	0.222	0.000 ***
财政支出规模	−0.174	0.205	0.004 ***	0.219	0.039	0.549	0.290	0.108	0.081 *
在岗职工平均工资	−0.306	0.157	0.018 **	0.182	0.114	0.066 *	0.076	0.053	0.386
在校中小学师生比	−0.253	0.280	0.000 ***	−0.486	0.223	0.000 ***	−0.596	0.366	0.000 ***
每万人拥有福利机构床位数	−0.362	0.150	0.023 **	−0.258	0.136	0.032 **	−0.330	0.090	0.135
工业废水处理达标率	0.129	0.104	0.095 *	0.209	0.059	0.329	−0.017	0.034	0.597
建成区绿化覆盖率	0.188	0.069	0.252	0.102	0.086	0.147	0.311	0.232	0.000 ***
城镇化率	−0.200	0.124	0.052 *	−0.087	0.029	0.667	−0.128	0.039	0.530

注: * 、** 、*** 分别表示通过了 10%、5%、1% 的显著性检验。

地理探测器模型的结果表明，2000 年，行业区位熵指数对城市人口集聚度空间分异性的解释力最高，为 0.294；在校中小学师生比、规模以上企业结构成长指数的解释力次之，分别为 0.280 和 0.262。2010 年，客运总量对城市人口集聚度空间分异性的解释力最高，为 0.260；货运总量、在校中小学师生比的解释力次之，分别为 0.248 和 0.223。2020 年，在校中小学师生比对城市人口集聚度空间分异性的解释力最高，为 0.366；货运总量、行业区位熵指数的解释力次之，分别为 0.261 和 0.246。2000～2020 年，在校中小学师生比对城市人口集聚度的空间分布解释力始终是较强的。在校中小学师生比越高的城市，虽然城市拥有的师资力量较多，但与规模更为庞大的在校学生数相比，就会造成在校中小学师生比相对较低；城市面临着教育资源的紧缺问题，不利于城市人口集聚度的提高。

地理探测器两两交互作用探测结果表明，2000 年，财政支出规模∩在校中小学师生比的 q 值最大，为 0.673；人均 GDP∩在校中小学师生比、规模以上企业结构成长指数∩在校中小学师生比的 q 值次之，分别为 0.670 和

0.668。2010 年，规模以上企业结构成长指数∩在校中小学师生比的 q 值最大，为 0.598；货运总量∩行业区位熵指数、客运总量∩工业废水处理达标率的 q 值次之，分别为 0.573 和 0.538。2020 年，行业区位熵指数∩建成区绿化覆盖率的 q 值最大，为 0.608；在校中小学师生比∩建成区绿化覆盖率、固定资产投资规模∩建成区绿化覆盖率的 q 值次之，分别为 0.588 和 0.580。这反映出，在校中小学师生比、建成区绿化覆盖率、行业区位熵指数等因素，在一定程度上有利于提高城市人口集聚度，具有更为明显的空间分布解释力。

地理探测器模型结果表明，城市群外的城市也主要是通过提供更多的就业机会，便利的交通网络等优势，使外来人口在城市中能够找寻到更多的就业机会；同时，通过加强与中心城市的经济社会联系，也能够降低要素流动过程中的各种通勤成本，有利于不断提高城市人口集聚度，这与城市群内提高人口集聚度的因素相似。但是，两者也存在一定的差异性，城市群外的城市受经济发展水平的影响，教育资源相对有限，能够提供的优质教育资源也会相对有限，这使得那些能够提供优质教育资源的城市在吸引人口集聚方面占据更为有利的地位；同时，城市群外的城市往往能拥有较高的建成区绿化覆盖率，通过改善城市内部绿化空间，也能够使人民群众享受到更高的居住生活环境，满足对健康生活的需求，从而吸引更多的人口在城市定居。与城市群内的城市相比，在校中小学师生比、建成区绿化覆盖率这两方面对于城市群外的人口集聚的影响力会显得更为重要。

7.5　城市群内人口集聚度的动力机制分析

城市群是中国经济发展格局中最具活力和潜力的核心区域，也是未来中国城市发展的重要方向，在全国生产力布局中承担着增长极点与战略支撑点的重任，是中国参与全球竞争与国际分工的重要地域单元。同时，城市群作为经济全球化时代下经济与科技文化高度发展而形成的新现象，其经济健康增长和产业协调发展是提高城市群经济发展质量的重要基础，有利于实现技术、资金、劳动力等各种要素的优化配置，促进人口向城市群集聚。城市群对人口的吸引机制至少包含自然环境、经济发展、社会条件和国家（区域）政策等方面（见图 7－1）。

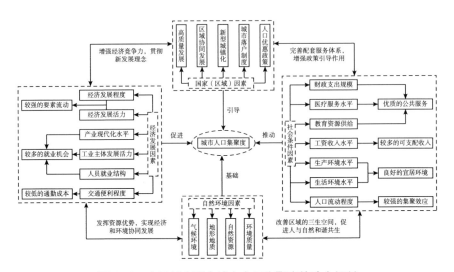

图 7－1　中国城市群内城市人口集聚度的动力机制

第一，自然环境因素方面。自然环境是影响人口分布和流动的基础性因素，自然地理条件的空间差异性奠定了中国人口分布的基本格局（袁锦标等，2020）。适宜的气候环境（如年均气温、降水量、日照时数等），丰富的自然资源（如水资源、土地资源等），优越的地形地质条件（如地形起伏度、相对高度等），以及良好的环境质量（如空气质量、水质量等）等因素，都会对区域人口分布具有较强的影响，有助于人口的空间集聚。城市群依托良好的自然条件，通过发挥区域的自然环境优势，推动城市群经济高质量发展，吸引人口的大量流入和空间集聚，提高其人口集聚度水平和规模，从而实现经济和环境的协同发展，以及人与自然和谐共生。总体来说，中国所有类型的城市群都具有相对优越的自然环境，这有利于各种要素资源的集聚，更好地发挥出资源优势，促进经济发展，提高对人口的吸引力。

第二，经济发展因素方面。随着中国人口流动的经济导向逐渐增强，经济发展因素成为影响人口集聚和空间分布的促进性因素（袁锦标等，2020）。区域经济发展程度越高，对资金、技术、人员等各种要素的需求量也会越大，有利于各种要素资源的自由流通，对人口产生较强的吸引力。城市经济发展活力越强，能够提供较多的投资规模和吸引更多的金融资本，带动资金、技术密集型产业升级换代，提供更多的就业机会；同时产业分工协作，也会给城市群内其他城市带来产业转移的机会，带动其他产业快速发展，从而吸引更多劳动力资源进入到该城市。便利的交通网络系统也能够更加密切城市与城市之间，以及城市内部各种要素流动的联系强度，降低生产成本和通勤成本，实现要素资源的自由流通和优化配置。此外，经济的区域发展与产业协同发展是促进城市群发展的基础前提，技术、资金、信息等要素的自由流动是推动城市群发展壮大的重要动力，现代化的交通网络以及信息化技术也为城市群进一步发展提供了驱动力（姚士谋等，2016）。随着城市群发育的逐渐提高，城市群经济竞争力和对人口的吸引力也在不断增强，有助于大量的人口进入到城市群内。总体来说，由于弱多中心城市群的经济发展水平相对较低，对人口的吸引力有限，便利的交通运输网络有利于人口要素的流动与集聚，从而增加其人口集聚度水平。而对于弱单中心城市群来说，由于其经济发展水平有限，较多的就业机会对人口的吸引力显得更为重要，那些能够提供就业岗位的城市将在吸引人口流入方面处于有利地位。

第三，社会条件因素方面。随着政策对人口吸引的导向作用逐渐增强，社会条件因素成为影响人口集聚和空间分布的引导性因素（袁锦标等，2020）。城市群通过提供较高的劳动报酬，优质的公共服务（如医疗卫生水平、教育资源水平等），丰富的文化活动，良好的生产生活环境（如较高的绿化覆盖率、废水处理达标率等），完善的基础设施系统等，使人口在迁移过程中既能实现个人利益最大化，也能获得较多的社会效益，推动流动人口集聚到城市群内。此外，城市群具有强大的集聚效益，通过吸引大量的要素集聚也有利于更好地发挥规模效应，提高城市群的经济效益和竞争力，从而吸引大量的人口流入到城市群内。总体来说，对于弱单中心城市群来说，由于能够提供优质的公共服务，会吸引更多的流动人口集聚到城市群内。此外，对于强单中心城市群和强多中心城市群来说，由于具有较高的经济发展水平与紧密的经济社会联系，以及较高的城镇化率，容易发挥出规模集聚效应，对人口具有较强的吸引力，人口集聚度水平较高。

第四，国家（区域）政策对城市群发育与发展产生重要影响，也会影响到人口的流动与集聚（姚士谋等，2016）。受国家的区域发展战略、产业优化升级与分工转移、高质量发展与新发展理念等的影响，各种要素资源的流动性在增强，区域之间的经济社会联系将会变得更为密切；国家推行的新型城镇化发展也提出要分类推动城市群发展，健全城市群和都市圈协同发展机制，这样的国家战略会在一定程度上加快人口的流动性。国家也在积极调整人口政策，通过不断完善和调整生育政策，从逐步放开二孩政策到推行全面二孩政策，以及推进不同城市的人口落户政策，也会对人口分布与流动产生重要的影响。同时，中国的很多城市也在不断采取各种优惠政策来吸引人才和人口落户，通过提供落户、医疗、社保等有利的政策来吸引更多的人口资源，这也会对人口流动与分布产生作用。城市群内的人口流动与分布会受到国家、区域、城市等采取的各种政策的深远影响，随着国家（区域）政策对城市群的更加重视，不同区域采取了差异化的政策，努力在促进城市群发展的同时，也在增加对人口的吸引力和凝聚力。总体来说，不同类型的城市群均受到国家（区域）政策的影响，在其发展过程中需要采取针对性的政策来促进人口的集聚。

已有研究较多的是采用定性分析方法，从少数几个因素来进行分析人口集聚的动力机制。与已有研究相比，本书综合考虑自然环境、经济发展、社会条件和国家（区域）政策这几个方面对人口集聚度的动力机制，将定量研究与定性分析相结合；选取 15 个指标来定量研究经济发展因素与社会条件因素的动力机制，并通过定性分析来探讨自然环境因素与国家（区域）政策的动力机制。

7.6　小　　结

一是从经济发展因素、社会条件因素这两个方面构建城市人口集聚度的影响因素指标体系。对中国城市群内全部城市人口集聚度的回归结果来说，地理探测器模型结果表明，全部影响因素都具有明显的空间分异性，对城市人口集聚度存在显著影响；2000～2020 年，多数影响因素的解释力有所增强。空间计量经济模型结果表明，与 OLS、SLM 模型相对比来说，SEM 模型具有更好的解释力；城市人口集聚在邻近地理空间上存在正向溢出效应；2000～2020 年，第三产业占 GDP 比重、城镇化率对城市人口集聚度的正向促进效应更为显著。

二是对不同城市群人口集聚模式的城市人口集聚度的回归结果进行分析。对弱多中心城市群来说，客运总量对城市人口集聚度的空间分布解释力始终是最强的。对弱单中心城市群来说，行业区位熵指数、财政支出规模、市辖区客运总量对城市人口集聚度的空间分布解释力是相对较强的。对强单中心城市群来说，人均 GDP、城镇化率对城市人口集聚度的空间分布解释力始终是较强的。对强多中心城市群来说，城镇化率对城市人口集聚度的空间分布解释力始终是最强的。

三是与城市群内相比，在校中小学师生比对城市群外的城市人口集聚度的空间分布解释力始终是较强的。城市群外的城市受经济发展水平的影响，教育资源相对有限，能够提供的优质教育资源也会相对有限，这使得那些能够提供优质教育资源的城市在吸引人口集聚方面占据更为有利的地位；同时，城市群外的城市往往能拥有较高的建成区绿化覆盖率，通过改善城市内部绿化空间，也能够使人民群众享受到更好的居住生活环境，满足对健康生活的需求，从而吸引更多的人口在城市定居。

第8章

城市群对中国人口未来集聚的影响

本章节主要是在分析中国未来人口规模预测基础上，基于2000～2020年间的人口集聚演变特征，对2030年在城市群以及其核心区域（如都市圈、省会城市等）的人口规模进行预测，以为后续不同视角的人口政策建议提供参考依据。

8.1 中国未来的人口规模预测

2000～2020年，中国人口整体上是逐渐增多的，但2016年以来人口年均增速处于持续下降趋势。2020年第七次人口普查数据表明中国人口总数为14.12亿人，但面临着人口低增长的态势。此外，中国城镇人口逐渐增多，城镇化水平不断提高。根据《世界人口展望报告2019年》对中国人口分高增长（HIGH）、中增长（MEDIUM）、低增长（LOW）的预测，2030年中国人口总数分别为14.92亿人、14.64亿人、14.37亿人。联合国《世界城市化展望2018版》曾预测，2030年中国的城市化率将会达到70.6%，届时中国城镇人口规模将在10.2亿人；与2017年相比，2030年中国的城镇人口将会增加大约2亿人。这样的人口变化也为后续对中国城市群人口规模的预测奠定基础（见图8-1）。

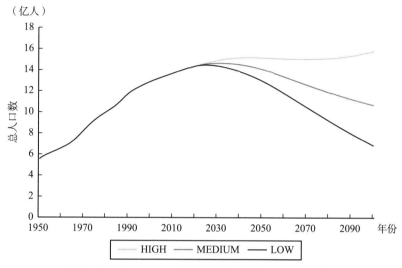

图 8 - 1　1950 ～ 2100 年中国总人口数和不同预测变化

资料来源：《世界人口展望报告 2019 年》。

8.2　城市群内人口集聚演变及对人口分布的影响

8.2.1　城市群的城镇化水平

城市群内是中国人口总量较多、增量较大、城镇化水平较高的区域（见表 8 - 1，附表 4）。城市群内的常住人口所占比重从 2000 年的 72.59% 增加到 2020 年的 75.89%；随着城市群内的城镇人口总量从 2000 年的 36999 万人增加到 2020 年的 72540 万人，其城镇化率也从 2000 年的 41.02% 增加到 2020 年的 67.80%。

具体来说，中国城市群常住人口增加的同时，城镇人口数、城镇化率也在持续上升。2000 ～ 2020 年，长三角城市群以 6387 万人的新增城镇人口数位居第一，京津冀、珠三角、长江中游和成渝城市群则分别以 4055 万人、3846 万人、3681 万人和 3281 万人的新增城镇人口紧随其后，这五个城市群

表 8 - 1 中国城市群城镇人口集聚与预测情况

名称	2020 年城镇人口特征			城镇人口年均增速（％）		2030 年城镇人口预测值（万人）
	总量（万人）	比重（％）	城镇化率（％）	2000 ~ 2010 年	2010 ~ 2020 年	现有增速
黔中	1178	1.31	63.10	2.94	5.34	1982
呼包鄂榆	896	1.00	75.10	5.35	2.75	1175
兰西	829	0.92	66.44	3.87	3.22	1138
滇中	1364	1.52	62.15	4.47	3.50	1925
宁夏沿黄	418	0.46	68.98	5.18	4.31	637
北部湾	2388	2.65	54.27	3.03	3.69	3430
哈长	2679	2.98	62.82	1.46	0.46	2805
晋中	1148	1.28	68.50	3.34	2.81	1515
中原	4149	4.61	57.37	5.12	4.35	6354
关中平原	2404	2.67	61.26	4.02	3.64	3436
天山北坡	619	0.69	88.24	4.90	2.72	809
成渝	6177	6.86	63.26	3.71	4.01	9150
长江中游	8009	8.90	63.30	3.44	2.81	10569
辽中南	2828	3.14	74.27	1.76	1.21	3189
海峡西岸	4051	4.50	67.96	3.94	2.06	4965
山东半岛	6401	7.11	63.05	3.33	3.00	8605
京津冀	7573	8.41	68.61	5.26	2.58	9767
长三角	12626	14.03	76.48	4.19	2.99	16944
珠三角	6802	7.56	87.26	4.62	3.89	9965
城市群内合计	72540	80.60	67.80	3.84	3.01	98362

的城镇人口总量占全国的 48.16％。其中，2000 ~ 2010 年，长三角、京津冀、长江中游和珠三角城市群的城镇人口年均增量较多，分别达到 317 万人、235 万人、174 万人和 169 万人，这四个城市群的城镇人口年均增量占

同时期城市群总量的 52.89%；2010～2020 年，长三角、珠三角、成渝和长江中游城市群的城镇人口年均增量分别为 322 万人、216 万人、201 万人和194 万人，这四个城市群的城镇人口年均增量占同时期城市群总量的50.08%。

此外，2000 年，除中原城市群的常住人口城镇化率为 25.40%，处于城镇化发展初期（即城镇化率低于 30%），其他 18 个城市群均处于城镇化发展快速阶段（即城镇化率在 30%～70%）；2010 年，17 个城市群处于城镇化发展快速阶段，2 个城市群（分别为天山北坡和珠三角城市群）处于城镇化发展后期阶段（即城镇化率大于 70%）；2020 年，14 个城市群处于城镇化发展快速阶段，5 个城市群则处于城镇化发展后期阶段。随着中国不同城市群的城镇化速度处于快速增长阶段，表明城市群将会吸引更多人口流入。

同时，随着中国新型城镇化的不断推进，更多的城市在不断提高城镇化率，提高人口规模水平。其中，处于城市群内的多数城市将能够依托其与核心城市之间存在的紧密经济社会联系，成为区域产业链条中的重要一环，积极承接核心城市的产业转移等优势，逐渐享受到核心城市的涓滴辐射效应。因此城市群内的很多城市将可能成为吸引人口集聚的一个重要场所。

8.2.2　城市群的未来人口集聚

以 2020 年中国城市群常住人口为基数，对基于 2010～2020 年的年均人口增速，以及《世界人口展望报告 2019 年》的预测模拟，分析得到 2030年中国 19 个城市群的常住人口变化特征。结果表明，按照 2010～2020 年的年均人口增速预测，2030 年城市群内的常住人口总量将达到 11.69 亿人，略高于《世界人口展望报告 2019》高增长预测情景的 11.32 亿人。2030 年，城市群内常住人口总量的比重将可能达到 78%，其中有 51% 可能将集中分布在长三角、长江中游、珠三角、山东半岛、京津冀和成渝城市群，且这 6个城市群也是中国有望常住人口总量超过 1 亿的城市群（见表 8-2）。

表 8 – 2　　　　　　　　　**2030 年中国城市群常住人口预测情况**

名称	2020 年常住人口特征		年均增速	2030 年常住人口预测值（万人）			
	总量（万人）	比重（%）	2010 ~ 2020 年	现有增速	HIGH	MEDIUM	LOW
黔中	1868	1.32	1.77	2227	1977	1940	1903
呼包鄂榆	1193	0.85	0.99	1318	1263	1240	1216
兰西	1248	0.89	0.77	1347	1321	1296	1272
滇中	2195	1.56	0.81	2381	2324	2280	2237
宁夏沿黄	606	0.43	1.79	724	641	630	618
北部湾	4401	3.12	1.12	4920	4658	4571	4485
哈长	4265	3.03	− 1.36	3717	4514	4430	4346
晋中	1676	1.19	0.40	1743	1774	1741	1708
中原	7232	5.13	0.83	7858	7654	7512	7369
关中平原	3925	2.78	0.41	4087	4154	4077	4000
天山北坡	701	0.50	1.40	805	742	728	714
成渝	9765	6.93	0.80	10570	10335	10143	9951
长江中游	12652	8.97	0.15	12843	13391	13142	12893
辽中南	3807	2.70	− 0.21	3728	4029	3954	3880
海峡西岸	5961	4.23	0.77	6439	6309	6192	6074
山东半岛	10153	7.20	0.58	10761	10746	10546	10346
京津冀	11037	7.83	0.56	11667	11681	11464	11247
长三角	16509	11.71	1.41	18993	17472	17147	16822
珠三角	7795	5.53	3.34	10825	8250	8097	7943
城市群内合计	106988	75.89	0.81	116953	113235	111128	109022

注：2030 年常住人口预测值中，现有增速是指按照各城市群在 2010 ~ 2020 年的年均人口增速来计算；HIGH、MEDIUM、LOW 是按照《世界人口展望报告 2019 年》HIGH VARIANT、MEDIUM VARIANT、LOW VARIANT 的预测水平计算所得。

此外，随着中国新型城镇化的不断推进，城市群作为中国城镇人口分布的重要区域，未来大量的常住人口仍将主要集聚到城市群内。2000 ~ 2020 年，城市群内的城镇人口所占比重从 2000 年的 80.65% 演变为 2020 年的

80.60%；长三角城市群始终是城镇人口总量最多的城市群，城镇人口所占比重从 2000 年的 13.60% 上升到 2020 年的 14.03%；珠三角、长江中游、山东半岛、京津冀和成渝城市群的城镇人口总量紧随其后，也是中国城镇人口总量较多的城市群，这 6 个城市群的城镇人口所占比重也从 2000 年的 50.94%，2010 年的 52.12%，持续上升到 2020 年的 52.88%，城镇人口增量大、增速快。因此，按照 2030 年城镇人口 10.2 亿人的预测规模，城市群内的城镇人口所占比重将进一步提升，6 大城市群的城镇人口所占比重将接近 55%，依然是中国城镇人口总量较多的主要区域。

8.3　城市群内核心区域的人口集聚演变及对人口分布的影响

8.3.1　都市圈人口时空演变及对人口分布的影响

城市群是中国人口集聚度高、流动性强的主要区域，由于部分城市群的范围较大，城市群内存在较大的差异，而人口也更多集聚到城市群内经济发展水平高、公共服务能力强的核心区域，这些核心区域容易形成都市圈。因此，有必要对中国 29 个都市圈在过去 20 年间的人口演变特征及未来集聚趋势进行分析判断。

1. 都市圈是中国城市群内人口集聚的重要区域

2000～2020 年，中国 29 个都市圈的常住人口从 2000 年的 49950 万人增加到 2020 年的 64811 万人，其占全国人口比重也从 2000 年的 40.20% 上升到 2020 年的 45.97%，年均人口增速为 1.31%。具体来说，2000～2010 年，所有都市圈的常住人口均有所增加，其中上海都市圈的增幅最大（为 1510 万人）。2010～2020 年，除东北地区的哈尔滨、沈阳和长春都市圈的常住人口有所减少（分别减少 53 万人、87 万人和 145 万人），其他 26 个都市圈的常住人口均有所增加，深圳都市圈的增幅最大（为 1067 万人）。

2020 年，上海、首都、郑州、广州和深圳都市圈的常住人口所占比重分别为 5. 49%、4. 25%、3. 31%、2. 94% 和 2. 65%，这 5 个都市圈的常住人口占到全国人口的 18. 64%，是中国常住人口较多的主要区域。2020 年，中国形成 4 个常住人口总量在 4000 万以上的大都市圈（分别为上海、首都、广州和郑州都市圈），18 个常住人口总量在 1000 万 ~ 4000 万人的都市圈，以及 7 个规模较小的都市圈的规模等级结构（见图 8 – 2）。

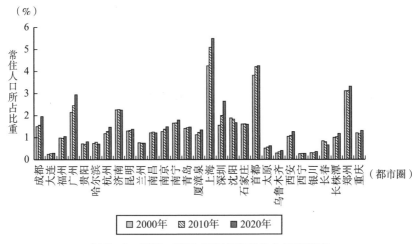

图 8 – 2　2000 ~ 2020 年都市圈常住人口的演变

2. 都市圈人口流动性强，是中国人口净流入的主要区域

2000 ~ 2020 年，都市圈人口净流入率逐渐从 2000 年的 5. 76%，2010 年的 10. 19%，增加到 2020 年的 14. 31%，这反映出都市圈是中国人口净流入的主要区域。但是，由于都市圈内部常住人口增量与户籍人口增量的不同步性，造成每个都市圈存在较大的人口流动状态（见图 8 – 3）。具体来说，2000 年，4 个都市圈呈现出人口净流出，25 个都市圈则表现为人口净流入，该时期人口净迁移率的程度相对较弱；2010 年，6 个都市圈呈现出人口净流出，23 个都市圈则表现为人口净流入，该时期人口净迁移率的程度有所增强；2020 年，6 个都市圈呈现出人口净流出，23 个都市圈则表现为人口净流入，该时期人口净迁移率的程度继续在增强。

（都市圈）

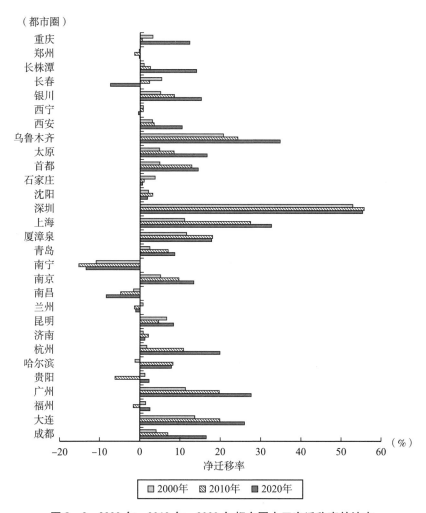

图 8 - 3　2000 年、2010 年、2020 年都市圈人口净迁移率的演变

2000～2020 年，深圳都市圈始终是中国人口净迁入率最大的都市圈，净迁入率从 2000 年的 52.76%、2010 年的 55.65%，演变为 2020 年的 55.26%；南宁都市圈则始终是中国人口净迁出率最严重的都市圈，净迁出率从 2000 年的 -10.91%，2010 年的 -15.33%，演变为 2020 年的 -13.49%。此外，南昌、郑州都市圈在过去 20 年间也是始终处于人口净流出的状态，说明这些都市圈的人口更愿意流出到其他区域，而不是留在本都市圈。比较

特殊的是，哈尔滨、长春、沈阳都市圈的人口净迁移率分别从 2000 年的 −1.21%、5.40% 和 2.09%，2010 年的 8.23%、2.37% 和 3.17%，演变为 2020 年的 7.86%、−7.34% 和 1.85%，说明尽管东北地区的多数城市呈现出人口大量流出，但作为省会城市的这 3 个都市圈并不是一直在人口流出，其中沈阳都市圈更是在过去 20 年间始终处于人口净流入状态。

3. 都市圈仍将是未来人口集聚的重要场所

以 2020 年中国 29 个都市圈常住人口为基数，对基于 2010 ~ 2020 年的年均人口增速，以及《世界人口展望报告 2019 年》的预测模拟，从而得到 2030 年中国都市圈的常住人口变化特征。结果表明，按照 2010 ~ 2020 年的年均人口增速预测，2030 年都市圈内的常住人口总量将达到 7.43 亿人，超过《世界人口展望报告 2019》高增长预测情景的 6.86 亿人。2030 年，都市圈内常住人口总量的比重将可能达到 50%，且仍将主要流入到上海、首都、郑州、广州和深圳都市圈（见表 8 − 3）。

表 8 − 3 　　　　　　　 2020 年、2030 年中国都市圈常住人口预测情况

名称	2020 年常住人口特征		年均增速	2030 年常住人口预测值（万人）			
	总量（万人）	比重（%）	2010 ~ 2020 年	现有增速	HIGH	MEDIUM	LOW
成都都市圈	2761	1.96	2.81	3642	2923	2868	2814
大连都市圈	413	0.29	1.35	472	437	429	421
福州都市圈	1477	1.05	1.37	1692	1563	1534	1505
广州都市圈	4150	2.94	2.41	5265	4392	4310	4229
贵阳都市圈	1144	0.81	2.09	1406	1210	1188	1165
哈尔滨都市圈	997	0.71	−0.52	947	1056	1036	1016
杭州都市圈	2081	1.48	1.99	2534	2203	2162	2121
济南都市圈	3172	2.25	0.47	3323	3357	3294	3232
昆明都市圈	1948	1.38	0.97	2144	2062	2023	1985
兰州都市圈	1051	0.75	0.52	1107	1112	1091	1071
南昌都市圈	1714	1.22	0.27	1760	1814	1780	1747

名称	2020 年常住人口特征		年均增速	2030 年常住人口预测值（万人）			
	总量（万人）	比重（%）	2010 ~ 2020 年	现有增速	HIGH	MEDIUM	LOW
南京都市圈	2102	1.49	1.32	2398	2225	2184	2142
南宁都市圈	2529	1.79	1.31	2881	2677	2627	2577
青岛都市圈	2084	1.48	0.76	2247	2205	2164	2123
厦漳泉都市圈	1900	1.35	1.44	2192	2011	1974	1936
上海都市圈	7742	5.49	1.33	8833	8194	8041	7889
深圳都市圈	3729	2.65	3.43	5224	3947	3874	3800
沈阳都市圈	2355	1.67	− 0.36	2271	2493	2446	2400
石家庄都市圈	2256	1.60	0.43	2355	2388	2343	2299
首都都市圈	5990	4.25	0.66	6398	6340	6222	6104
太原都市圈	868	0.62	1.54	1012	919	902	885
乌鲁木齐都市圈	567	0.40	2.24	707	600	589	578
西安都市圈	1786	1.27	2.18	2217	1891	1856	1820
西宁都市圈	383	0.27	0.60	406	405	397	390
银川都市圈	499	0.35	2.26	624	528	519	509
长春都市圈	921	0.65	− 1.45	795	974	956	938
长株潭都市圈	1668	1.18	2.02	2037	1765	1732	1699
郑州都市区	4672	3.31	1.18	5254	4944	4852	4760
重庆都市圈	1853	1.31	1.67	2188	1961	1925	1888
都市圈合计	64811	45.97	1.29	74335	68595	67319	66043

注：2030 年常住人口预测值中，现有增速是指按照各都市圈在 2010 ~ 2020 年的年均人口增速来计算；HIGH、MEDIUM、LOW 是按照《世界人口展望报告 2019 年》HIGH VARIANT、MEDIUM VARIANT、LOW VARIANT 的预测水平计算所得。

8.3.2　省会城市人口时空演变及对人口分布的影响

作为城市群或都市圈的核心节点城市，省会城市也经历着人口迅速增加的态势，省会城市的人口首位度呈现出不同程度的增加趋势，是人口集聚的主要场所。与此同时，随着"强省会城市"发展战略的逐步推进，各省区市的省会城市也将面临较多的人口增多，因此有必要分析研究省会城市在2000~2020年的人口增长态势，以便为省会城市未来人口预测提供理论基础。

1. 省会城市是城市群或都市圈人口增加的主要城市

2000~2020年，中国27个省区市的省会城市常住人口均呈现增加趋势，其中成都的常住人口增量最多，为983万人；广州、郑州和杭州的常住人口增量紧随其后，分别达到873万人、594万人和506万人。具体来说，2000~2010年，成都以新增294万人的常住人口数居于首位，广州、郑州、南京和杭州分别以新增276万人、197万人、188万人和182万人的常住人口数紧随其后；该时期，海口的常住人口年均增速最快（为9.44%），乌鲁木齐、银川分别以4.10%、3.39%的人口年均增速紧随其后。2010~2020年，成都依然以新增689万人的常住人口数居于首位，广州、郑州和西安分别以新增597万人、397万人和371万人的常住人口数紧随其后，哈尔滨则是该时期唯一人口负增长的省会城市（人口减少63万人）；该时期，合肥的常住人口年均增速最快（为5.09%），拉萨、成都分别以4.49%、4.07%的人口年均增速紧随其后。这样的人口增长态势，说明与21世纪前十年相比，在2010~2020年间多数的省会城市具有较多的常住人口增量，但人口增速较快的往往是位于中西部地区人口总量相对较少的省会城市，这可能与其在大力推进"强省会城市"发展战略以及近年来采取的各种"抢人政策"有关。

在这样的人口增长基础上，各省区市的省会城市人口首位度也具有明显差异。具体来说，2000年，西宁以38.35%的人口首位度居于首位，长春、银川、哈尔滨和西安则分别以26.62%、26.02%、25.98%和20.57%的人口首位度次之。2010年，西宁仍以39.25%的人口首位度居于首位，银川、长春和哈尔滨则分别以31.63%、27.96%和27.76%的人口首位度次之。2020年，西宁仍以41.66%的人口首位度居于首位，银川、长春、哈尔滨和西安则分别39.69%、37.66%、31.43%和30.82%的人口首位度次之。其中，2000~2010年，海口的人口首位度增幅最大（为12.61%），银川、成都和武汉则分别以 5.61%、3.98% 和 3.13% 的人口首位度次之；2010～2020 年，长春的人口首位度增幅最大（为 9.71%），西安、银川和成都则分别以 8.14%、8.07% 和 7.55% 的人口首位度次之。这样的人口首位度变化态势，说明省会城市对人口的吸引力是较高的，尤其是对于中西部地区经济发展水平相对有限的省会城市；与 21 世纪前十年相比，2010～2020 年间各省会城市人口首位度的增幅拉大，也说明省会城市对人口的吸引力在不断增强（见表 8-4）。

表 8-4　2000 年、2010 年、2020 年中国省会城市的人口首位度变化情况

所在省份	省会城市	常住人口数（万人）			省会城市人口首位度（%）			首位度增幅（%）	
		2000 年	2010 年	2020 年	2000 年	2010 年	2020 年	2000～2010 年	2010～2020 年
青海	西宁	185	221	247	38.35	39.25	41.66	0.90	2.41
宁夏	银川	143	199	286	26.02	31.63	39.69	5.61	8.07
吉林	长春	714	767	907	26.62	27.96	37.66	1.33	9.71
陕西	西安	727	847	1218	20.57	22.69	30.82	2.11	8.14
黑龙江	哈尔滨	941	1064	1001	25.98	27.76	31.43	1.78	3.67
海南	海口	83	205	287	10.98	23.60	28.50	12.61	4.91
四川	成都	1111	1405	2094	13.49	17.47	25.02	3.98	7.55
西藏	拉萨	47	56	87	18.14	18.63	23.79	0.50	5.16
湖北	武汉	831	979	1245	13.97	17.10	21.55	3.13	4.46
辽宁	沈阳	720	811	907	17.22	18.53	21.30	1.31	2.77
福建	福州	639	712	829	18.73	19.29	19.96	0.56	0.67
浙江	杭州	688	870	1194	14.98	15.99	18.49	1.01	2.50
云南	昆明	578	643	846	13.65	13.99	17.92	0.35	3.93
广西	南宁	606	666	874	13.81	14.47	17.44	0.66	2.97
甘肃	兰州	314	362	436	12.51	14.14	17.42	1.63	3.28

续表

所在省份	省会城市	常住人口数（万人）			省会城市人口首位度（%）			首位度增幅（%）	
		2000年	2010年	2020年	2000年	2010年	2020年	2000~2010年	2010~2020年
新疆	乌鲁木齐	208	311	405	11.28	14.27	15.68	2.99	1.42
贵州	贵阳	372	432	599	10.55	12.44	15.53	1.89	3.09
安徽	合肥	447	570	937	7.57	9.58	15.35	2.01	5.77
山西	太原	334	420	530	10.30	11.77	15.19	1.47	3.43
湖南	长沙	614	704	1005	9.70	10.72	15.12	1.01	4.41
河北	石家庄	924	1016	1124	13.86	14.15	15.06	0.29	0.91
广东	广州	994	1270	1868	11.67	12.18	14.82	0.51	2.65
内蒙古	呼和浩特	239	287	345	10.26	11.60	14.33	1.34	2.73
江西	南昌	433	504	626	10.72	11.31	13.84	0.59	2.53
河南	郑州	666	863	1260	7.30	9.17	12.68	1.88	3.51
江苏	南京	613	800	931	8.39	10.17	10.99	1.79	0.82
山东	济南	592	681	920	6.58	7.11	9.06	0.53	1.95

注：京、津、沪、渝四个直辖市未包含在内。

2. 省会城市仍将是城市群或都市圈未来人口集聚的重要城市

以2020年中国省会城市的常住人口为基数，对基于2010~2020年的年均人口增速进行预测模拟，分析得到27个省会城市的2030年常住人口变化特征。结果表明，2020年中国27个省会城市的常住人口总量为2.30亿人，所占全国人口的比重为16.32%；按照2010~2020年的年均人口增速，2030年中国27个省会城市的常住人口总量将达到3.04亿人，超过2020年常住人口7438万人。2030年，省会城市内常住人口总量的比重将可能达到20.39%，且仍主要集聚在成都、广州、西安和郑州等省会城市（见表8-5）。

表 8 – 5　　　　　**2030 年中国省会城市常住人口预测情况**

省会城市	2020 年人口总量（万人）	年均增速（%）		年均增长量（万人）		2030 年人口预测
		2000~2010 年	2010~2020 年	2000~2010 年	2010~2020 年	现有增速（万人）
西宁	247	1.79	1.12	3.59	2.59	276
银川	286	3.39	3.67	5.66	8.66	410
长春	907	0.73	1.68	5.39	13.92	1071
西安	1218	1.53	3.70	11.93	37.15	1753
哈尔滨	1001	1.23	−0.60	12.23	−6.26	942
海口	287	9.44	3.45	12.16	8.27	403
成都	2094	2.38	4.07	29.39	68.90	3121
拉萨	87	1.66	4.49	0.85	3.08	135
武汉	1245	1.64	2.44	14.73	26.62	1583
沈阳	907	1.19	1.13	9.02	9.64	1015
福州	829	1.09	1.54	7.29	11.76	966
杭州	1194	2.38	3.21	18.22	32.36	1637
昆明	846	1.07	2.78	6.51	20.28	1113
南宁	874	0.95	2.76	6.02	20.83	1148
兰州	436	1.41	1.89	4.74	7.43	526
乌鲁木齐	405	4.10	2.68	10.31	9.42	528
贵阳	599	1.52	3.31	6.04	16.64	829
合肥	937	2.47	5.09	12.35	36.67	1540
太原	530	2.31	2.36	8.57	11.02	670
长沙	1005	1.38	3.62	9.02	30.07	1434
石家庄	1124	0.96	1.01	9.23	10.71	1242
广州	1868	2.48	3.93	27.60	59.75	2746
呼和浩特	345	1.82	1.86	4.74	5.79	414
南昌	626	1.53	2.18	7.11	12.12	776
郑州	1260	2.63	3.86	19.70	39.73	1840
南京	931	2.71	1.53	18.78	13.11	1084
济南	920	1.41	3.05	8.92	23.88	1243

注：2030 年常住人口预测值中，现有增速是指按照各省会城市在 2010~2020 年的年均人口增速来计算。

8.4 小　　结

一是城市群内作为中国人口总量较多、增量较大、城镇化水平较高的主要区域，随着中国各城市群均进入到城镇化发展快速阶段，未来会有更多人口流入到城市群内。长三角、长江中游、京津冀、珠三角、山东半岛和成渝这六个城市群是中国常住人口总量有望超过 1 亿的城市群。

二是作为城市群内的核心区域，都市圈人口集聚度较高，是城市群内主要的人口集聚区域，且经济发展水平较高的都市圈，人口净迁移率也会更高。上海、首都、郑州、广州、深圳等都市圈仍将是主要的人口流入都市圈。同时，作为城市群或都市圈的核心城市，省会城市是其内部人口增加的主要区域；随着中国部分省会已相继提出"强省会城市"发展战略，省会城市依然会成为人口增长的主要城市。

三是人口预测是一个复杂的研究，人口分布与流动既受到其本身人口自然增长率的影响，也与人口的机械迁移和空间流动存在较大关系。对于城市群人口来说，其人口增加的主要来源是受到大量人口流入的影响，而其本身的人口自然增长率则往往较低。同时，区域性发展战略、产业政策、新型城镇化、乡村振兴战略等不同的政策会对城市群及其核心区域的未来人口集聚趋势造成不同的影响。但是本书受数据的限制，以及不同区域发展的实际差异，对人口预测难以进行定量化研究，所以最后还是采用传统的人口年均增速来进行人口预测，以便后续为不同城市群的人口政策提供参考依据。

第9章

研 究 结 论

9.1 主 要 结 论

1. 以胡焕庸线为界、西北半壁低而东南半壁高的中国人口空间格局仍然保持不变，但人口的流动性有所增强

2000～2020 年，中国常住人口主要向经济发达的东部地区集聚，中国常住人口总体是向南部移动，常住人口集聚度的空间分布不均衡性在增强；灯光数据亮度值及其亮度变化高值的空间分布与人口密度区的分布存在高度吻合，具有很强的紧密联系，表明中国城市的空间分布不均衡性。中国城市的常住人口年均增速形成以胡焕庸线为界、西北半壁增速较快而东南半壁较慢的空间特征。胡焕庸线两侧人口的流动性在增强，尽管胡焕庸线东南侧仍然是中国人口较多的主要区域，但其内部的城市人口年均增速有所减缓；而胡焕庸线西北侧尽管是人口较少的主要区域，但其内部的城市人口年均增速却显著提升。随着中国人口自然增长率整体呈下降趋势，增长规模有限，城市人口增长则更多依靠大量的迁入人口。此外，中国城市户籍人口年均增速则呈现出西部地区增速较快，而在胡焕庸线以东地区则呈现南高北低的空间分布格局。

2000～2020 年间，东部地区是中国人口大量流入的区域，其迁入人口结构是以跨省流动为主，对人口的吸引力最强。东北地区是人口略微流入的区域，迁入人口结构是以省内跨市和市内跨县的迁入人口为主。此外，中国城市人口净迁移率形成以胡焕庸线为界、西北半壁高而东南半壁低的空间特征，且随着人口流动性的增强，人口逐渐向少数核心城市集聚，人口空间分异性也在不断增强。

中国人口增量具有明显的阶段性与区域性特征，常住人口增量更多聚集到经济发达的东部地区。2000～2020 年间，常住人口持续扩张的城市是最主要的类型，所占比重为 44.61%；人口持续缩减的城市所占比重为 17.49%，说明也存在较多的城市人口持续减少的情况。具体来说，2000～2010 年，常住人口轻度减少的城市主要位于长江流域；2010～2020 年，收缩城市的比重增多，且常住人口轻度流失的城市除仍然集中分布在长江流域之外，也在黄河中上游地区以及西南地区集中分布，而人口中度减少、人口显著减少的城市则主要位于东北地区。

2. 城市群内是中国人口总量最多、增速较快的主要区域，与城市群外的人口差距在持续拉大

2000～2020 年，中国城市群常住人口越来越向经济发达的东中部地区城市群集聚，且城市群发育程度越高，对人口的吸引力就越强，人口集聚规模就越大。城市群内的人口分布不均衡性程度在增强，人口更加集中在城市群内的部分城市，人口流动性增强。此外，城市群内是中国人口增量最多的主要区域，其对人口的吸引力在不断增强，人口高度向核心城市群集聚；随着城市群内、外的人口年均增速都有所放缓，城市群内、外的人口差距在不断拉大。此外，人口自然增长率在城市群内、外均表现为下降态势，且经济发展水平越高的城市群，其平均人口自然增长率就越低，近年来城市群内也开始出现人口自然增长率为负的城市。

中国城市群人口增量具有明显的阶段性与区域性特征。与 2000～2010 年相比，2010～2020 年城市群内、外的人口年均增速均有所放缓。具体来说，2000～2010 年，仅成渝城市群这一个城市群出现常住人口负增长，其人口年均增速为 -0.36%；而在 2010～2020 年，哈长和辽中南城市群这两个城市群出现常住人口负增长，其人口年均增速分别为 - 1.36% 和

-0.21%。值得注意的是，哈长和辽中南城市群这两个城市群也是 2010～2020 年间仅有的户籍人口负增长的城市群。此外，尽管城市群内的人口集聚度在不断提高，但不同城市群所呈现出的人口分布与流动特征也各不相同。研究时段内，有 3 个持续收缩型城市群，10 个持续扩张型城市群；与 2000～2010 年相比，2010～2020 年收缩型城市群的数量减少。

迁入人口总量较大的区域主要集中在城市群内，大量的迁入人口进入城市群内也是造成城市群常住人口增加的重要来源。城市群内对人口具有较强的吸引力，并形成以省内跨市和跨省流动为主的迁入人口结构。而城市群外的迁入人口结构则是以市内跨县的迁入人口为主，对人口的吸引力较弱。2000～2020 年，珠三角城市群始终是人口净迁入率最高的城市群，而北部湾、成渝、黔中、长江中游和中原城市群则始终处于人口净迁出的状态。

3. 城市群人口集聚模式划分为弱多中心、弱单中心、强单中心和强多中心城市群这 4 大类，并呈现出一定的人口迁移网络结构特征

基于城市群常住人口集聚度、人口数量首位度这两个维度，将中国 19 个城市群划分为弱多中心、弱单中心、强单中心和强多中心城市群这四大类，并基于城市群人口净迁移率为正（或负）将每种人口集聚模式继续分为两个亚类。此外，通过将基于遥感数据得到的城市群类型，以及本书前述城市群人口集聚模式的划分结果进行对比分析后，发现两者总体上还是比较吻合的。

2000～2020 年，城市群人口集聚模式的演变具有鲜明的阶段性、区域性特征。根据其所具有的人口迁移网络结构特征，尤其是人口流动、人口规模等特征，认为城市群人口集聚模式普遍会经历弱多中心、弱单中心、强单中心和强多中心城市群的演变规律，城市群人口集聚模式具有形态与功能上的差异。需要注意的是，本书虽然将强多中心城市群位于强单中心城市群之后，但并不意味着这个演变顺序的必然性。

4. 城市群内人口集聚度的影响因素具有显著差异

首先是构建城市群内人口集聚度的影响因素指标体系，然后对城市群内全部城市人口集聚度的影响因素通过地理探测器模型、空间计量经济模型进

行分析探讨。地理探测器模型结果表明,全部影响因素都具有明显的空间分异性,对城市人口集聚度存在显著影响;2000～2020年,多数影响因素的解释力有所增强。空间计量经济模型结果表明,与OLS、SLM模型相对比来说,SEM模型具有更好的解释力;在此期间,第三产业占GDP比重、规模以上企业结构成长指数、行业区位熵指数、城镇化率对城市人口集聚度的正向促进效应呈现上升态势。

不同城市群人口集聚模式的城市人口集聚度,具有差异性的影响因素。2000～2020年,对弱多中心城市群来说,客运总量对城市人口集聚度的空间分布解释力始终是最强的;行业区位熵指数、建成区绿化覆盖率也具有较强的解释力。对弱单中心城市群来说,行业区位熵指数、财政支出规模、市辖区客运总量对城市人口集聚度的空间分布解释力始终是相对较强的。对强单中心城市群来说,人均GDP、城镇化率对城市人口集聚度的空间分布解释力始终是较强的。对强多中心城市群来说,城镇化率对城市人口集聚度的空间分布解释力始终是最强的。与城市群内相比,在校中小学师生比对城市群外的城市人口集聚度的空间分布解释力始终是较强的;在校中小学师生比、建成区绿化覆盖率这两方面对于城市群外的人口集聚的影响力会显得更为重要。此外,不同城市群的人口集聚度影响因素也会存在差异,需要后续进行深入探讨分析。

5. 城市群内仍然是中国未来人口规模较大、增量较多的主要区域,且其核心区域的人口增量会相对更多

2000～2020年,城市群内作为中国人口总量较多、增量较大、城镇化水平较高的主要区域,随着中国各城市群均进入到城镇化发展快速阶段,未来将会有更多人口流入到城市群内,且人口更多集聚到发育度较高的城市群,其对人口的吸引力也在不断增强。2030年,长三角、长江中游、京津冀、珠三角、山东半岛和成渝城市群这六个城市群是中国有望常住人口总量超过1亿的城市群。

作为城市群内的核心区域,都市圈人口总量较多、集聚度较高,是城市群内人口集聚和人口增量的主要区域,且经济发展水平较高的都市圈,具有更高的人口净迁移率。2030年,上海、首都、郑州、广州和深圳都市圈仍将是主要的人口流入都市圈。此外，作为城市群或都市圈的核心城市，省会城市是其内部人口增加的主要区域；随着中国部分省会已相继提出"强省会城市"发展战略，省会城市依然会成为人口增长的主要城市。

9.2　政策建议

1. 根据城市群对人口吸引力的差异性来合理规划城市群，发挥城市群的辐射带动作用

优化配置各种要素资源，发挥城市群的辐射带动作用。加快要素资源如劳动力、资金、信息等的自由流动和有序配置，培育形成城市群新的竞争优势，助力产业优化升级，为城市群更好地实现高质量发展提供新的动力源。贯彻落实不同等级城市的落户门槛政策，消除户籍制度中存在的城乡二元壁垒，从服务、政策、福利等不同方面来努力降低或消除移民过程中存在的隐性成本，加快推动劳动力要素的自由流动，使外来人口市民化的进程得到不断推进。探索新的体制机制来突破行政界限对人口流动的限制，完善配套服务体系，大力推进基础设施一体化和公共服务均等化的进程，促进要素资源的合理配置和产业分工协作，实现区域的协同化发展和城乡有机融合（周春山，2021）。

实行差异化人口策略，提高城市群的人口集聚红利。依据城市群内不同城市所具有的经济发展水平、城市功能和城市性质等，通过采用差异化的人口策略，能够更好地发掘人口红利潜力，促进区域协调发展，助力新型城镇化建设。其中，核心城市主要是通过增强对高新技术人才、技术性劳动力等高素质人口的吸引力来推进其人口城镇化进程；这既可以通过改善城市的硬性设施如交通网络体系、生活设施配套等，也可以通过完善城市软性配套如文化氛围、管理服务等，还可以提供各种有利的优惠政策如福利、补贴、落户、教育等，从而使高素质人口能够更好地留在核心城市。同时，城市群内的中小城市则主要是通过吸引劳动力和提高人力资本来推进其经济发展，利用其与核心城市之间密切的经济社会联系，通过吸引劳动力来带动产业发

展，提高劳动力的职业技能和就业培训；根据其经济发展的实际需求来推动全面取消或放宽落户政策，采取多样化途径来吸引年轻劳动力落户，推动实现基本公共服务均衡化，使其更愿意留下（周春山，2021）。

优化空间配置，完善城市群的空间治理体系。合理配置产业链条的空间格局，在城市群内要坚持错位化的产业发展策略，核心城市大力发展高端化、智能化、新型化的知识型产业，发挥其高质量人才众多的规模集聚效应，提高经济发展的竞争力和产业效益；而周边的中小城市则需要积极承接核心城市的外溢出的相关产业，发挥其劳动力、土地等成本相对低廉的优势，大力推进制造业集群化和规模化，成为区域产业链条的重要一环，提高其经济发展水平。促进要素资源的合理布局，推进产城融合，实现人、产、城等要素的一体化发展。推进城市群生态环境治理，加强生态修复工程和生态环境保护，提供良好的生态空间。加强区域协调发展，建立生态环境协同治理的机制。推广绿色出行和生活，完善配套公共服务设施，提升人民群众的幸福感。加强统筹规划，建立多层次的国土空间规划体系，完善城市群的空间结构体系（周春山，2021）。

完善城市群内的公共服务和基础设施体系，推动城市群高质量发展。完善的基础设施配套体系和较高水平的公共服务是吸引人口和产业向城市群集聚的重要基础和前提。构建互联互通的交通设施，提高城际联系的密切性和便利性，促进要素资源的自由流动，降低通勤过程中的成本，密切内部的通勤化联系；畅通物流运输通道，实现城市群内的物流更为便利。提高城镇基本公共服务在城市群的覆盖率，使人民群众能够更好地享受城市提供的优质公共服务、医疗资源和教育质量等，最大限度提高城市居民的归属感和幸福感（周春山，2021）。

2. 根据城市群对中国人口分布与流动的影响，做好中国未来人口的规划

继续贯彻落实全面放松城市落户制度的政策，不断增强人口要素的流动性，促使更多的流动人口能够在城市定居生活，引导农民工市民化，缩小户籍人口城镇化与常住人口城镇化之间的差距（周春山等，2022）。通过引导农民工市民化，从政策上降低通勤过程中存在的各种隐性成本，有利于促进

国家的新型城镇化建设，实现人口要素在不同等级城市的合理配置和有序空间集聚。

采取各种优惠政策来吸引人口落户，尤其是吸引更多的人才落户。努力增强城市群人口经济承载能力，打造高质量发展的动力源和增长极，利用城市群所具有的较高经济发展水平来吸引更多的劳动力资源和更具技术能力的高素质人才，从而增强本区域的人口集聚能力。随着城市群内各市产业、交通、公共服务等逐步走向一体化，核心城市只有打破户籍限制，才能在一体化格局中释放出人口活力；随着国家全面放宽落户限制，很多城市也以"落户自由"吸引人才，核心城市只有逐步放宽政策，才能在人口竞争中取得优势，实现城市高质量发展。

加快配套优惠政策的推进速度，使流动人口在城市中更好的定居和生活。完善流入人口配套政策，充分考虑到人口规模、用地规模等从而提供充足的住房保障；完善社会保障体系，加强流动人口的随迁子女受教育机会保障，使其子女能够享受到更好的教育资源。同时，建立健全人才政策体系，设立专门的人才奖励机制，提供社会保障、住房、子女教育、落户等相关政策的优惠。优化创新产业环境，加大科技创新投入力度，不断吸引科创人口进入城市。这样的优惠政策将能够吸引更多的人才流入城市，为城市提供更多的高新技术人才，助力知识密集型产业发展。

3. 基于区域资源禀赋优势，推行差异化的发展策略，促进人口的流动与空间集聚

第一，分区域采取不同的策略来推进市民化进程，促进人口的有序流动与合理分布。对于经济发达的东部地区来说，由于其对人口具有较强的吸引力，且其本身具有较高的人口规模，因此在人口流动的政策制定过程中，需要考虑适度限制特大城市的市民化进程，鼓励引导流动人口向中等城市或小城镇进行集聚，从而实现人口要素的优化配置，完善城市群内部的城镇体系。特别是对于北京、上海等面临巨大人口压力的超大城市，更要考虑对人口的严格管控，合理应对流动人口的市民化。对于中西部地区来说，随着国家的产业转型升级，以及产业由东部地区向中西部地区进行转移，将会提供更多的就业机会，吸引更多的流动人口，在引导市民化的过程中应将重点放在推进省内流动人口的就近市民化上。

由于中西部地区的内部差异相对较大，其发展重点仍然集中在推进以省会城市、核心城市为中心的区域。对于发育度较低的城市群来说，将有限的资源适当集聚到省会城市或核心城市，可利用核心城市的极化效应来推动城市群整体的发展，助力城市群内多核心城市体系的逐步形成。同时，在人口、资金等各种要素资源快速集聚到核心城市的过程中，也要注意给交通、环境、住房等其他方面带来的压力，避免出现"大城市病"等问题。因此，中西部地区的核心城市在发展过程中，既要引导人口、产业、生产要素的大量集聚，促进核心城市的快速发展；也要注意发挥核心城市对周边城市的辐射带动作用，努力引导人口有序流动、合理布局，形成人口与经济、资源、环境相适应、相协调的格局。

第二，推行错位化发展策略，提高城市群的竞争力，吸引人口在不同类型城市群的合理分布。城市群作为中国人口空间集聚的重要场所，随着中国各城市群的城镇化水平相继处于快速发展阶段，大量城镇人口逐渐进入到城市群和都市圈内，将形成新的人口空间分布格局特征，需要根据不同城市群的发展模式、比较优势、规模等级、发展阶段等采取分类推进城市群人口政策，建设好、管理好多种类型的城市群，精准助力城市群竞争力提升，提高城市群治理能力现代化。具体来说，优先发展京津冀、粤港澳、长三角、成渝 4 个国家级城市群，重点发展 7 个区域级城市群，积极扶持 8 个次区域级城市群（郭锐等，2020）。

对于国家级城市群，由于其发达的经济水平、完善的公共服务、现代化的产业结构等优势，采取各种政策来加快人口要素的流动性，为国家级城市群提供更多的人才资源和人力资源，大力发展技术密集型产业，增强竞争力。对于区域性城市群，依托其具有的人口、产业、资金等优势，努力在提高城市群核心城市快速发展的同时，也要推进中小城市的快速发展，形成区域协调发展的局面，促进人口要素的合理配置，推动城市群健康发展。对于次区域级城市群，由于其经济发展水平相对有限，城市群内部核心城市的带动效应较弱，在发展过程中需要积极推进各种要素资源向核心城市的集聚，提高核心城市的发展水平和竞争力，形成城市群内部一个核心的经济增长点和增长极，从而带动城市群的整体发展。

第三，加强城市群内外的联系，加快要素的流动，促进区域协同发展。城市群内的城市要加强与核心城市的紧密联系，利用其发达的交通网络系统、便捷的信息交流网络，积极承接核心城市的配套产业，成为区域产业链条系统的重要一环，形成与核心城市分工互补的产业体系，促进经济发展水平；积极推进对外开放的深度和广度，吸引经济效益好、产业带动性强的产业，为区域发展提供较多的就业岗位；深化行政体制改革，减少人口流动的限制性因素，为人口自由流动与空间集聚提供更多的便利政策，吸引人口进入到城市群内的不同规模等级的城市，从而有利于完善城市群内的城市网络体系。对于城市群外的城市来说，也要基于其自身的相对低廉的成本优势，通过承接其他城市的转移产业，推动发展劳动密集型产业，增加较多的就业岗位；改善基础设施建设，完善交通网络体系，密切与周边城市的经济社会联系，提高营商投资环境等，使城市群外的城市能够更好地加强与城市群内的城市的联系，从而吸引较多的人口留在城市群外，促进城市群外的城市发展，形成城市群内、外协调发展的局面。

9.3　研究创新点

与已有的人口分布、流动与迁移特征及影响因素的研究成果相比，本书的创新点主要表现在以下几个方面。

（1）从城市群的视角分析了中国人口分布与流动特征，提出了中国城市群人口流动与分布的规律。

本书将中国 19 个城市群作为一个整体来分析其人口分布、流动与迁移的时空演变特征和影响因素，探讨城市群分布与中国人口分布之间的关联性，研究发现中国城市群内部人口分布的不均衡性在增强。此外，采用最新公布的第七次人口普查数据，对 21 世纪以来中国城市群人口流动与分布的时空演变特征进行探讨，并对比分析不同时间段、不同发育阶段的城市群所呈现出的人口特征，这在一定程度上有助于丰富城市群人口的研究成果，也有利于分析新发展阶段城市群快速发展造成的胡焕庸线两侧的人口变化特征。

（2）归纳总结不同城市群人口集聚模式的人口迁移网络结构，探讨分析不同城市群对周边人口的影响及其自身的人口变化规律。

本书从人口集聚度与首位度这两个维度来将中国19个城市群的人口集聚模式划分为四大类、八亚类，探讨得出中国城市群人口集聚模式的演变规律。同时，研究发现中国城市群人口集聚模式的演变具有鲜明的阶段性与区域性，其与"城市化近域推进演化模型"在前面四个阶段的人口流动与分布特征总体上是相似的，这在一定程度上丰富了已有的理论与实践成果。

（3）探讨分析城市群吸引人口集聚的影响因素和动力机制，以及影响因素之间的差异性特征。

本书采用地理探测器模型分析得到人口集聚到城市群内的影响因素的空间分层异质性特征，并利用空间计量经济模型分析城市群人口集聚可能造成的空间溢出效应，进一步丰富了城市群人口的理论成果。随着城市舒适性因素如优质的公共服务、良好的医疗卫生条件和受教育水平、良好的人居环境等因素也逐渐成为引导人口向城市集聚的重要动力，也在一定程度上丰富了经典迁移理论的相关成果。此外，不同城市群人口集聚模式人口集聚度的影响因素存在较大差异，也有助于其在政策制定过程中提出针对性的建议。

9.4　存在不足

一是研究尺度方面，目前仅细化到地级市一级，没有开展县级单元的研究。由于区县人口和经济统计数据获取的难度系数较大，因此本书主要是将地级市作为基本统计单元，从地市尺度来揭示城市群对中国人口流动与分布的影响研究。

二是由于数据的部分缺失，在某些方面的分析显得不够深入。数据来源方面，本书仅采用第五、第六、第七次人口普查这三个时间节点的数据来分析中国人口流动与分布集聚特征。但是，由于第五、第六、第七次人口普查中的部分指标存在缺失、不匹配等现象，在分析人口自然增长率与机械增长量的时候主要分析第五、第六次人口普查数据。

三是由于采取的是人口截面数据，研究结果难以反映出连续性变化特征。研究时间跨度方面，由于中国各省区市统计年鉴中对人口的统计口径和统计数据存在不一致，本书仅使用三次普查人口数据，无法深入反映出城市群在该时期的人口连续性变化特征，难以发现中国城市群人口的长时期发展规律。

四是主要采用了人口普查数据与统计数据，遥感、大数据等研究方法和数据则使用得相对不足。本书仅在 4.1 小节中分析中国人口集聚度的时空演变特征，以及 6.3 小节中城市群中心范围的识别，这两个小节的内容部分涉及了夜间灯光数据的相关分析，但本书总体来说对大数据和遥感数据的使用还是有所不足。

9.5　研究展望

一是在研究单元和时间跨度上进行深入研究。在数据可获取的情况下，采用更精细的县域尺度数据来进行研究，并与地级市尺度的研究结果进行对比分析。也要采用更长的时间跨度对城市群人口流动与分布特征进行研究，探究城市群人口长时间的发展规律。采用更准确的数据，综合考虑区域发展战略、产业政策、人口政策等方面，对城市群及其核心区域的未来人口集聚趋势进行预测。

二是采用遥感灯光数据、大数据等深入分析城市群的人口流动与分布特征。基于灯光遥感数据、腾讯位置大数据、手机信令数据等新数据基础上，对不同城市群所呈现的人口流动特征进行深入探讨，力图发现各城市群所呈现的人口变化规律以及中国城市群人口演变的内在趋势。也要结合灯光数据、土地利用监测数据等，探讨城市群人口分布与城市群空间结构的关联性。

三是由于中国城市群种类的复杂性，后续可针对单个或少数几个城市群，分析得到不同城市群的人口分布、流动与迁移特征。由于统计年鉴中指标的不一致、不连续性，对单个或几个城市群的分析将能减少或避免这一局限性，从而更准确地分析城市群人口特征。对于经济发展水平相似的城市群，如京津冀、珠三角和长三角城市群，可对比分析其所呈现出的人口流动与集聚分布的时空演变特征，发现其内部的不同空间分布格局特征，探讨其在人口长期演变过程中的规律性特征。或者针对单个城市群，利用其统计标准的同一性，统计时段的长期性，对单个城市群所呈现出的人口特征进行深入探讨，发现其人口演变的内在规律。

四是对城市群人口集聚的影响因素进行更深入的研究。本书侧重在经济发展因素和社会条件因素对人口集聚的影响分析，后续可以对这些因素内的单一因素来深入探讨其与城市群人口集聚的关联性。也可以从自然环境因素对人口集聚到城市群内的影响因素进行分析，分析判断哪些因素对人口集聚的影响力在增强还是减弱。此外，本书侧重在对四种城市群人口集聚模式的影响因素的差异性进行对比分析，后续也可以对珠三角、长三角和京津冀这三个经济发达的城市群来对比探讨其对人口流动与分布的差异性影响因素，从而为不同城市群人口政策、区域发展政策等的制定提供参考依据。

附　　录

附表 1　　2000 年、2010 年、2020 年中国各省区市的常住人口情况

名称	人口总量（万人）			比重（%）			人口集聚度		
	2000 年	2010 年	2020 年	2000 年	2010 年	2020 年	2000 年	2010 年	2020 年
东部地区	**44234**	**50619**	**56372**	**35.60**	**37.98**	**39.93**	**3.68**	**3.93**	**4.13**
北京	1357	1961	2189	1.09	1.47	1.55	6.28	8.46	8.91
天津	985	1294	1387	0.79	0.97	0.98	6.51	7.98	8.07
上海	1641	2302	2487	1.32	1.73	1.76	18.43	24.11	24.59
河北	6668	7185	7461	5.37	5.39	5.28	2.70	2.72	2.66
浙江	4593	5443	6457	3.70	4.08	4.57	3.40	3.76	4.21
江苏	7304	7866	8475	5.88	5.90	6.00	5.50	5.53	5.62
福建	3410	3689	4154	2.74	2.77	2.94	2.13	2.15	2.29
广东	8523	10432	12601	6.86	7.83	8.93	3.66	4.18	4.77
山东	8997	9579	10153	7.24	7.19	7.19	4.41	4.38	4.38
海南	756	867	1008	0.61	0.65	0.71	1.70	1.82	1.99
东北地区	**10486**	**10951**	**9851**	**8.44**	**8.22**	**6.98**	**1.01**	**0.98**	**0.84**
黑龙江	3624	3831	3185	2.92	2.87	2.26	0.61	0.60	0.47
吉林	2680	2745	2407	2.16	2.06	1.71	1.07	1.02	0.84
辽宁	4182	4375	4259	3.37	3.28	3.02	2.18	2.13	1.95
中部地区	**34589**	**35675**	**36469**	**27.84**	**26.77**	**25.83**	**2.56**	**2.46**	**2.38**
山西	3247	3571	3492	2.61	2.68	2.47	1.58	1.62	1.49

续表

名称	人口总量（万人）			比重（%）			人口集聚度		
	2000 年	2010 年	2020 年	2000 年	2010 年	2020 年	2000 年	2010 年	2020 年
河南	9124	9403	9937	7.34	7.06	7.04	4.19	4.03	4.02
湖北	5951	5724	5775	4.79	4.29	4.09	2.43	2.18	2.08
湖南	6327	6570	6644	5.09	4.93	4.71	2.27	2.20	2.10
安徽	5900	5950	6103	4.75	4.46	4.32	3.20	3.01	2.91
江西	4040	4457	4519	3.25	3.34	3.20	1.84	1.89	1.81
西部地区	**34952**	**36036**	**38285**	**28.13**	**27.04**	**27.12**	**0.40**	**0.38**	**0.38**
陕西	3537	3733	3953	2.85	2.80	2.80	1.31	1.29	1.29
甘肃	2512	2558	2502	2.02	1.92	1.77	0.45	0.43	0.39
宁夏	549	630	720	0.44	0.47	0.51	0.80	0.86	0.93
内蒙古	2332	2471	2405	1.88	1.85	1.70	0.15	0.15	0.14
云南	4236	4597	4721	3.41	3.45	3.34	0.84	0.85	0.82
贵州	3525	3475	3856	2.84	2.61	2.73	1.52	1.40	1.47
四川	8235	8042	8367	6.63	6.03	5.93	1.29	1.17	1.15
重庆	3051	2885	3205	2.46	2.16	2.27	2.82	2.48	2.60
广西	4385	4602	5013	3.53	3.45	3.55	1.41	1.38	1.42
新疆	1846	2182	2585	1.49	1.64	1.83	0.09	0.09	0.11
青海	482	563	592	0.39	0.42	0.42	0.05	0.06	0.06
西藏	262	300	365	0.21	0.23	0.26	0.02	0.02	0.02
全国	124261	133281	141178						

注：全国数据是通过对 31 个省区市的数据加总求和得到，未纳入港澳台数据；下同。

附表 2　2000 年、2010 年、2020 年中国城市群的常住人口增量及人口净迁移率情况

名称	常住人口增量（万人）		年均增速（%）		净迁移率（%）		
	2000 ~ 2010 年	2010 ~ 2020 年	2000 ~ 2010 年	2010 ~ 2020 年	2000 年	2010 年	2020 年
黔中	43	301	0.28	1.77	− 0.86	− 11.22	− 5.06
呼包鄂榆	165	112	1.67	0.99	5.35	11.05	13.99
兰西	95	92	0.86	0.77	1.60	1.67	3.87
滇中	164	171	0.85	0.81	6.48	4.44	7.16
宁夏沿黄	97	99	2.15	1.79	3.89	4.96	10.00
北部湾	462	464	1.26	1.12	− 10.68	− 12.58	− 12.54
哈长	262	− 628	0.55	− 1.36	− 0.62	0.85	− 7.24
晋中	159	65	1.05	0.40	2.85	4.19	4.91
中原	180	577	0.27	0.83	− 1.39	− 8.12	− 10.71
关中平原	226	156	0.62	0.41	0.01	− 0.81	− 2.18
天山北坡	157	91	3.03	1.40	20.64	22.10	30.88
成渝	− 330	744	− 0.36	0.80	− 1.78	− 12.08	− 5.59
长江中游	387	187	0.32	0.15	− 1.51	− 5.70	− 6.90
辽中南	214	− 81	0.57	− 0.21	2.17	4.29	4.04
海峡西岸	684	442	1.33	0.77	2.09	5.41	3.37
山东半岛	582	573	0.63	0.58	0.60	0.33	− 0.19
京津冀	1430	596	1.48	0.56	4.34	9.60	8.77
长三角	2185	2159	1.67	1.41	4.82	14.71	19.27
珠三角	1325	2182	2.73	3.34	40.11	46.10	50.07
城市群内合计	8488	8304	0.90	0.81	2.68	3.70	5.50
城市群外	532	− 607	0.15	− 0.18	− 4.66	− 11.88	− 18.32

注：净迁移率 ＝（常住人口 − 户籍人口）÷ 常住人口 × 100%。

附表3 城市群内人口集聚度的 OLS 模型估计结果（2000 年、2010 年、2020 年）

指标	2000 年			2010 年			2020 年		
	系数	标准差	t 统计量	系数	标准差	t 统计量	系数	标准差	t 统计量
_cons	−2.506	2.251	−1.113	−2.516	2.235	−1.126	−4.269	4.150	−1.029
人均 GDP	0.213	0.163	1.301	−0.465***	0.177	−2.623	0.106	0.191	0.555
第三产业占 GDP 比重	0.394	0.262	1.505	0.083	0.235	0.354	1.734***	0.368	4.710
固定资产投资规模	−0.281***	0.100	−2.807	−0.012	0.128	−0.091	−0.269**	0.110	−2.441
客运总量	0.098	0.076	1.276	0.255***	0.075	3.390	0.056	0.060	0.937
货运总量	−0.055	0.089	−0.617	−0.053	0.082	−0.655	0.006	0.073	0.085
市辖区客运总量	0.001	0.047	0.025	0.003	0.046	0.073	0.043	0.067	0.645
行业区位熵指数	0.232**	0.089	2.600	0.183***	0.065	2.828	0.406***	0.075	5.391
规模以上企业结构成长指数	0.192*	0.099	1.937	0.456***	0.104	4.396	0.409***	0.098	4.167
财政支出规模	0.190**	0.088	2.156	−0.437***	0.162	−2.702	−0.344**	0.153	−2.248
在岗职工平均工资	0.124	0.259	0.478	0.415	0.300	1.385	−0.108	0.348	−0.310
在校中小学师生比	−0.548**	0.218	−2.513	−0.828***	0.256	−3.230	−0.802**	0.311	−2.580
每万人拥有福利机构床位数	−0.589***	0.187	−3.150	−0.482**	0.188	−2.562	−0.602***	0.219	−2.745
工业废水处理达标率	0.146*	0.084	1.738	0.078	0.132	0.591	−0.056	0.545	−0.103
建成区绿化覆盖率	0.035	0.097	0.360	−0.066	0.107	−0.619	0.246	0.458	0.536
城镇化率	−0.001	0.201	−0.005	1.077***	0.290	3.710	0.398	0.389	1.022

注：*、**、***分别表示通过 10%、5%、1% 的显著性检验。

附表 4　2000 年、2010 年、2020 年中国城市群城镇人口与城镇化率的情况

名称	城镇人口总量（万人）			常住人口城镇化率（%）			城镇人口增量（万人）	
	2000 年	2010 年	2020 年	2000 年	2010 年	2020 年	2000～2010 年	2010～2020 年
黔中	524	701	1178	34.39	44.72	63.10	176	478
呼包鄂榆	406	684	896	44.33	63.24	75.10	278	213
兰西	413	604	829	38.97	52.27	66.44	191	225
滇中	624	967	1364	33.57	47.76	62.15	342	397
宁夏沿黄	165	274	418	40.33	54.06	68.98	109	144
北部湾	1234	1663	2388	35.51	42.25	54.27	429	725
哈长	2212	2558	2679	47.77	52.29	62.82	346	121
晋中	626	870	1148	43.14	54.00	68.50	244	278
中原	1645	2709	4149	25.40	40.71	57.37	1065	1440
关中平原	1134	1682	2404	32.01	44.64	61.26	548	722
天山北坡	293	473	619	64.72	77.50	88.24	180	146
成渝	2896	4170	6177	30.97	46.23	63.26	1274	2007
长江中游	4328	6069	8009	35.83	48.69	63.30	1741	1940
辽中南	2107	2507	2828	57.34	64.48	74.27	401	320
海峡西岸	2246	3305	4051	46.46	59.89	67.96	1059	746
山东半岛	3433	4762	6401	38.15	49.71	63.05	1329	1639
京津冀	3517	5871	7573	39.04	56.23	68.61	2354	1702
长三角	6239	9408	12626	51.29	65.56	76.48	3169	3218
珠三角	2956	4643	6802	68.95	82.72	87.26	1687	2159
城市群内合计	36999	53920	72540	41.02	54.64	67.80	16921	18620
城市群外	8878	13080	17459	26.06	37.81	51.37	4202	4379

附表5 中国29个都市圈范围及其划分依据

都市圈名称	范围	依据
上海都市圈	上海、苏州、无锡、常州、南通、嘉兴、宁波、舟山、湖州	2017年《上海市城市总体规划（2017－2035年)》
南京都市圈	江苏省南京市，镇江市京口区、润州区、丹徒区和句容市，扬州市广陵区、邗江区、江都区和仪征市，淮安市盱眙县，安徽省芜湖市镜湖区、弋江区、鸠江区，马鞍山市花山区、雨山区、博望区、和县和当涂县，滁州市琅琊区、南谯区、来安县和天长市，宣城市宣州区	《南京都市圈发展规划》
杭州都市圈	杭州、绍兴；衢州、黄山	2012年《杭州都市圈蓝皮书》
广州都市圈	广州、佛山、肇庆、清远、云浮、韶关	《广东省开发区总体发展规划（2020－2035年)》
深圳都市圈	深圳、东莞、惠州；河源、汕尾的市辖区	《广东省开发区总体发展规划（2020－2035年)》
首都都市圈	北京，天津市的武清区、宝坻区、蓟州区，河北张家口、承德、廊坊、保定、唐山、秦皇岛	
合肥都市圈	合肥、淮南、六安、蚌埠；安庆的桐城市	
青岛都市圈	青岛、潍坊；烟台的莱阳市、海阳市	《山东半岛城市群发展规划（2016－2030年)》
济南都市圈	济南、淄博、泰安、莱芜、德州、聊城；滨州的邹平市	《山东半岛城市群发展规划（2016－2030年)》
成都都市圈	成都市，德阳市旌阳区、什邡市、广汉市、中江县，眉山市东坡区、彭山区、仁寿县、青神县，资阳市雁江区、乐至县	《成都都市圈发展规划》
西安都市圈	西安（含西咸新区）；咸阳市；铜川、渭南市部分区县、杨凌高新技术产业示范区	《西安都市圈发展规划》
郑州都市区	郑州、洛阳、济源、焦作、新乡、开封、漯河、平顶山、许昌	《郑州大都市区空间规划（2018－2035年)》
厦漳泉都市圈	厦门、漳州、泉州	

续表

都市圈名称	范围	依据
武汉都市圈	武汉、黄冈、黄石、鄂州、孝感、咸宁、仙桃、天门、潜江	
石家庄都市圈	石家庄、邢台、衡水	
长春都市圈	长春市、吉林市市区、四平市市区、辽源市市区、松原市市区、公主岭市、伊通县、永吉县和前郭县	
太原都市圈	太原、晋中	2017 年《太原市市域空间总体规划》
长株潭都市圈	长沙、株洲、湘潭	《长株潭都市圈发展规划》
贵阳都市圈	贵阳市；安顺市的平坝区、西秀区、普定县；毕节市的黔西县、织金县；黔南州的福泉市、都匀市、贵定县、龙里县、瓮安县、惠水县、长顺县	《黔中城市群发展规划》
南宁都市圈	南宁、钦州、防城港、崇左、玉林、贵港	广西“十四五”建议
沈阳都市圈	沈阳、鞍山、抚顺、本溪、营口、阜新、辽阳、铁岭	
南昌都市圈	南昌、九江；抚州市的临川区、东乡区；宜春市的丰城市、樟树市、高安市和靖安县、奉新县；上饶市的鄱阳县、余干县、万年县；赣江新区	《大南昌都市圈发展规划（2019－2025）》
昆明都市圈	昆明、曲靖、玉溪、楚雄、蒙自	
重庆都市圈	渝中区、合川区、永川区、涪陵区等重庆部分市辖区	《成渝城市群发展规划》
银川都市圈	银川、石嘴山、吴忠	《银川都市圈建设实施方案》
哈尔滨都市圈	哈尔滨、绥化市区及周边的阿城区、双城区、五常市、尚志市、宾县、肇东市	
大连都市圈	大连都市区；丹东市的东港市	《大连市城镇体系规划（2018－2035 年）》
兰州都市圈	兰州、白银、定西、临夏	《甘肃省国民经济和社会发展第十四个五年规划和二〇三五年远景目标纲要》

续表

都市圈名称	范围	依据
福州都市圈	福州、莆田；宁德市的蕉城区、福安市、霞浦县和古田县；南平市的延平区、建瓯市和建阳区，以及平潭综合实验区	《福州都市圈发展规划》
乌鲁木齐都市圈	乌鲁木齐、昌吉	《新疆"十四五"规划》
西宁都市圈	西宁、海东	

注：杭州都市圈的湖州、嘉兴与上海都市圈重叠，因此删除；合肥都市圈的滁州、芜湖、马鞍山与南京都市圈重叠，因此删除；石家庄都市圈的保定与首都都市圈重叠，因此删除；大连都市圈的鞍山市岫岩县、营口市鲅鱼圈区域沈阳都市圈重叠，因此删除。

参 考 文 献

[1] 敖荣军，梅琳，梁鸽，等. 湖北省县域人口迁入与工业集聚的空间关联性研究 [J]. 长江流域资源与环境，2018，27（3）：514－522.

[2] 柏中强，王卷乐，杨雅萍，等. 基于乡镇尺度的中国25省区人口分布特征及影响因素 [J]. 地理学报，2015，70（8）：1229－1242.

[3] 曹广忠，陈思创，刘涛. 中国五大城市群人口流入的空间模式及变动趋势 [J]. 地理学报，2021，76（6）：1334－1349.

[4] 曹广忠，刘嘉杰，刘涛. 空气质量对中国人口迁移的影响 [J]. 地理研究，2021，40（1）：199－212.

[5] 曹劲舟，涂伟，李清泉，等. 基于大规模手机定位数据的群体活动时空特征分析 [J]. 地球信息科学学报，2017，19（4）：467－474.

[6] 曹永旺，刘樱，周春山. 城市群视角下新冠肺炎疫情的时空扩散特征与影响因素 [J]. 地域研究与开发，2021，40（3）：1－7.

[7] 车冰清，仇方道. 基于镇域尺度的江苏省人口分布空间格局演变 [J]. 地理科学，2015，35（11）：1381－1387.

[8] 陈红艳，骆华松，宋金平. 东京都市圈人口变迁与产业重构特征研究 [J]. 地理科学进展，2020，39（9）：1498－1511.

[9] 陈金英. 中国城市群空间结构及其对经济效率的影响研究 [D]. 长春：东北师范大学，2016.

[10] 陈林，肖倩冰. 工资水平、环境污染对常住人口的影响 [J]. 中国人口科学，2020，（4）：59－71，127.

[11] 陈明星，郭莎莎，陆大道. 新型城镇化背景下京津冀城市群流动人口特征与格局 [J]. 地理科学进展，2018，37（3）：363－372.

[12] 陈明星，李扬，龚颖华，等. 胡焕庸线两侧的人口分布与城镇化

格局趋势——尝试回答李克强总理之问 [J]. 地理学报, 2016, 71 (2): 179 - 193.

[13] 陈棋, 薛东前, 马蓓蓓, 等. 黄土高原地区人口收缩格局与驱动力分析 [J]. 干旱区地理, 2021, 44 (1): 258 - 267.

[14] 陈锐, 王宁宁, 赵宇, 等. 基于改进重力模型的省际流动人口的复杂网络分析 [J]. 中国人口·资源与环境, 2014, 24 (10): 104 - 113.

[15] 陈双, 周锐, 高峻. 基于腾讯迁徙大数据的长三角城市群春运人口流动时空特征 [J]. 人文地理, 2020, 35 (4): 130 - 138.

[16] 陈妍, 梅林. 东北地区资源型城市人口分布与影响因素的定量分析 [J]. 地理科学, 2018, 38 (3): 402 - 409.

[17] 陈彦光. 基于 Moran 统计量的空间自相关理论发展和方法改进 [J]. 地理研究, 2009, 28 (6): 1449 - 1463.

[18] 淳锦, 张新长, 黄健锋, 等. 基于 POI 数据的人口分布格网化方法研究 [J]. 地理与地理信息科学, 2018, 34 (4): 2, 83 - 89, 124.

[19] 崔功豪. 区域分析与区域规划 [M]. 北京: 高等教育出版社, 2006.

[20] 邓楚雄, 李民, 宾津佑. 湖南省人口分布格局时空变化特征及主要影响因素分析 [J]. 经济地理, 2017, 37 (12): 41 - 48.

[21] 邓羽, 刘盛和, 蔡建明, 等. 中国省际人口空间格局演化的分析方法与实证 [J]. 地理学报, 2014, 69 (10): 1473 - 1486.

[22] 丁金宏, 程晨, 张伟佳, 等. 胡焕庸线的学术思想源流与地理分界意义 [J]. 地理学报, 2021, 76 (6): 1317 - 1333.

[23] 杜德斌, 曹宛鹏, 夏启繁, 等. 胡焕庸的地缘战略思想及其时代价值 [J]. 地理学报, 2022, 77 (2): 261 - 274.

[24] 杜志威, 李郇. 基于人口变化的东莞城镇增长与收缩特征和机制研究 [J]. 地理科学, 2018, 38 (11): 1837 - 1846.

[25] 杜志威, 李郇. 珠三角快速城镇化地区发展的增长与收缩新现象 [J]. 地理学报, 2017, 72 (10): 1800 - 1811.

[26] 段成荣, 谢东虹, 吕利丹. 中国人口的迁移转变 [J]. 人口研究,

2019，43（2）：12-20.

[27] 方创琳，鲍超，马海涛. 2016中国城市群发展报告 [M]. 北京：科学出版社，2017.

[28] 方创琳. 京津冀城市群协同发展的理论基础与规律性分析 [J]. 地理科学进展，2017，36（1）：15-24.

[29] 方创琳，毛其智，倪鹏飞. 中国城市群科学选择与分级发展的争鸣及探索 [J]. 地理学报，2015，70（4）：515-527.

[30] 方创琳. 中国城市群形成发育的新格局及新趋向 [J]. 地理科学，2011，31（9）：1025-1034.

[31] 方大春，孙明月. 高铁时代下长三角城市群空间结构重构——基于社会网络分析 [J]. 经济地理，2015，35（10）：50-56.

[32] 封志明，杨艳昭，游珍. 中国人口分布的土地资源限制性和限制度研究 [J]. 地理研究，2014，33（8）：1395-1405.

[33] 高汝熹，罗明义. 世界城市圈域经济发展态势分析 [J]. 经济问题探索，1998（10）：5-8.

[34] 高晓路，许泽宁，牛方曲. 基于"点—轴系统"理论的城市群边界识别 [J]. 地理科学进展，2015，34（3）：280-289.

[35] 葛美玲，封志明. 基于GIS的中国2000年人口之分布格局研究——兼与胡焕庸1935年之研究对比 [J]. 人口研究，2008，32（1）：51-57.

[36] 宫攀，张槊，王文哲. 人口视角下中国城市收缩的演变特征与时空格局——基于第七次全国人口普查公报数据的分析 [J]. 人口与经济，2022（3）：1-15.

[37] 古恒宇，孟鑫，沈体雁，等. 中国城市流动人口居留意愿影响因素的空间分异特征 [J]. 地理学报，2020，75（2）：240-254.

[38] 古恒宇，沈体雁，刘子亮，等. 基于空间滤波方法的中国省际人口迁移驱动因素 [J]. 地理学报，2019，74（2）：222-237.

[39] 顾朝林. 城市群研究进展与展望 [J]. 地理研究，2011，30（5）：771-784.

［40］顾朝林，于涛方，李王鸣，等．中国城市化格局、过程与机理［M］．北京：科学出版社，2008．

［41］顾朝林．中国城镇体系：历史、现状、展望［M］．北京：商务出版社，1992．

［42］郭锐，孙勇，樊杰．"十四五"时期中国城市群分类治理的政策［J］．中国科学院院刊，2020，35（7）：844－854．

［43］国务院．全国主体功能区规划［M］．北京：人民出版社，2015．

［44］贺艳华，邓凯韶，唐承丽，等．长株潭城市群城乡人口流动特征及动力机制［J］．经济地理，2017，37（1）：74－81．

［45］胡焕庸．中国人口的分布、区划和展望［J］．地理学报，1990（2）：139－145．

［46］胡焕庸．中国人口之分布——附统计表与密度图［J］．地理学报，1935，2（2）：33－72．

［47］胡明远，龚璞，陈怀锦，等．"十四五"时期我国城市群高质量发展的关键：培育现代化都市圈［J］．行政管理改革，2020（12）：19－29．

［48］胡序威，周一星，顾朝林，等．东部沿海城镇密集地区空间集聚与扩散研究［M］．北京：科学出版社，2000．

［49］胡云锋，赵冠华，张千力．基于夜间灯光与LUC数据的川渝地区人口空间化研究［J］．地球信息科学学报，2018，20（1）：68－78．

［50］黄金川，陈守强．中国城市群等级类型综合划分［J］．地理科学进展，2015，34（3）：290－301．

［51］黄婉玲．城市群发展对中国人口分布的影响研究［D］．广州：中山大学，2018．

［52］黄宗晔，杨静．方言对省际人口迁移的影响［J］．人口研究，2020，44（4）：89－101．

［53］霍华德．明日的田园城市［M］．金经元，译．北京：商务印书馆，2000．

［54］纪韶，朱志胜．中国城市群人口流动与区域经济发展平衡性研究——基于全国第六次人口普查长数据的分析［J］．经济理论与经济管理，

2014（2）：5-16.

［55］姜鹏，周静，崔勋．基于中日韩实例研究的收缩城市应对思辨
［J］．现代城市研究，2016，1（2）：2-7.

［56］蒋大亮，孙烨，任航，等．基于百度指数的长江中游城市群城市
网络特征研究［J］．长江流域资源与环境，2015，24（10）：1654-1664.

［57］蒋小荣，汪胜兰．中国地级以上城市人口流动网络研究——基于
百度迁徙大数据的分析［J］．中国人口科学，2017（2）：35-46，127.

［58］柯文前，朱宇，陈晨，等.1995-2015年中国人口迁移的时空变
化特征［J］．地理学报，2022，77（2）：411-425.

［59］赖建波，潘竟虎．基于腾讯迁徙数据的中国"春运"城市间人口
流动空间格局［J］．人文地理，2019，34（3）：108-117.

［60］李浩，张明鑫，汪冉．区域地理环境因素对宁夏泾源县儿童呼吸
系统疾病的影响［J］．地理研究，2019，38（12）：2889-2898.

［61］李佳洺，陆大道，徐成东，等．胡焕庸线两侧人口的空间分异性
及其变化［J］．地理学报，2017，72（1）：148-160.

［62］李佳洺，张文忠，孙铁山，等．中国城市群集聚特征与经济绩效
［J］．地理学报，2014，69（4）：474-484.

［63］李建学，蒲英霞，刘大伟．中国省际人口迁移短期预测分析［J］．
地理与地理信息科学，2021，37（2）：54-62.

［64］李凯，刘涛，曹广忠．城市群空间集聚和扩散的特征与机制——
以长三角城市群、武汉城市群和成渝城市群为例［J］．城市规划，2016，40
（2）：18-26.

［65］李涛，王姣娥，黄洁．基于腾讯迁徙数据的中国城市群国庆长假
城际出行模式与网络特征［J］．地球信息科学学报，2020，22（6）：1240-
1253.

［66］梁昊光，刘彦随．北京市人口时空变化与情景预测研究［J］．地
理学报，2014，69（10）：1487-1495.

［67］廖传清，郑林．长江中游城市群人口分布与城镇化格局及其演化
特征［J］．长江流域资源与环境，2017，26（7）：963-972.

［68］林珲，张鸿生，林殷怡，等．基于城市不透水面—人口关联的粤港澳大湾区人口密度时空分异规律与特征［J］．地理科学进展，2018，37（12）：1644－1652．

［69］林李月，朱宇，柯文前．城镇化中后期中国人口迁移流动形式的转变及政策应对［J］．地理科学进展，2020，39（12）：2054－2067．

［70］刘达，郭炎，栾晓帆，等．中部大城市流动人口的回流意愿及其影响因素——以武汉市为例［J］．地理研究，2021，40（8）：2220－2234．

［71］刘锦，田银生．粤港澳大湾区背景下的珠三角城市群产业－人口－空间交互影响机理［J］．地理科学进展，2018，37（12）：1653－1662．

［72］刘乃全，吴伟平，刘莎．长三角城市群人口空间分布的时空演变及影响因素研究［J］．城市观察，2017（5）：5－18．

［73］刘睿文，封志明，杨艳昭，等．基于人口集聚度的中国人口集疏格局［J］．地理科学进展，2010，29（10）：1171－1177．

［74］刘盛和，王雪芹，戚伟．中国城镇人口"镇化"发展的时空分异［J］．地理研究，2019，38（1）：85－101．

［75］刘涛，彭荣熙，卓云霞，等．2000－2020年中国人口分布格局演变及影响因素［J］．地理学报，2022，77（2）：381－394．

［76］刘涛，卓云霞，王洁晶．邻近性对人口再流动目的地选择的影响［J］．地理学报，2020，75（12）：2716－2729．

［77］刘彤，周伟，曹银贵．沈阳市城市功能区分布与人口活动研究［J］．地球信息科学学报，2018，20（7）：988－995．

［78］刘真真，马远．粤港澳大湾区城市群城市规模分布特征及经济联系［J］．城市学刊，2020，41（4）：47－53．

［79］刘振，戚伟，刘盛和．中国人口收缩的城乡分异特征及形成机理［J］．地理科学，2021，41（7）：1116－1128．

［80］龙晓君，郑健松，李小建，等．全面二孩背景下中国省际人口迁移格局预测及城镇化效应［J］．地理科学，2018，38（3）：368－375．

［81］卢梦甜，张凯选．京津冀城市群空间集聚与扩散发展态势［J］．测绘与空间地理信息，2018，41（1）：121－125．

［82］陆大道.2000 年我国工业生产力布局总图的科学基础［J］.地理科学，1986，6（2）：110 -118.

［83］罗君，石培基，张学斌.黄河上游兰西城市群人口时空特征多维透视［J］.资源科学，2020，42（3）：474 -485.

［84］罗胤晨，谷人旭，王春萌，等.县域工业集聚的空间效应分析及其影响因素——基于长江三角洲地区的实证研究［J］.经济地理，2015，35（12）：120 -128.

［85］马学广，闫曼娇.环渤海地区空间多中心测度及时空分异特征研究［J］.地理与地理信息科学，2017，33（1）：102 -109.

［86］马燕坤，肖金成.都市区、都市圈与城市群的概念界定及其比较分析［J］.经济与管理，2020，34（1）：18 -26.

［87］马志飞，尹上岗，张宇，等.中国城城流动人口的空间分布、流动规律及其形成机制［J］.地理研究，2019，38（4）：926 -936.

［88］马佐澎，李诚固，张平宇.东北三省城镇收缩的特征及机制与响应［J］.地理学报，2021，76（4）：767 -780.

［89］穆学英，崔璨，崔军茹，等.中国流动人口的跨等级流动及其对流入城市住房选择的影响［J］.地理学报，2022，77（2）：395 -410.

［90］宁越敏.中国都市区和大城市群的界定——兼论大城市群在区域经济发展中的作用［J］.地理科学，2011，31（3）：257 -263.

［91］潘碧麟，王江浩，葛咏，等.基于微博签到数据的成渝城市群空间结构及其城际人口流动研究［J］.地球信息科学学报，2019，21（1）：68 -76.

［92］潘竟虎，赖建波.中国城市间人口流动空间格局的网络分析——以国庆 -中秋长假和腾讯迁徙数据为例［J］.地理研究，2019，38（7）：1678 -1693.

［93］蒲英霞，韩洪凌，葛莹，等.中国省际人口迁移的多边效应机制分析［J］.地理学报，2016，71（2）：205 -216.

［94］戚伟，刘盛和，刘振.基于"七普"的"胡焕庸线"两侧人口集疏新态势及影响因素［J］.地理学报，2022，77（12）：3023 -3040.

［95］戚伟，赵美风，刘盛和．1982－2010 年中国县市尺度流动人口核算及地域类型演化［J］．地理学报，2017，72（12）：2131－2146.

［96］齐宏纲，刘盛和，戚伟，等．广东跨省流入人口缩减的演化格局及影响因素研究［J］．地理研究，2019，38（7）：1764－1776.

［97］乔晓春．从"七普"数据看中国人口发展、变化和现状［J］．人口与发展，2021，27（4）：74－88.

［98］全国人大财政经济委员会．2016－2020《中华人民共和国国民经济和社会发展第十三个五年规划纲要》解释材料［M］．北京：中国计划出版社，2016.

［99］沈洁．城际联系对城市群人口分布格局的影响——基于链锁网络模型与夜间灯光数据的分析［J］．人口与经济，2020（3）：14－31.

［100］沈诗杰，沈冠辰．中国省际人口流动的空间结构特征研究［J］．人口学刊，2020，42（4）：103－112.

［101］盛亦男．流动人口居留意愿的梯度变动与影响机制［J］．中国人口·资源与环境，2017，27（1）：128－136.

［102］盛亦男，杨旭宇．中国三大城市群流动人口集聚的空间格局与机制［J］．人口与经济，2021（6）：88－107.

［103］史育龙，周一星．关于大都市带（都市连绵区）研究的论争及近今进展述评［J］．国外城市规划，1997（2）：2－11.

［104］宋吉涛，方创琳，宋敦江．中国城市群空间结构的稳定性分析［J］．地理学报，2006，61（12）：1311－1325.

［105］孙斌栋，华杰媛，李琬，等．中国城市群空间结构的演化与影响因素——基于人口分布的形态单中心－多中心视角［J］．地理科学进展，2017，36（10）：1294－1303.

［106］孙桂平，韩东，贾梦琴．京津冀城市群人口流动网络结构及影响因素研究［J］．地域研究与开发，2019，38（4）：166－169，180.

［107］孙继平，侯兰功．基于腾讯人口迁徙数据的成渝城市群网络结构特征研究［J］．现代城市研究，2020（9）：78－85.

［108］孙平军，王柯文．中国东北三省城市收缩的识别及其类型划分

[J]. 地理学报, 2021, 76 (6): 1366 - 1379.

[109] 孙伟增, 张晓楠, 郑思齐. 空气污染与劳动力的空间流动——基于流动人口就业选址行为的研究 [J]. 经济研究, 2019, 54 (11): 102 - 117.

[110] 孙文勇, 徐雨璇, 刘行, 等. 粤港澳大湾区人口空间分布特征与空间治理优化建议 [J]. 城市观察, 2022 (3): 77 - 90, 161 - 162.

[111] 孙阳, 姚士谋, 张落成. 中国沿海三大城市群城市空间网络拓展分析——以综合交通信息网络为例 [J]. 地理科学, 2018, 38 (6): 827 - 837.

[112] 唐锦玥, 张维阳, 王逸飞. 长三角城际日常人口移动网络的格局与影响机制 [J]. 地理研究, 2020, 39 (5): 1166 - 1181.

[113] 田明, 刘悦美. 基于户籍类型比较的流动人口城市落户意愿影响机制研究 [J]. 地理科学, 2021, 41 (2): 261 - 270.

[114] 汪光焘, 叶青, 李芬, 等. 培育现代化都市圈的若干思考 [J]. 城市规划学刊, 2019 (5): 14 - 23.

[115] 王超, 阚瑷珂, 曾业隆, 等. 基于随机森林模型的西藏人口分布格局及影响因素 [J]. 地理学报, 2019, 74 (4): 664 - 680.

[116] 王桂新, 潘泽瀚, 陆燕秋. 中国省际人口迁移区域模式变化及其影响因素——基于 2000 和 2010 年人口普查资料的分析 [J]. 中国人口科学, 2012 (5): 2 - 13, 111.

[117] 王劲峰, 徐成东. 地理探测器: 原理与展望 [J]. 地理学报, 2017, 72 (1): 116 - 134.

[118] 王婧, 刘奔腾, 李裕瑞. 京津冀人口时空变化特征及其影响因素 [J]. 地理研究, 2018, 37 (9): 1802 - 1817.

[119] 王珏, 陈雯, 袁丰. 基于社会网络分析的长三角地区人口迁移及演化 [J]. 地理研究, 2014, 33 (2): 385 - 400.

[120] 王丽, 邓羽, 牛文元. 城市群的界定与识别研究 [J]. 地理学报, 2013, 68 (8): 1059 - 1070.

[121] 王露, 杨艳昭, 封志明, 等. 基于分县尺度的 2020 - 2030 年中国未来人口分布 [J]. 地理研究, 2014, 33 (2): 310 - 322.

[122] 王萌, 匡耀求, 黄宁生. 珠江三角洲城际间人口流动倾向空间特征——基于网络关注度数据的时空演化 [J]. 热带地理, 2017, 37 (1): 33 – 42.

[123] 王润泽, 周鹏, 潘悦, 等. 基于大数据的城市功能区人口时空聚散模式研究 [J]. 地理与地理信息科学, 2022, 38 (1): 45 – 50.

[124] 王新贤, 高向东. 中国流动人口分布演变及其对城镇化的影响——基于省际、省内流动的对比分析 [J]. 地理科学, 2019, 39 (12): 1866 – 1874.

[125] 王莹莹, 杨青生. 粤港澳大湾区人口空间集聚的演变及其就业效应 [J]. 人口学刊, 2021, 43 (4): 52 – 62.

[126] 王钊, 杨山, 龚富华, 等. 基于城市流空间的城市群变形结构识别——以长江三角洲城市群为例 [J]. 地理科学, 2017, 37 (9): 1337 – 1344.

[127] 王振波, 徐建刚, 朱传耿, 等. 中国县域可达性区域划分及其与人口分布的关系 [J]. 地理学报, 2010, 65 (4): 416 – 426.

[128] 吴康, 孙东琪. 城市收缩的研究进展与展望 [J]. 经济地理, 2017, 37 (11): 59 – 67.

[129] 吴启焰. 城市密集区空间结构特征及演变机制——从城市群到大都市带 [J]. 人文地理, 1999, 14 (1): 15 – 20.

[130] 夏海斌, 刘敏. 基于地理学综合视角的胡焕庸线 IPCC 复合情景 (SSPs – RCPs) 模拟和预测 [J]. 地理研究, 2021, 40 (10): 2838 – 2855.

[131] 肖挺. 环境质量是劳动人口流动的主导因素吗? "逃离北上广"现象的一种解读 [J]. 经济评论, 2016 (2): 3 – 17.

[132] 肖周燕, 李慧慧. 中国主要城市群人口迁移倾向研究——基于百度指数的应用 [J]. 人口与经济, 2021 (4): 22 – 36.

[133] 许庆明, 胡晨光, 刘道学. 城市群人口集聚梯度与产业结构优化升级——中国长三角地区与日本、韩国的比较 [J]. 中国人口科学, 2015 (1): 29 – 37.

[134] 许学强, 林先扬, 周春山. 国外大都市区研究历程回顾及其启

示 [J]. 城市规划学刊, 2007 (2): 9 – 14.

[135] 许学强, 周春山. 论珠江三角洲大都会区的形成 [J]. 城市问题, 1994 (3): 3 – 6, 24.

[136] 薛峰, 李苗裔, 党安荣. 中心性与对称性: 多空间尺度下长三角城市群人口流动网络结构特征 [J]. 经济地理, 2020, 40 (8): 49 – 58.

[137] 闫东升, 孙伟, 王玥, 等. 长江三角洲人口分布演变、偏移增长及影响因素 [J]. 地理科学进展, 2020, 39 (12): 2068 – 2082.

[138] 杨强, 李丽, 王运动, 等. 1935 – 2010 年中国人口分布空间格局及其演变特征 [J]. 地理研究, 2016, 35 (8): 1547 – 1560.

[139] 杨晓军. 城市环境质量对人口流迁的影响——基于中国 237 个城市的面板数据的分析 [J]. 城市问题, 2019 (3): 23 – 31.

[140] 杨宇, 戚伟, 马丽, 等. "十四五" 期间建设世界级城市群的人口功能优化布局 [J]. 中国科学院院刊, 2020, 35 (7): 835 – 843.

[141] 杨振, 丁启燕, 周晴雨, 等. 长江中下游地区人口健康水平空间分异特征与地理影响因子 [J]. 地理与地理信息科学, 2018, 34 (6): 77 – 84, 2.

[142] 姚士谋. 中国城市群新论 [M]. 北京: 科学出版社, 2016.

[143] 姚士谋, 周春山, 张童, 等. 21 世纪我国城市群发展的新特征、新理念 [J]. 城市观察, 2017 (2): 26 – 31.

[144] 叶明确, 任会明. 中国省际人口流动网络演化及其影响因素研究 [J]. 当代经济管理, 2020, 42 (3): 46 – 54.

[145] 叶强, 张俪璇, 彭鹏, 等. 基于百度迁徙数据的长江中游城市群网络特征研究 [J]. 经济地理, 2017, 37 (8): 53 – 59.

[146] 易承志. 大都市与大都市区概念辨析 [J]. 城市问题, 2014 (3): 90 – 95.

[147] 尹德挺, 史毅. 人口分布、增长极与世界级城市群孵化——基于美国东北部城市群和京津冀城市群的比较 [J]. 人口研究, 2016, 40 (6): 87 – 98.

[148] 尹旭, 魏慧, 李裕瑞, 等. 中国不同类型地区人口时空分异特

征——基于"五普"至"七普"分县人口数据的分析 [J]. 地理科学进展，2023，42（3）：452-463.

[149] 袁锦标，曹永旺，倪方舟，等. 中国县域人口集聚空间格局及影响因素的空间异质性研究 [J]. 地理与地理信息科学，2020，36（3）：25-33.

[150] 袁锦标. 中国人口集聚演变与影响因素分析 [D]. 广州：中山大学，2019.

[151] 袁婷，曹卫东，陈明星，等. 多维视角下京津冀地区人口集疏时空变化 [J]. 世界地理研究，2021，30（3）：520-532.

[152] 曾鹏，黄图毅，阚菲菲. 中国十大城市群空间结构特征比较研究 [J]. 经济地理，2011，31（4）：603-608.

[153] 张国俊，黄婉玲，周春山，等. 城市群视角下中国人口分布演变特征 [J]. 地理学报，2018，73（8）：1513-1525.

[154] 张华，刘哲达，殷小冰. 中国跨省流动人口回流意愿的空间差异及影响因素 [J]. 地理科学进展，2021，40（1）：73-84.

[155] 张明志，余东华，孙媛媛. 高铁开通对城市人口分布格局的重塑效应研究 [J]. 中国人口科学，2018，（5）：94-108，128.

[156] 张荣天. 长三角城市群网络结构时空演变分析 [J]. 经济地理，2017，37（2）：46-52.

[157] 张伟丽，晏晶晶，聂桂博. 中国城市人口流动格局演变及影响因素分析 [J]. 中国人口科学，2021（2）：76-87，127-128.

[158] 张耀军，王小玺. 城市群视角下中国人口空间分布研究 [J]. 人口与经济，2020（3）：1-13.

[159] 赵放，刘雅君. 为什么东北三省的人口会流失？——基于因子时变系数模型的研究 [J]. 人口学刊，2018，40（4）：82-91.

[160] 赵梓渝，王士君. 2015年我国春运人口省际流动的时空格局 [J]. 人口研究，2017，41（3）：101-112.

[161] 郑伯红，钟延芬. 基于复杂网络的长江中游城市群人口迁徙网络空间结构 [J]. 经济地理，2020，40（5）：118-128.

[162] 钟静, 卢涛. 基于地形起伏度的中国西南地区人口集疏格局演化研究 [J]. 生态学报, 2018, 38 (24): 8849 – 8860.

[163] 周春山, 曹永旺. 中国人口聚集格局演变及影响因素 [J]. 科学, 2019, 71 (5): 4, 32 – 36.

[164] 周春山. 发挥人口集聚效应建设现代化的城市群和都市圈 [J]. 国家治理, 2021, 31 (3): 19 – 24.

[165] 周春山, 何雄. 珠三角城市群人口要素流动与治理对策 [J]. 规划师, 2022, 38 (6): 20 – 26.

[166] 周皓. 中国迁移流动人口的统计定义——人口普查视角下的分析 [J]. 中国人口科学, 2022 (3): 17 – 30, 126.

[167] 周亮, 赵琪, 杨帆. 基于 POI 与 NPP/VIIRS 灯光数据的城市群边界定量识别 [J]. 地理科学进展, 2019, 38 (6): 840 – 850.

[168] 朱孟珏, 李芳. 1985 – 2015 年中国省际人口迁移网络特征 [J]. 地理科学进展, 2017, 36 (11): 1368 – 1379.

[169] 朱宇, 林李月. 中国人口迁移流动的时间过程及其空间效应研究: 回顾与展望 [J]. 地理科学, 2016, 36 (6): 820 – 828.

[170] 朱政, 朱翔, 李霜霜. 长江中游城市群空间结构演变历程与特征 [J]. 地理学报, 2021, 76 (4): 799 – 817.

[171] Abel, G. J, Sander, N. Quantifying global international migration flows [J]. Science, 2014, 343 (6178): 1520 – 1522.

[172] Alperovich, G. Economic development and population concentration [J]. Economic Development and Cultural Change, 1992, 41 (1): 63 – 74.

[173] Anselin, L. Local Indicators of Spatial Association—LISA [J]. Geographical Analysis, 1995, 27 (2): 93 – 115.

[174] Azose, J. J, Raftery, A. E. Bayesian probabilistic projection of international migration [J]. Demography, 2015, 52 (5): 1627 – 1650.

[175] Bereitschaft, B, Cammack, R. Neighborhood diversity and the creative class in Chicago [J]. Applied Geography, 2015, 63: 166 – 183.

[176] Bijak, J, Disney, G, Findlay, A. M, et al. Assessing time series

models for forecasting international migration: Lessons from the United Kingdom [J]. Journal of Forecasting, 2019, 38 (5): 470 - 487.

[177] Black, R, Bennett, S. R. G, Thomas, S. M, et al. Migration as adaptation [J]. Nature, 2011, 478 (7370): 447 - 449.

[178] Boas, I, Farbotko C, Adams H, et al. Climate Migration Myths [J]. Nature Climate Change, 2019, 9 (12): 901 - 903.

[179] Borderon, M, Sakdapolrak, P, Muttarak, R, et al. Migration influenced by environmental change in Africa: A systematic review of empirical evidence [J]. Demographic Research, 2019, 41 (18): 491 - 544.

[180] Buch, T, Hamann, S, Niebuhr, A, et al. What Makes Cities Attractive? The Determinants of Urban Labour Migration in Germany [J]. Urban Studies, 2014, 51 (9): 1960 - 1978.

[181] Cao, Y. W, He, X, Zhou, C. S. Characteristics and Influencing Factors of Population Migration under Different Population Agglomeration Patterns—A Case Study of Urban Agglomeration in China [J]. Sustainability, 2023, 15 (8): 6909.

[182] Cao, Y. W, Zhang, R. R, Zhang, D. H, et al. Urban Agglomerations in China: Characteristics and Influencing Factors of Population Agglomeration [J]. Chinese Geographical Science, 2023, 33 (4): 719 - 735.

[183] Cao, Z, Zheng, X. Y, Liu, Y. S, et al. Exploring the changing patterns of China's migration and its determinants using census data of 2000 and 2010 [J]. Habitat International, 2018, 82: 72 - 82.

[184] Cattaneo, C, Beine, M, Fröhlich, C. J, et al. Human Migration in the Era of Climate Change [J]. Review of Environmental Economics and Policy, 2019, 13 (2): 189 - 206.

[185] Chen, Y. M, Liu, Z. H, Zhou, B. B. Population-environment dynamics across world's top 100 urban agglomerations: With implications for transitioning toward global urban sustainability [J]. Journal of Environmental Management, 2022, 319: 115630.

[186] Cliff, A. D, Ord, J. K. Spatial Processes, Models and Applications [J]. Journal of the Royal Statistical Society, 1981, 147 (3): 238.

[187] Cui, C, Wang, Z, He, P, et al. Escaping from pollution: the effect of air quality on inter-city population mobility in China [J]. Environmental Research Letters, 2019, 14 (12): 124025.

[188] Cui, C, Wu, X. L, Liu, L, et al. The spatial-temporal dynamics of daily intercity mobility in the Yangtze River Delta: An analysis using big data [J]. Habitat International, 2020, 106: 102174.

[189] Doxiadis, C. A. The Emerging Great Lakes Megalopolis [J]. Proceedings of the IEEE, 1968, 56 (4): 402 – 424.

[190] Ehrlich, P. R, Holdren, J. P. Impact of population growth [J]. Science, 1971, 171 (3977): 1212 – 1217.

[191] Fang, C. L, Yu, D. L. Urban agglomeration: An evolving concept of an emerging phenomenon [J]. Landscape and Urban Planning, 2017, 162: 126 – 136.

[192] Fawcett, C. B. Distribution of the Urban Population in Great Britain, 1931 [J]. Geographical Journal, 1932, 79 (2): 100 – 113.

[193] Florida, R. The economic geography of talent [J]. Annuals of the Association of American Geographers, 2002, 92 (4): 743 – 755.

[194] Fotheringham, A. S, Brunsdon, C, Charlton, M. Geographically weighted regression: the analysis of spatially varying relationships [M]. John Wiley & Sons, 2003.

[195] Fragkias, M, Seto, K. C. Evolving rank-size distributions of intra-metropolitan urban clusters in South China [J]. Computers Environment & Urban Systems, 2009, 33 (3): 189 – 199.

[196] Friedmann, J. Territory and Function: The Evolution of Regional Planning [M]. London: Edward Arnold, 1979.

[197] Friedmann, J. Urbanization, Planning and National Development [M]. London: Sage Publications, 1973.

[198] Fu, Y. M, Gabriel, S. A. Labor migration, human capital agglomeration and regional development in China [J]. Regional Science and Urban Economics, 2011, 42 (3): 473 – 484.

[199] Gao, C, Feng, Y, Tong, X, et al. Modeling urban growth using spatially heterogeneous cellular automata models: Comparison of spatial lag, spatial error and GWR [J]. Computers, Environment and Urban Systems, 2020, 81: 101459.

[200] Gao, L, Sam, A. G. Does climate matter? An empirical study of interregional migration in China [J]. Papers in Regional Science, 2019, 98 (1): 477 – 496.

[201] Gao, X. L, Xu, Z. N, Niu, F. Q, et al. An evaluation of China's urban agglomeration development from the spatial perspective [J]. Spatial Statistics, 2017, 21: 475 – 491.

[202] Gottmann, J. Megalopolis: or the urbanization of the northeastern seaboard [J]. Economic Geography, 1957, 33 (3): 189 – 200.

[203] Graves, P. E. A reexamination of migration, economic opportunity, and the quality of life [J]. Journal of Regional Science, 1976, 16 (1): 107 – 112.

[204] Graves, P. E, Linneman, P. Household migration: theoretical and empirical result [J]. Journal of urban economics, 1979, 6 (3): 383 – 404.

[205] Graves, P. E. Migration and climate [J]. Journal of Regional Science, 1980, 20 (2): 227 – 237.

[206] Greenstone, O. D. Climate Change, Mortality, and Adaptation: Evidence from Annual Fluctuations in Weather in the US [J]. American Economic Journal: Applied Economics, 2011, 3 (4): 152 – 185.

[207] Greenwood, M. J. Research on internal migration in the United States: A survey [J]. Journal of Economic Literature, 1975, 13 (2): 397 – 433.

[208] Grschl, J, Steinwachs, T. Do Natural Hazards Cause International Migration? [J]. Munich Reprints in Economics, 2017, 63 (4): 445 – 480.

[209] Guan, X. L, Wei, H. K, Lu, S. S, et al. Mismatch distribution of

population and industry in China: Pattern, problems and driving factors [J]. Applied Geography, 2018, 97: 61 – 74.

[210] He, C. F, Chen, T. M, Mao, X. Y, et al. Economic transition, urbanization and population redistribution in China [J]. Habitat International, 2016, 51: 39 – 47.

[211] He, X, Cao, Y. W, Zhou, C. S. Evaluation of Polycentric Spatial Structure in the Urban Agglomeration of the Pearl River Delta (PRD) Based on Multi – Source Big Data Fusion [J]. Remote Sensing, 2021, 13 (18): 3639.

[212] Hoffmann, R, Dimitrova, A, Muttarak, R, et al. A meta-analysis of country-level studies on environmental change and migration [J]. Nature Climate Change, 2020, 10 (10): 1 – 9.

[213] Hunter, L. M, Luna, J. K, Norton, R. M. Environmental Dimensions of Migration [J]. Annual Review of Sociology, 2015, 41: 377 – 397.

[214] Hunt, G. L. Equilibrium and disequilibrium in migration modelling [J]. Regional Studies, 1993, 27 (4): 341 – 349.

[215] Hu, X. S, Xu, H. Q. Spatial variability of urban climate in response to quantitative trait of land cover based on GWR model [J]. Environmental Monitoring and Assessment, 2019, 191 (3): 1 – 12.

[216] Jefferson, M. The Law of the Primate City [J]. Geographical Review, 1939, 29 (2): 226 – 232.

[217] Kaneda, T, Greenbaum, C, Kline, K. World Population Data Sheet [J]. Washington, D. C. : Population Reference Bureau, 2021.

[218] Kundu, D. , Pandey, A. K. World urbanisation: trends and patterns. In: Kundu, D. , Sietchiping R. , Kinyanjui M. (Eds.), Developing national urban policies: Ways forward to green and smart cities [M]. Springer Singapore, Singapore, 2020: 13 – 49.

[219] Leach, D. Re – Evaluation of the Logistic Curve for Human Populations [J]. Journal of the Royal Statistical Society. Series A (General), 1981, 144 (1): 94 – 103.

[220] Lee, E. S. A theory of migration [J]. Demography, 1966, 3 (1): 47 – 57.

[221] Liang, Z, Li, Z, Ma, Z. D. Changing patterns of the floating population in China, 2000 – 2010 [J]. Population and Development Review, 2014, 40 (4): 695 – 716.

[222] Liang, Z, Ma, Z. D. China's floating population: New evidence from the 2000 census [J]. Population and Development Review, 2004, 30 (3): 467 – 488.

[223] Li, H, Mykhnenko, V. Urban shrinkage with Chinese characteristics [J]. The Geographical Journal, 2018, 184 (4): 398 – 412.

[224] Liu, Y, Shen, J. Spatial patterns and determinants of skilled internal migration in China, 2000 – 2005 [J]. Papers in Regional Science, 2014, 93 (4): 749 – 771.

[225] Liu, Y, Stillwell, J, Shen, J, et al. Interprovincial migration, regional development and state policy in China, 1985 – 2010 [J]. Applied Spatial Analysis and Policy, 2014, 7 (1): 47 – 70.

[226] Liu, Z, Liu, S. H, Jin, H. R, et al. Rural population change in China: Spatial differences, driving forces and policy implications [J]. Journal of Rural Studies, 2017, 51: 189 – 197.

[227] Liu, Z, Liu, S. H, Qi, W, et al. Urban sprawl among Chinese cities of different population sizes [J]. Habitat International, 2018, 79: 89 – 98.

[228] Li, X. M, Zhou, W. Q. Dasymetric mapping of urban population in China based on radiance corrected DMSP – OLS nighttime light and land cover data [J]. Science of the Total Environment, 2018, 643: 1248 – 1256.

[229] Long, Y, Wu, K. Shrinking cities in a rapidly urbanizing China [J]. Environment and Planning A: Economy and Space, 2016, 48 (2): 220 – 222.

[230] Mao, Q. Z, Long, Y, Wu, K, et al. Spatio – Temporal Changes of Population Density and Urbanization Pattern in China (2000 – 2010) [J]. China City Planning Review, 2016, (4): 10 – 16.

［231］ Mcgee, T. The Emergence of Desakota regions in Asia ［M］. The Extended Metropolis: Settlement Transition Is Asia, 1991.

［232］ Pain, P. Spatial transformations of cities: Global city-region? Megacity region? ［J］. International Handbook of Globalization & World Cities, 2011: 83 – 96.

［233］ Pavan, K, Haroon, S, Joshi, P. K, et al. Modeling the luminous intensity of Beijing, China using DMSP – OLS night-time lights series data for estimating population density ［J］. Physics and Chemistry of the Earth, Parts A/B/C, 2019, 109: 31 – 39.

［234］ Perroux, F. Economic Space: Theory and Applications ［J］. Quarterly Journal of Economics, 1950, 64 (1): 89 – 104.

［235］ Qi, Wei, Abel, G. J, Liu, S. H. Geographic transformation of China's internal population migration from 1995 to 2015: Insights from the migration centerline ［J］. Applied Geography, 2021, 135: 102564.

［236］ Qi, W, Liu, S. H, Zhao, M. F, et al. China's different spatial patterns of population growth based on the "Hu Line" ［J］. Journal of Geographical Sciences, 2016, 26 (11): 1611 – 1625.

［237］ Ravenstein, E. G. The laws of migration ［J］. Journal of the Royal Statistical Society, 1889, 52 (2): 241 – 305.

［238］ Reuveny, R, Moore, W. H. Does Environmental Degradation Influence Migration? Emigration to Developed Countries in the Late 1980s and 1990s ［J］. Blackwell Publishing Inc, 2009, 90 (3): 461 – 479.

［239］ Robert, L, Knox, P. K. The New Metropolis: Rethinking Megalopolis ［J］. Regional Studies, 2009, 43 (6): 789 – 802.

［240］ Roberts, M. J, Ullma, E. L. American Commodity Flow ［J］. Land Economics, 1957, 33 (4): 369.

［241］ Rodríguez – Pose, A, Ketterer, T. D. Do local amenities affect the appeal of regions in Europe for migrants? ［J］. Journal of Regional Science, 2012, 52 (4): 535 – 561.

［242］Ruyssen, I, Rayp, G. Determinants of Intraregional Migration in Sub – Saharan Africa 1980 – 2000 ［J］. Journal of Development Studies, 2014, 50 (3): 426 – 443.

［243］Scott, A. J. Global city-regions: trends, theory, policy ［M］. Oxford: Oxford University Press, 2001.

［244］Scott, A. J. Globalization and the Rise of City-regions ［J］. European Planning Studies, 2001, (9): 813 – 826.

［245］Simini, F, González, M. C, Maritan, A, et al. A universal model for mobility and migration patterns ［J］. Nature, 2012, 484 (7392): 96 – 100.

［246］Su, Y, Q, Hua, Y, Liang, X. B. Toward job oramenity? Evaluating the locational choice of internal migrants in China ［J］. International Regional Science Review, 2019, 42 (5 – 6): 400 – 430.

［247］Tan, M. H, Li, X. B, Li, S. J, et al. Modeling population density based on nighttime light images and land use data in China ［J］. Applied Geography, 2018, 90: 239 – 247.

［248］Ullman, E. L. Amenities as a factor in regional growth ［J］. Geographical Review, 1954, 44 (1): 119 – 132.

［249］Undesa. World Urbanization Prospects: the 2018 Revision ［M］. New York: United Nations, 2018.

［250］Vossen, D, Sternberg, R, Alfken, C. Internal migration of the "creative class" in Germany ［J］. Regional Studies, 2019: 53 (10): 1359 – 1370.

［251］Wang, L. T, Zhou, Y, Liu, W. X, et al. Mapping population density in China between 1990 and 2010 using remote sensing ［J］. Remote Sensing of Environment, 2018, 210: 269 – 281.

［252］Wang, Z. Y, Ye, X. Y, Jay, L, et al. A spatial econometric modeling of online social interactions using microblogs ［J］. Computers, Environment and Urban Systems, 2018, 70 (7): 53 – 58.

［253］Wilson, A. G. Entropy in Urban and Regional Modelling ［M］. London：Pion Limited，1970.

［254］Wisniowski，A，Smith，P. W，Bijak，J，et al. Bayesian population forecasting：extending the Lee – Carter method ［J］. Demography，2015，52（3）：1035 – 1059.

［255］Zheng，S. Q，Long，F. J，Fan，C. C，et al. Urban villages in china：A 2008 survey of migrant settlements in Beijing ［J］. Eurasian Geography & Economics，2019，50（4）：425 – 446.

［256］Zhou，C. S，Li，Ming，Zhang，G. J，et al. Spatiotemporal characteristics and determinants of internal migrant population distribution in China from the perspective of urban agglomerations ［J］. PloS one，2021，16（2）：e0246960.

［257］Zhou，Y. X. Definition of urban place and statistical standards of urban population in China：Problem and solution ［J］. Asian Geography，1988，7（1）：12 – 18.

后　　记

　　《城市群对中国人口流动与分布的影响研究——基于第五、六、七次人口普查数据的分析》一书，按照"提出研究问题—分析研究对象—探讨特征与规律—解决核心问题"的逻辑思路来开展章节布局，在回顾评述了人口流动与迁移、城市群形成发育、城市群空间演化等相关理论，以及国内外人口分布与流动、城市群视角下人口流动与迁移等相关文献的基础上，构建城市群对中国人口流动与分布的影响研究分析框架，并以中国19个城市群作为研究对象，综合运用多种研究方法，对中国城市群人口流动与分布的演变特征、影响因素和动力机制等进行探讨，并在将中国城市群人口集聚模式划分为4大类、8亚类的基础上继续总结出中国城市群人口集聚模式演变的一般规律。尽管本书得出一些创新性的结论，从人口集聚度和人口首位度这两个维度对城市群人口集聚模式的研究有一定推动力，但对于城市群来说，不同研究视角、数据来源、划分方法等都可能会产生差异性结果，使得本书的研究仅仅是一个开端，未来仍需深入探讨。

　　本书是在作者博士论文基础上进行修改完善的，凝聚了作者多年来对于人口分布与流动研究的点滴体会。本书能够顺利出版，得到中山大学周春山教授的倾力指导，得到中山大学地理科学与规划学院的老师、同学、博士团队的师兄师姐师弟师妹的很多帮忙，得到广州市社会科学院各位领导、同事的关心和大力支持，经济科学出版社李雪编辑为本书出版也付出了辛勤劳动，在此需要深表感激。本书主要内容得到周春山教授国家社会科学基金、广州市社会科学院博士后科研经费、广州市社会科学院青年课题等的资助。秉承着"安心读书科研"的求学初衷，先后在山西师范大学、陕西师范大学和中山大学进行求学深造，在广州市社会科学院继续从事科学研究，能够更好地将自己所学与社会实践进行融合，实属今生有幸，我将继续提升自己的理论和研究。

曹永旺

2024 年 8 月